図解で早わかり

三訂版 消費者契約法・特定商取引法・割賦販売法のしくみ

弁護士 **森 公任**
弁護士 **森元みのり** 監修

本書の3大特色

消費者、事業者が共に知っておきたい
基本事項や実務上のポイントをもれなく解説。

通常の契約に関する原則からネットや電話、
通信販売をめぐる問題まで幅広くフォロー。

消費者契約法、消費者裁判手続特例法、
特定商取引法、割賦販売法改正など
令和の法改正に対応。

三修社

はじめに

　契約で一度定めた約束事は守らなければなりません。契約を守らないと損害賠償を請求されたり、財産を差し押さえられたりします。

　本来、契約をする際に契約者双方が契約内容を理解した上で契約を結び、購入した商品や提供されたサービスが当初の説明どおりであれば、トラブルは生じないはずです。しかし、「当初の説明と実際の商品が違う」「重要な事実を伝えられていない」「断ったのに帰ってくれないからしかたなく契約した」といったトラブルが後を絶ちません。実際には、①法律や契約の知識がなかったために相手に利用されてしまう、②相手の説明をよく聞かずに内容を正確に理解せずに契約してしまう、③相手が正しいことをきちんと伝えなかったためにだまされてしまう、といった事情があるために契約トラブルが発生することになります。

　特に社会経験の少ない若者や物事の判断能力が低下した高齢者を中心に、契約トラブルによる被害は増加傾向にあります。

　このようなトラブルを未然に防止するためには、事業者、消費者双方が、消費者契約法、特定商取引法、割賦販売法など、消費者を保護するための法律について正しい知識を身につけることが大切です。

　本書では、消費者契約法、特定商取引法、割賦販売法の基本事項、重要ポイントを見開き構成でわかりやすくまとめているのが特徴です。電子契約法、リコール、製造物責任、景品表示法など、消費者保護に関連する法律や制度についても解説しており、消費者問題をめぐる法律の全体像が理解できるようになっています。

　三訂版発行にあたり、令和４年の消費者契約法、令和２年の割賦販売法、令和３年の特定商取引法、など最新の法改正事項についても積極的にとりあげています。

　本書をご活用いただき、皆様のお役に立つことができれば、幸いです。

監修者　弁護士　森　公任　弁護士　森元　みのり

CONTENTS

PART 3　特定商取引法

PART 4　割賦販売法

PART 5　消費者を保護するその他の法律

PART 1

契約の一般ルールと
消費者保護の法律

契約自由の原則と例外

原則として契約は法律に優先する

■ 4つの原則がある

契約は、申込みと承諾によって意思が合致した時に成立します。口約束でも書面でも原則として契約は成立しますが、重要な契約は書面で行うことが一般的です。

そして、契約には、当事者が自由に締結できるという契約自由の原則が認められています。契約自由の原則には、①締結する・しないの自由、②契約の相手選択の自由、③契約内容の自由、④契約方法の自由の4つの自由があります。

① 締結する・しないの自由

その言葉どおり、契約をするかしないかは原則として強要されることはなく、当事者の自由であるということです。片方の当事者が契約することを望んでいても、もう片方の当事者が条件が合わないなどの理由で契約することを望まないのであれば、契約は成立しません。

② 契約の相手選択の自由

契約の相手方を信用できなければ契約をしなくてもよい、相手を自由に選んでよい、ということです。

③ 契約内容の自由

たとえば売買契約では、何を売るのか、代金はいくらか、いつ支払いや引渡しをするか、などの契約内容を当事者の合意があれば原則として自由に決められるということです。

④ 契約方法の自由

口約束でも書面でもメールでも、双方の合意があれば契約として成立し、方法（方式）は問わないということです。

締結する・しないの自由の例外

たとえば、医者は他の患者の治療があって新たな患者を治療する余裕がないなどの正当な理由がない限り、患者を治療しなければならない。これは医師法19条で定められている。

契約内容の自由の例外

法令に違反する事項や反社会的な事項などを契約の内容にはできない。また、契約当事者間に知識や交渉力、情報力などの差がある場合は、弱者を保護するために「契約内容の自由」の例外を設けている（例:消費者契約法）。

契約の方法の自由の例外

誰かの債務を連帯保証する際の契約、建設工事の際の請負契約などのように、必ず書面によらなければならないものもある。

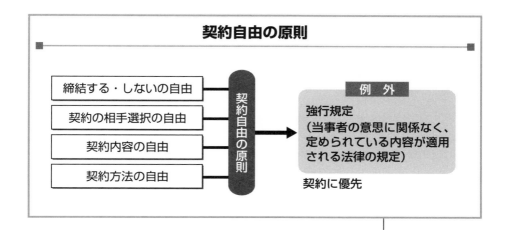

■ 契約自由の原則の例外

　「契約」の内容が法律の規定と異なる場合でも、原則として契約として締結された内容は法律の規定に優先します。つまり当事者は、法律を守る以前に、まず契約内容を守らなければなりません。契約は当事者の合意に基づいて作られる強制力を伴った当事者間のルールであり、当事者が合意していることが前提となります。ここでは「自由な意思に基づく」という意味で契約自由の原則が存在します。ただし、例外として強行規定である法律の規定は契約に優先します。

　また、商品を購入するのも1つの契約ですが、経済活動の複雑化、高度化を考慮すると、事業者の方が消費者より知識も豊富で「強者」といえます。そこで、悪質な商法を行う事業者の増加や事業者と消費者のトラブルの増加という社会的問題を踏まえ、弱い立場にある消費者を保護するために、消費者契約法や特定商取引法といった法律が定められています。事業者との契約でトラブルが生じたときは、まず特定商取引法や消費者契約法などを適用することによる救済・解決の手段を探すといったように、消費者は手厚く保護されています。

強行規定

当事者同士の合意よりも優先する法律の規定のこと。強行規定の内容に違反していたり矛盾する合意は無効になる。そのため契約をするときには契約内容に関する強行規定を考慮して、強行規定に違反しない範囲で契約をしなければならない。
一方、当事者同士の合意が優先する法律の規定を「任意規定」という。

契約の有効・無効

• •

契約自由の原則の例外は多く存在する

■ 内容自体によっては無効になることもある

　当事者が合意して締結したわけですから、契約は原則として守られなければなりません。しかし、契約が無効なものであれば、守る必要はありません。どんな契約でも守る必要があるということであれば、たとえば「夫が憎いので、100万円払うから殺してくれ」というような「殺人契約」も守らなければならないということになってしまいます。常識的に考えて、そのような内容の契約が「あってはならない」ことは明らかです。

　このような極端な例でなくても、①契約が実現不可能である場合、②契約の内容が不明確である場合、③そもそも契約が成立していない場合、④当事者の意思能力が欠如していた場合には、契約は無効になります。

① 実現不可能な契約

　「自力で空を飛んだら100万円あげよう」などというような契約です。契約の内容（自力で空を飛ぶ・100万円をあげる）は誰が判断しても明確にわかりますが、そもそも人間が自力で空を飛ぶなどということは不可能です。

② 契約の内容が不明確なとき

　「就職が決まったら何かプレゼントしよう」というような、「何か」の内容が特定できないような契約のことです。この場合も無効です。

　もし契約の実現を求めて裁判を起こそうとしても、「何か」を特定できないため、どうしようもありません。契約内容は具体的に決めておく必要があります。

意思能力

自分の行うことの意味や結果を理解し判断することができる能力のこと。日本では一般的に7歳程度から意思能力を有すると考えられている。

**条件を付した
場合の無効**

契約には条件を付けることができる。「試験に合格したら時計を買ってあげる」といったものが代表的。ただし条件が法に適合しないものである場合、契約の内その条件の部分が無効となることがある。たとえば「気が向いたらその商品を買う」といった人の気持ちに完全に依存した条件は無効となる（民法134条）。

公序良俗に反する契約例

殺人・暴行などを行う契約	明らかに不法な内容で誰が判断しても反社会的であり、無効
人身売買に関する契約・奴隷契約	人間の自由を不当に侵害しており、無効
愛人契約	一夫一婦制度、正当な婚姻制度を揺るがすもので、性道徳や倫理を否定するものであり、無効
ねずみ講、またはそれに類する契約	明らかに破たんすることが予想され、人を不当に陥れる可能性が高いため、無効
男女差別がある契約	男性 55 歳、女性 50 歳などというように理由のない差をつけた定年制の契約（就業規則）は男女差別にあたるため、無効
暴利行為を定めた契約	高すぎる利子・違約金を定めた契約は、他人の弱みにつけこんだ不当な契約と判断され、無効
地位を利用した契約	雇用契約などで、常識を逸脱するほど長い試用期間などを定めたものは、使用人の地位を利用して従業員に著しく不利益を与えるため、無効

③ 契約が成立していない場合

この場合には契約は無効です。たとえば、誰かが自分の名前を騙って勝手に契約をした場合や、誰かが勝手に自分の代理人として契約を結んだため、自らその契約を拒絶する意思を示した場合などが挙げられます。このような「まったく知らない」契約は成立しません。

④ 当事者の意思能力が欠如していた場合

契約を結んだ時点で当事者が泥酔していた、幼稚園児だった、重い精神病だったなど、意思能力を有していない状態だった場合、その契約は無効となります。

■ 公序良俗違反の場合には無効である

公序良俗違反は、無効になります。「公序良俗」は時代と共に

代理制度

本人の代わりに他人（代理人）に事務を処理させ、本人が代理人の行った法律行為の結果（効果）を受けるという制度。代理は、取引行為など本人の活動範囲を広げるための制度であり、本人と一定の関係にある代理人が、本人のために意思表示をして、その法律効果が直接本人に帰属する（民法99条）。

公序良俗違反

明らかに反社会的、不当な契約。

変化しますし、個人間の常識の差もあるので有効か無効か意見の分かれるものもありますが、通常は一般常識で判断できます。

■ 強行規定違反も無効である

契約は「自由」であり「契約は法律に優先する」という原則がありますが、例外として「法律が契約に優先する」という場合もあります。契約に優先する法律が強行規定です。強行規定に違反する契約も無効になります。そのため契約をするときには契約内容に関する強行規定を考慮して、強行規定に違反しない範囲で契約をしなければなりません。

「契約自由の原則」からすれば契約は自由なはずですが、それでは立場の弱い片方の当事者が著しく不利な立場に追いこまれがちです。そのような弱い立場の当事者を保護するという意味で、強行規定違反の契約は無効とされるのです。強行規定の例としては、たとえば、次ページ図のものがあります。

■ クーリング・オフを認めない契約をしても無効になる

クーリング・オフは、特定の取引について、一定の期限内であれば、無条件で契約を解約することができるという制度です。契約でクーリング・オフを認めない内容、クーリング・オフと矛盾する内容を取り決めていたとしても、その部分は無効になります。クーリング・オフが適用される取引についてはそれぞれの法律で定められています。具体的には、PART 2以降で詳述しますが、訪問販売や電話勧誘販売、連鎖販売取引については特定商取引法、個別信用購入あっせん（個別クレジット契約）については割賦販売法でクーリング・オフについて規定されています。

■ 条件の種類によっては契約が無効になることもある

消費者契約法では、事業者がウソを言ったり、事業者の不利になるようなことを意図的に隠したり、適切な理由もなく断定

強行規定が存在する理由

①社会秩序を守る
②取引の安全や、第三者の信頼を保護する。
③社会的・経済的な弱者を保護する。

訪問販売／電話勧誘販売／連鎖販売取引

各取引の内容については、88、140、152ページ参照。

個別信用購入あっせん（個別クレジット契約）

各取引の内容については、216ページ参照。

強行規定とされるおもなもの

借地借家法	当事者同士の借地契約や借家契約の内容が借地借家法の規定より借主に不利な場合にはその内容は無効になる。
利息制限法	利息の上限が決められている
流質契約	質や担保として提供されたものを、借金の代わりに得ることは原則としてできない
消費者保護に関する特例	クーリング・オフを認めない契約をすることはできない

的なことを言ったりして、いわば事業者が消費者をだましたような形で契約を締結した場合には、消費者は契約を取り消すことができるとしています。

また、契約成立の過程は適切であっても、消費者にとって一方的に不利となる契約の内容（条項）が無効になる場合があります。無効とされる例は、以下のとおりです。

・事業者が商品を渡さなかったために、消費者が損害を被ったとしても、事業者は一切の責任を負わないとする内容がある場合
・事業者がわざと、または重大な不注意で、商品を渡さなかった場合であっても、事業者は一部の責任を負わないとする内容がある場合
・事業者が商品を渡す場合に、事業者が消費者に損害を与えたときの賠償責任を一切負わないとする内容がある場合
・事業者が商品を渡す場合に、わざと、または重大な不注意で消費者に損害を与えたとしても、事業者は一部の責任を負わないとする内容がある場合
・契約の目的物が契約の内容に適合しないときに、これによって消費者が損害を受けた場合でも、一切の責任を負わないとする内容がある場合

定型約款

不特定多数の者との取引のために画一的な内容をあらかじめ条項として用意しておくことができる

■ 定型約款とは

　民法は、定型約款を「定型取引において、契約の内容とすることを目的としてその特定の者により準備された条項の総体をいう」と定義しています。「定形取引」とは、ある特定の者が不特定多数の者を相手とする取引であって、その内容が「画一的」であることが双方にとって合理的なものをいいます（548条の2第1項）。保険約款、預金規定、通信サービス約款、運送約款、カード会員規約は、すべてのユーザーに共通する内容なので、定型約款にあたる可能性が高いといえます。

　その他にも、たとえば、ガスや水道、電気等の供給契約についても、個人別に契約条項を作成しなければ締結できないとなると、迅速に供給契約を締結できず、消費者の日常生活に支障をきたしかねません。そこで、これらの契約にも定型約款にあたる供給約款が準備されており、消費者の生活において定型約款が果たす役割は、非常に大きいといえます。

■ 定型約款の内容

　民法では、定型取引をすることの合意（定型取引合意）があった際に、①定型約款を契約の内容とすることの合意もあった場合、または②定型約款を契約の内容にする旨をあらかじめ相手方に表示していた場合には、定型約款の個別の条項について合意があったものとみなすと規定しています（548条の2第1項）。これを「みなし合意」と呼んでいます。

　このように定型約款について特別な効力を与えることで、定

公共交通機関の利用に関する定型約款

鉄道・バスなどの公共交通機関の利用に関する定型約款については、定型約款を契約の内容にする旨を「公表」していれば、相手方に表示しなくてもみなし合意が成立することが、個別の法律で規定されている。

②の「あらかじめ」

ここでの「あらかじめ」は、定型取引合意の前を意味するので、定型取引合意をする前に相手方に表示しなければならない。

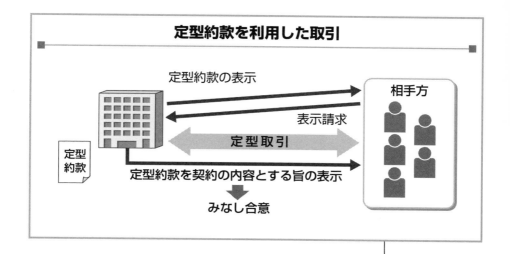

定型約款を利用した取引

定型約款の表示

相手方

表示請求

定型取引

定型約款

定型約款を契約の内容とする旨の表示

みなし合意

型取引において画一的な契約関係の処理が可能となります。特に②の場合は、消費者等が定型約款を全く見ていなくても合意があったとみなされる場合がある点は注意が必要です。

みなし合意の制度は、不特定多数の者との画一的な取引を迅速かつ効率的に行うために有用なものです。しかし、常に合意があるとみなされると不都合が生じる場合もあります。そのため、一定の場合には個別の条項がみなし合意の対象から除外される規定が置かれています。具体的には、相手方の権利を制限したり、義務を加重する条項であって、定型取引の態様・実情や取引上の社会通念に照らして、信義則（信義誠実の原則）に反して相手方の利益を一方的に害すると認められるときには、そのような個別の条項については合意をしなかったものとみなされます（548条の2第2項）。

除外規定に該当する条項の例として、不当条項や不意打ち条項が挙げられます。不当条項とは、契約違反をした消費者等に過大な違約金を課する条項などを指します。不意打ち条項とは、定型取引と関連性のない製品やサービスを通常予期しない形でセット販売している条項などを指します。

約款内容の表示請求

消費者等は事業者等に対して、約款の内容の表示（開示）を求めることができる。

不当条項の例

事業者等の定型約款を準備する側（定型約款準備者）の責任を不当に免責したり、賠償額を不当に僅少にする条項も、不当条項にあたる。

無効と取消

法律行為の効力が否定されるのはどのような場合か

■ 無効と取消とは

　無効とは、意思表示が意思表示の時点から当然のこととして
効力をもたない場合をいいます。これに対して、取消とは、意
思表示の時点では一応有効とされるが、取り消されれば、初め
にさかのぼって無効とされる場合をいいます。したがって、取
り消すことのできる行為は取り消されるまでは有効です。取り
消すことのできる事情があっても、それが自分に有利なものだ
と考えれば、取り消さないこともできます。

　もっとも、意思表示自体がそもそも存在しない場合には、法
律行為は「不成立」であり、無効や取消とは異なることに注意
が必要です。

■ 無効と取消はどう違う

　まず、追認の意味合いが異なります。追認とは、欠陥のある
法律行為を事後的に認めることです。無効行為は当然に効力を
もたないので、追認しても有効になるわけではありません。無
効行為の追認は新しい意思表示をしたとみなされます（119条）。

　これに対して、取り消すことのできる行為の追認は、一応有
効に成立している行為を、確定的に有効にする行為です。追認
は、法律行為の相手方にとって、取り消されるか否かが不安定
な状態から解放され、法律関係が確定するという意味をもちます。

　なお、取り消すことのできる法律行為の相手方には、取り消
されるか否かが不安定な状態を脱し、法律関係を確定させるた
め、一方当事者である制限行為能力者や無権代理行為の本人等

無効と取消の違い

	主張できる者	主張できる期間	追 認	効 力
無効	誰でもできる	いつでも主張できる	できない	当然無効
取消	取消権がある者 （120条）	期間が限られている （126条）	できる	はじめに さかのぼって無効

に対して、追認するか否かを確認（催告）することが認められています。催告を行った後に、一定の期間内に何ら確答（追認するかしないかの返事）がない場合に、追認したものとみなすケース（制限行為能力者が行為能力者となった後、その者に対する催告、法定代理人に対する催告など）と、追認が拒否されたものとみなすケース（被保佐人に対する催告、無権代理行為の本人に対する催告など）があります。

　追認が行われると、それ以降は、当該法律行為は完全に有効な法律行為であると扱われるため、いったん追認した法律行為について、後になって取り消すことはできません。

　また、取消権者が追認の意思表示を示していなくても、法律が定める事実があったときに追認したものと扱われる場合があります。これを法定追認といいます。民法は法定追認にあたる事実として、次の6つを規定しています（125条）。

　次に、無効は誰であっても主張できます。一方、取消は錯誤に陥った者、詐欺・強迫を受けた者やその代理人など、または制限行為能力者やその代理人など、一定の人しか主張ができません（120条）。

　無効はいつまでも主張できます。一方、取消は追認ができる時から5年間、あるいは法律行為をした時から20年間を経過すると主張できなくなります（126条）。

法定追認事由

①消権者が債務の全部または一部を履行した場合、②取消権者が相手方が負う債務の履行を請求した場合、③取消ができる法律行為に関して更改契約を結んだ場合、④取消権者の負う債務について抵当権等の担保を提供した場合、⑤取消ができる法律行為により取得した権利の全部または一部を取消権者が譲渡した場合、⑥取消権者が取消可能な法律行為に基づき強制執行を行った場合である。

クーリング・オフ

一定の取引であればクーリング・オフが利用できることもある

クーリング・オフ

日本語に訳すと「頭を冷やす」という意味。

電磁的記録によるクーリング・オフ

令和4年6月以降、訪問販売、電話勧誘販売、連鎖販売取引、預託取引などについては、電磁的記録（電子メールなど）を用いてクーリング・オフをすることも可能となっている。

クーリング・オフと商品の引き取り

消費者に対して業者がすでに商品を売って渡していたとしても、業者の負担で商品を引き取る義務がある。

クーリング・オフを防止するための方法

とりわけ、特定商取引法や割賦販売法で定められているクーリング・オフをされないようにするためには、商品や提供するサービスの内容について丁寧に説明し、わかりやすい契約書面や申込書面を作成することが必要になる。

■ クーリング・オフ制度とは

　事業者と契約してから2～3日を過ぎて冷静に考えると「必要のない契約をした」と後悔し、契約をなかったことにしたいと思うことがあります。その場合のため、一定期間のうちは、消費者から契約の申込みを撤回し、または契約を解除することを法律で認めている場合があります。この法律で認められた撤回権や解除権のことをクーリング・オフといい、クーリング・オフができる一定期間のことをクーリング・オフ期間といいます。クーリング・オフができる取引は、さまざまな法律で決められています（次ページ図参照）。

　クーリング・オフには契約関係を消滅させる強力な効果があることから、クーリング・オフを行ったことを明確にしておかなければ、後で「契約を解除した」「いやしなかった」という水かけ論になる危険があります。そこで、クーリング・オフの通知（告知）は書面で行うのが原則です。書面であれば、ハガキでも手紙でもかまいませんが、普通郵便だと郵便事故で相手に届かないことがあります。また、悪質業者だとクーリング・オフの通知が届いても無視する危険性が高いといえます。そこで、内容証明郵便を使うのが最も確実です。

　内容証明郵便は、誰が・いつ・どんな内容の郵便を・誰に宛てて差し出したかを郵便局が証明してくれる特殊な郵便です。内容証明郵便に配達証明を付けることで相手に配達されたことも証明できます。郵便は正確かつ確実な通信手段ですが、それでも稀に何らかの事故で配達されない場合もあります。一般の

クーリング・オフできるおもな取引

クーリング・オフできる取引	クーリング・オフ期間
訪問販売	法定の契約書面を受け取った日から8日間
電話勧誘販売	法定の契約書面を受け取った日から8日間
マルチ商法（連鎖販売取引）	クーリング・オフ制度告知の日から20日間
現物まがい商法（預託取引）	法定の契約書面を受け取った日から14日間
海外先物取引	海外先物契約締結の翌日から14日間
宅地建物取引	クーリング・オフ制度告知の日から8日間
ゴルフ会員権取引	法定の契約書面を受け取った日から8日間
投資顧問契約	法定の契約書面を受け取った日から10日間
保険契約	法定の契約書面を受け取った日から8日間

※期間は契約日を含む。ただし、海外先物取引は契約日の翌日から起算。

郵便物だと後々「そんな郵便は受け取っていない」「いや確かに送った」という事態が生じないとも限らないわけです。

たしかに、一般の郵便物でも書留郵便にすれば、郵便物を引き受けた時から配達されるまでの保管記録は郵便局に残されます。しかし、書留郵便は郵便物の内容の証明にはなりません。その点、内容証明郵便を配達証明付にしておけば間違いがありません。

■ クーリング・オフの効果

クーリング・オフは、書面の発送時（電子内容証明郵便の場合は受付時）に効力が発生します。したがって、クーリング・オフ期間の最終日に書面を出せば、業者に届いたのはその3日後だったとしても、契約は解除されたことになります。クーリング・オフにより、業者は消費者が支払った代金全額を返還する義務を負います。

契約書面を交付しない場合

契約書面を交付しないと、クーリング・オフの起算点が定まらないため、いつまでもクーリング・オフ期間がカウントされず、消費者からクーリング・オフを受けることになる。

書面を交付すればよいわけではない

たとえば、訪問販売の場合には、販売商品の名称・種類・数量・販売価格、代金の支払方法、商品の引渡時期、クーリング・オフに関する事項といった法律で定められた事項をすべて明記した書面（申込書面・契約書面）を交付しなければならない。書面の記載内容は各取引によって異なる。

消費者契約法の全体像

不利な立場に置かれやすい消費者を保護する

■ どんな法律なのか

　民法は契約当事者が対等であることを前提としてルールを定めています。しかし、実際の契約の場面では、契約当事者間の知識に相当の差がある場合が多いのが実情です。特に消費者と事業者が契約当事者の場合、一方の消費者は契約とはなじみが薄いのに対し、もう一方の事業者は契約のプロですから、対等とはいえない状況になりがちです。そこで、契約に関わる知識量や判断力などの点で不利な立場にある消費者を保護する法律として、消費者契約法があります。消費者の保護や事業者の規制を目的とするさまざまなルールのうち、消費者契約法は中心的な役割を果たしています。

■ 消費者保護のためのさまざまなルールが規定されている

　消費者契約法が対象としているのは、消費者と事業者の間で結ばれる契約（消費者契約）に限られます。また、消費者契約法には、消費者に契約の取消権を与えたり、契約条項を無効としたりする規定が設けられています。

　消費者がだまされた場合（詐欺）や脅された場合（強迫）は、民法により消費者は契約の取消しができます。しかし、民法の詐欺や強迫とまでは言えないケースでも、契約に際して消費者を誤認させたり困惑させたりしたときは、消費者による契約の取消しが認められる（消費者取消権）点に消費者契約法の特徴があります。また、消費者契約法は、消費者を一方的に不利にする契約条項を無効としています。

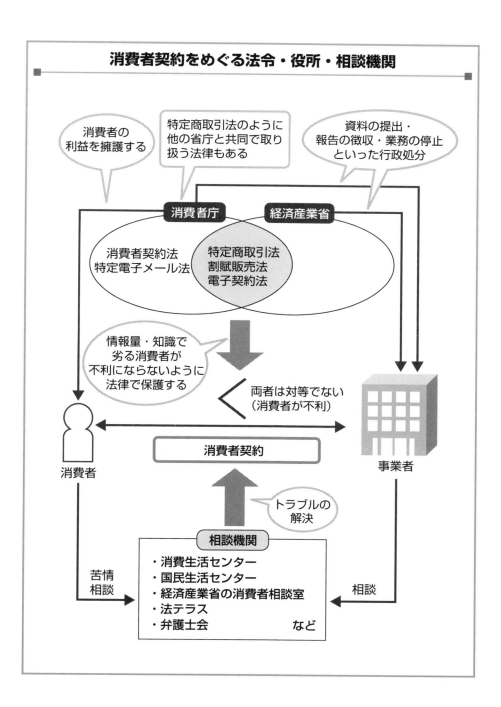

消費者契約をめぐる法令・役所・相談機関

消費者の利益を擁護する

特定商取引法のように他の省庁と共同で取り扱う法律もある

資料の提出・報告の徴収・業務の停止といった行政処分

消費者庁　経済産業省

消費者契約法
特定電子メール法

特定商取引法
割賦販売法
電子契約法

情報量・知識で劣る消費者が不利にならないように法律で保護する

両者は対等でない（消費者が不利）

消費者契約

消費者　　　　　　　　　　　　　事業者

トラブルの解決

相談機関
・消費生活センター
・国民生活センター
・経済産業省の消費者相談室
・法テラス
・弁護士会　　　　など

苦情相談

相談

特定商取引法の全体像

訪問販売やマルチ商法を規制する法律である

■ 特定商取引法とは

特定商取引法は消費者と事業者との間で特にトラブルになることが多い取引について、取引をする際のルールを定めている法律です。正式には「特定商取引に関する法律」といいます。特定商取引法は、当事者が誰であるかということに加えて、取引の形態に着目し、消費者が不利益を受けそうな取引について、不利な契約を結ばされないように事業者を規制しているという点に特徴があるといえます。

■ 特定商取引法が規制する取引と規制内容

特定商取引法は、①訪問販売、②通信販売、③電話勧誘販売、④連鎖販売取引（マルチ商法）、⑤特定継続的役務提供（語学教室の受講、学習塾・パソコン教室への通学、エステ契約等）、⑥業務提供誘引販売取引（内職商法）⑦訪問購入という7種類の特定商取引や、ネガティブオプション（送り付け商法）について規制しています。

もともとのルールでは対処できなかった「押し買い」の被害に対応するため、平成24年の改正で訪問購入のルールが追加されています。

詳細についてはPART3以下で述べますが、取引の種類によって規制内容は異なっており、まとめると次ページ図のようになります。

特定商取引法は、民法、消費者契約法、割賦販売法と共に、消費者被害を予防・解決する法律として機能しているといえる

事業者の説明・
広告に対する規制

特定商取引にあたる取引では、事業者の側が、契約を断る顧客を家に帰さなかったり、「○○を買えば必ずもうかる」といったウソの説明や広告を行うことも珍しくない。そこで特定商取引法は、不実告知（ウソをつく）や故意による重要事実の不告知（わざと重要な事実を教えない）など一定の悪質な行為を禁止している。

事業者が
注意すべきこと

特定商取引法は特定商取引を行う事業者を規制するために、広告規制、契約書面の交付、不当な勧誘の禁止、クーリング・オフ、中途解約権の保障といったさまざまなルールを設けている。特に重要な規定が通信販売を除く取引に認められているクーリング・オフである。事業者は消費者にクーリング・オフという権利があることを書面で伝え、消費者のクーリング・オフを不当に妨害することを避けなければならない。

特定商取引と事業者に対するおもな規制

	広告についての規制	勧誘するにあたっての規制	契約書面の交付についての規定	契約の解消についての規定
訪問販売 （88 ページ）		勧誘目的の明示 再勧誘の禁止 不当行為の禁止	申込書面の交付 契約書面の交付	クーリング・オフ 過量販売の解除 不当勧誘行為がある場合の取消権
通信販売 （120 ページ）	広告の表示 誇大広告の禁止 迷惑メールの禁止			返品制度 特定申込みの表示義務違反がある場合の取消権
電話勧誘販売 （140 ページ）		勧誘目的の明示 再勧誘の禁止 不当行為の禁止	申込書面の交付 契約書面の交付	クーリング・オフ 不当勧誘行為がある場合の取消権
連鎖販売取引 （152 ページ）	広告の表示 誇大広告の禁止 迷惑メールの禁止	勧誘目的の明示 不当行為の禁止	概要書面の交付 契約書面の交付	クーリング・オフ 不当勧誘行為がある場合の取消権 消費者の中途解約権
特定継続的役務提供 （164 ページ）	誇大広告の禁止	不当行為の禁止	概要書面の交付 契約書面の交付	クーリング・オフ 不当勧誘行為がある場合の取消権 消費者の中途解約権
業務提供誘引販売取引 （178 ページ）	広告の表示 誇大広告の禁止 迷惑メールの禁止	勧誘目的の明示 不当行為の禁止	概要書面の交付 契約書面の交付	クーリング・オフ 不当勧誘行為がある場合の取消権
訪問購入 （184 ページ）		氏名等の明示 不招請勧誘の禁止 再勧誘、不実の告知等の禁止	申込書面の交付 契約書面の交付	クーリング・オフ 引渡しの拒絶

でしょう。

　特定商取引法は、消費者の弱みにつけ込む新たな悪質商法や、社会経済情勢の変化に対応するために都度見直され、法改正がなされています。

割賦販売法の全体像

代金を払い終えるまでは所有権は売主にある

■ 割賦販売法の規制

　たとえば、商品を購入するとき、その場で代金の支払いや商品の受取りを行う即時決済の方式で取引することは、今日では少なくなりつつあるかもしれません。代金が少額ならまだしも、数万円以上の商品の取引となると、クレジットカードやローンの利用により、代金を後払いにして商品を引き渡すことの方が多くなっています。

　このように、商品の引渡しと代金の支払時期に時間的な間隔が空く取引のことを信用取引といいます。信用取引は、手元に資金がなくても商品の購入が可能になる反面、支払形態が複雑になるなどの問題もあるため、割賦販売法という法律でルールが定められています。

■ 割賦販売法が規制する取引と規制内容

　割賦販売法の適用対象となる取引と、それぞれの取引に関するおもな規制内容をまとめると、次ページ図のようになります。事業者としては、どのような取引が割賦販売法の対象になるかについて、正確に把握しておく必要があります。

　図中の「取引条件の開示についての規制」とは、広告に記載すべき事項や、必要事項を記載した書面の交付などの規制です。「契約内容についての規制」とは、消費者が不利益を被るような条項を定めることを禁止する規制です。

　事業者と消費者との間の取引には、民法や消費者契約法、特定商取引法などの法律も適用されますが、その取引が信用取引

代金支払方式

割賦販売の代金支払方式には「個品」「総合」「リボルビング」がある。
・個品方式
個々の商品やサービスについてそれぞれ割賦払契約や金銭消費貸借契約を締結するもの。
・総合方式
あらかじめ上限金額を決めておき、カード等の限度額の範囲内であれば何度商品やサービスを購入してもよいとするもの。支払回数は一括払い・分割払いのどちらも可能。
・リボルビング方式
クレジット等の上限金額と月々の支払額を決めて契約をし、その範囲内であれば何度商品やサービスを購入してもよいとするもの。

割賦販売法の規制する取引と事業者に対するおもな規制

	開業についての規制	取引条件の開示についての規制	業者の調査についての規制	契約内容についての規制
割賦販売 (206 ページ)	前払式割賦販売の許可制	契約締結前の取引条件の開示 広告の一括表示 契約書面の交付	過剰与信の防止	契約不適合責任免除特約の禁止 不当な解除制限の禁止 期限の利益の喪失措置の制限
ローン提携販売 (210 ページ)		ローン提携販売条件の表示 広告の一括表示 契約書面の交付	過剰与信の防止	契約不適合責任免除特約の禁止 不当な解除制限の禁止 抗弁権の接続
包括信用購入あっせん (212 ページ)	業者の登録制（認定制もあり） 営業保証金の供託	カードの交付時の取引条件の表示 広告事項の表示 契約書面の交付	支払可能見込額の調査	契約不適合責任免除特約の禁止 不当な解除制限の禁止 期限の利益の喪失措置の制限 抗弁権の接続
個別信用購入あっせん (216 ページ)	業者の登録制	取引事項の表示 広告事項の表示 契約書面の交付	支払可能見込額の調査 勧誘時の違法行為の調査義務	包括信用購入あっせんと同様の規制 クーリング・オフ 過量販売の解除 不実告知や故意の事実不告知の取消
前払式特定取引 (228 ページ)	業者の許可制 営業保証金の供託 前受金の保全措置			

にあたる場合には、さらに割賦販売法の規定が適用されることになります。

電子商取引

電子的なネットワークを介して行われる商取引のこと

■ 電子商取引とは何か

商取引とは、具体的には、物を売る人やサービスを提供する人と物を買う人あるいはサービスの提供を受ける人の間で、物の売買やサービスの提供についての契約を締結することです。消費者と事業者の間で締結される売買契約は、知識などの点で対等にあるとはいえないため、消費者契約法や特定商取引法といった法律が適用されます。また、事業者間での取引については、適正な取引が行われるようにするために、不正競争防止法や独占禁止法といった法律による規制があります。

商取引の中でもインターネットをはじめとした、電子的なネットワークを介して行われる商取引を電子商取引といいます。

通常、人が取引を行う場合には、相手の様子や企業の雰囲気などを実際に目で見て判断しますが、電子商取引ではそれができません。売買契約を締結しても、その契約がいつ成立したものであるか、わかりにくいという問題もあります。また、電子商取引の場合には、契約が成立していることを示すものは紙ではなく、電子データです。電子データは、性質上、改ざんされたりコピーされやすいため、非常に不安定で、契約の証拠には向かない性質のデータです。さらに、電子メールなどを利用して情報の送受信を行うことから、情報が漏れる可能性も高く、実際に個人情報が漏れたケースは多数見られます。

そのため、電子消費者契約に関する民法の特例に関する法律（電子契約法）や電子署名・認証制度により、電子商取引の安全が図られています。

電子商取引の形態
電子商取引には、企業と企業で行われるものや企業と消費者で行われるもの、また個人間で行われるものなど、さまざまな形態がある。

電子消費者契約
消費者と事業者の間で電磁的方法によってコンピュータを通じて結ばれる契約で、事業者が画面に手続等を表示し、消費者がそれを読んで、コンピュータを用いて契約の申込みや承諾の意思表示をする契約（インターネットショッピング）のこと。

電子契約法のしくみ

対象

①電子商取引のうち、

②事業者と消費者との間の、

③パソコンなど（電子計算機）を使った申込みや承諾を、

④事業者が設定した画面上の手続に従って行う契約

効果

①操作ミスなどによる意思表示の取消を認める

②事業者側に意思確認のための措置をとらせる

③相手方へ承諾の意思表示が到達したときに契約が成立する

■ 特定商取引法が適用される場合

電子商取引のすべてに特定商取引法が適用されるかといえば、そうではありません。たとえば、多くの電子商取引に当てはまる通信販売については、商品・役務（サービス）・特定権利に関する契約を規制対象にしています（122ページ）。

また、特定商取引法は事業者（販売業者または役務提供事業者）を規制対象にしています。つまり、事業者が当事者とならない取引（オークションやフリーマーケットなどの一般の人同士の取引）の場合は、特定商取引法の規制対象外です。したがって、事業者がホームページを開設し、インターネット上の取引の場を提供している場合、この事業者は取引の当事者ではなく他人間の売買の媒介にすぎないため、特定商取引法の規制を受けません。ただし、事業者が媒介をするのではなく販売を委託されている場合は規制対象になります。

なお、個人であっても、営利目的で反復継続してインターネット上で物を売買している場合は事業者にあたると判断されて、特定商取引法の規制を受けることがあります。

電子契約の成立時期と操作ミスに対する救済措置

受けた注文に対して店舗側が送った承諾のメールが顧客側に到達した時点で成立する

■ 電子契約の成立については到達主義

当事者間で電磁的なネットワークを介して結ばれる契約を電子契約といいます。そして、電子契約のうち、事業者と消費者との間で締結される契約であって、一定の要件を満たすものを電子消費者契約といいます。

かつての民法では、当事者同士が離れた場所にいる契約（隔地者間の契約）については、承諾の通知が相手に向けて発信した段階で契約が成立する（発信主義）と規定していました。契約の原則（民法の原則）は、承諾の通知が相手に到達した時点で成立する（到達主義）ものの、隔地者間の契約の場合は、通知の発信から到達までタイムラグが生じることから、承諾の通知について発信主義を採用していました。

これに対し、電子契約であれば、お互いに離れた場所にいても、承諾の通知が発信とほぼ同時に相手（顧客側）に到達します。そこで、電子契約法では、電子消費者契約について民法の規定を適用せず、承諾の通知が相手に到達した時点で契約が成立すると規定していました。

しかし、令和2年の改正民法で、契約の成立時期を到達主義に一本化し、発信主義を廃止したため、現在では、電子契約を含めてすべての契約が到達主義を原則とすることになります。

■ 申込みの際の消費者の操作ミスと救済措置

電子契約法では、消費者の操作ミスの救済が図られています。契約の原則（民法の原則）によると、重大な不注意による錯誤

承諾通知後に申込取消通知が届いた場合

到達主義によれば、承諾通知が申込者に到達する前に申込取消通知が承諾者に到達した場合は、まだ契約が成立していない。

システム障害やサーバの故障

たとえば、承諾メールが相手のサーバに記録された後、システム障害などによってデータが消滅しても到達の有無に影響はない。
一方、サーバが故障しており、承諾メールが記録されていない場合は、未到達として扱われる。

電子契約法

電子消費者契約については、民法の特例として電子契約法が定められている。かつては電子消費者契約の到達主義に関する規定もあったが、民法が到達主義に一本化したことに伴い、この到達主義に関する規定は削除された。

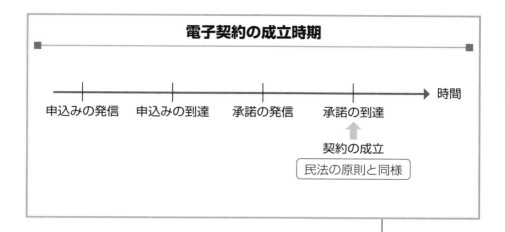

電子契約の成立時期

申込みの発信 申込みの到達 承諾の発信 承諾の到達 → 時間

契約の成立

民法の原則と同様

（勘違い）によって契約の申込みや承諾の意思表示をしたとき
は、原則として、錯誤による意思表示の取消し（契約の取消
し）を主張することができません。そして、商品を購入する消
費者による操作ミスは、重大な不注意と判断される可能性が高
いといえます。そのため、電子契約法では、民法の原則に対す
る例外を規定しています。

　具体的には、事業者側には、消費者が電子消費者契約の申込
みを確定させるより前に、消費者が申し込む内容を確認できる
ような措置を講じる義務が課せられています。そして、申込み
の内容が確認できるようになっていない場合で、消費者が操作
ミスをして契約の申込みをした場合には、たとえ重大な不注意
があるとしても、契約の申込みの意思表示を取り消すことがで
きます。

　これに対し、消費者が申込みの内容を確認できるような措置
を事業者側が講じていた場合には、消費者は、操作ミスが重大
な不注意であると判断されると、錯誤を理由として契約の申込
みの意思表示を取り消すことができなくなります。この点は、
消費者から申込みの内容を確認する画面の表示は不要であると
の申し出があった場合も同様です。

なりすましのトラブル

なりすましの被害者である顧客に責任追及できる場合
もある

■ なりすましとはどんな場合か

　なりすましとは、たとえば、AがBのユーザーIDとパスワードを勝手に使い、Bと名乗ってネットショップCから商品を購入するような場合です。なりすましの場合は、被害者（B）とネットショップ（C）との間に契約が成立していません。Bには商品を購入する意思もなければ、商品の注文するための操作も行っていないからです。したがって、CはBに対して代金の支払いを請求できないのが原則です。

　なりすましの可能性があるケースで事業者（ネットショップ）が最初にすべきことは、本当になりすましなのかを確認することです。Bがウソをついている可能性があるからです。なりすましか否かによって、その後の対応が異なるので慎重に確認しましょう。なりすましによる被害が高額であるなど、悪質な場合は警察に刑事告訴をすることも検討します。刑事告訴をするときの罪名は、刑法が定める詐欺罪や不正アクセス禁止法違反です。

■ なりすましでない場合にはどうなる

　Bが自分で商品を注文したのに「なりすましの被害を受けた」とウソをついていることが判明した場合は、Cとしては、通常どおりの取扱いをします。つまり、Bに商品を引き渡し、代金の支払いを請求します。ただ、ウソをついて代金の支払いを拒否したBは、相当悪質な顧客であることが想定されるので、代金前払いか代金引換によって商品を発送するのが安全です。

**不正アクセス
禁止法**

正式名称は「不正アクセス行為の禁止等に関する法律」である。不正アクセス禁止法では、他人のIDやパスワードなどを用いてコンピュータに不正にアクセスする行為などが「不正アクセス行為」として禁じられている。

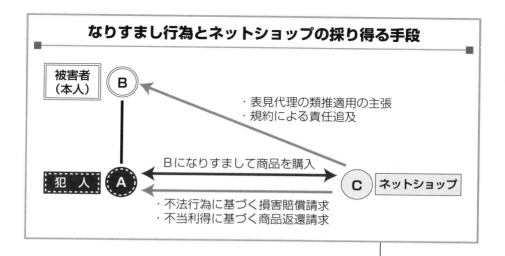

なりすまし行為とネットショップの採り得る手段

被害者（本人）B

犯人 A → C ネットショップ

Bになりすまして商品を購入

・表見代理の類推適用の主張
・規約による責任追及

・不法行為に基づく損害賠償請求
・不当利得に基づく商品返還請求

■ なりすましの場合には犯人に請求する

　調査の結果、Aがなりすましの犯人だとわかった場合、Cは、Aに対して、不法行為に基づく損害賠償請求や不当利得に基づく商品返還請求（または商品相当額の金銭支払請求）をします。

　不法行為とは、故意（意図的に）または過失（落ち度）によって、他人の身体や財産などに損害を与えることをいいます。不法行為を行った人は、それにより生じた損害を賠償する義務を負います。これに対し、不当利得とは、利益を受ける根拠がないにもかかわらず、他人の財産や行為によって利益を受けることをいいます。不当利得を得ている人は、その得ている利益を返還する義務を負います。

　ただし、犯人Aの氏名や住所が判明しても、Aが損害賠償金などを支払うだけのお金を持っていない場合には、実際にお金を回収するのは難しくなります。

■ 例外的になりすましの被害者に責任追及できる場合がある

　なりすましの事案では、ネットショップCが被害者Bに対して責任を追及できる例外的な場合が2つあります。

不当利得

Aは、Bの財産を利用することができないのに、Bの財産（Bのお金）を利用して商品を得るという利益を得ているので、Aの行為は不当利得に該当するといえる。

・表見代理の類推適用が可能な場合

　表見代理とは、代理権を持っていないのに代理人と称する人と取引した相手方を保護する制度です。表見代理が類推適用されると、ＢＣ間に契約が成立したのと同様に扱われます。類推適用とは、ある法律の規定を、事案の性質が似た別の事柄にも適用することです。なりすましの事案では、犯人Ａは被害者Ｂの代理人と称しているわけではなく、表見代理の規定をそのままでは適用できないので、表見代理の類推適用になります。

　表見代理の類推適用が認められるための大まかな要件は、①Ｂが注文したかのような外観があること、②外観を信頼したことについてＣに落ち度がないこと（善意無過失）、③外観を作り出したことについてＢの関与（落ち度）があることです。

・規約に責任追及を可能とする規定がある場合

　ネットショップでは、IDとパスワードを使って本人確認を行っているのが一般的です。この場合、事業者が規約（ネットショップの利用規約）において、たとえば、「入力されたID、パスワードが登録されたものと一致する場合、会員本人が利用したとみなす」といった内容の規定を設けているときは、顧客に対して、なりすましの責任を追及できる可能性があります。

　しかし、このような規定が有効とされるには、事業者が通常期待されるレベルのセキュリティ体制を構築していることが前提です。セキュリティ体制が通常求められるものよりも低いと、なりすましの原因が事業者のセキュリティ体制の不備にあると判断され、顧客に責任追及できない場合があるので注意しましょう。

■ クレジットカードなどの決済はどうなる

　なりすましの事案では、ネットショップＣと被害者Ｂの間に契約が成立することはありません。したがって、ＣはＢに対して代金の支払いを請求できないのが原則です。

なりすましに対する対策

前払いでの代金受取り	代金を前払いにすれば、店が商品の代金や配送費用を回収できなくなるリスクを軽減できる
電子署名制度の利用	電子署名を採用すれば、作成者の特定や改ざん防止が可能になるため、なりすましを予防できる
規約による顧客への責任追及	「会員本人が利用したとみなす」という規定をあらかじめ作成しておく

　もっとも、犯人Aがクレジットカード決済（カード決済）やネットバンキング決済を悪用した場合は、少し複雑な問題が生じます。CとBの関係の他に、Cと決済業者間、Bと決済業者間の契約関係も問題になるからです。

　たとえば、カード決済の場合は、Cと決済業者との間で加盟店契約が締結されており、決済業者がCに商品の代金を支払います。なりすましの事案においては、加盟店契約に基づき、Cへの支払いが一時保留になることがあります。これに対し、被害者Bと決済業者との間は立替払契約などによって処理されています。立替払契約は、決済業者がネットショップに商品の代金を立替払いして、その立替払分をカード利用者に請求するという内容です。

　なりすましの問題についてカード決済が関係するときは、加盟店契約や立替払契約などによって処理されるのが一般的です。不正利用された本人の責任の度合いによっても異なりますが、ネットショップが決済業者から商品の代金を受領できなくなる可能性が高いため、加盟店契約や立替払契約などの内容に注意しておく必要があるでしょう。

電子署名

上図でなりすましに対する対策として「電子署名制度の利用」を挙げたが、電子署名とは、電子メールなどの電子文書に記載された情報の正当性を保証するためにつける署名のことである。

チャージバック

カード利用者が不正使用などの理由で代金の支払いに同意しない場合に、決済業者（カード会社）がこれを認めて代金の売上を取り消すことである。チャージバックが行われると、事業者（加盟店）は、決済業者から受領済みの代金があれば返さなければならない。

Column

民法改正による成人年齢引下げと消費者法

　令和4年4月1日より改正民法が施行され、成人年齢（成年年齢）が20歳から18歳へと引き下げられました。これにより、今までは基本的に20歳以上でなければ行うことのできなかった割賦販売契約、いわゆるローンを組むことが18歳から可能となりました。18歳ということは高校生も含まれます。つまり、高校生であっても18歳になれば親の同意を得ることなく単独で、ローンを組んで商品を購入することができるようになりましたし、クレジットカードを所持することもできるようになったのです。

　しかし、法律上は成人であるとはいえ、18歳は社会経験の乏しいと言わざるを得ない年齢ともいえます。そこに目を付けた悪質業者や反社会的勢力に狙われ、若年者が深刻な金銭トラブルに巻き込まれる危険も十分に予測されます。

　そこで、経済産業省や政府は、若年層へ向けて割賦販売に関する教育や広告・啓発などに積極的に取り組む姿勢を示しています。具体的には、全国の学習塾などにクレジット利用についての教材を配布することや、講師を派遣して講習を実施すること、消費者庁に専門の相談ダイヤルを設置すること、TwitterなどのSNSにおいてインフルエンサーを活用した啓発広告を打ち出すことなどです。

　社会経験のある大人であっても、一つ間違えれば大きなトラブルに遭遇する危険があるのが割賦販売による購入やクレジットカードであり、法令によってさまざまな事業者への規制や消費者の保護が図られています。これから社会に出ていこうという時に経済的問題を抱えることは、その後の人生に大きな影を落とすことにもなり得ます。したがって、若年者がこうした事柄に関連する法的知識を今から身につけておくのは、自身の身を守るためにも非常に重要なことでしょう。

PART 2

消費者契約法

消費者契約法とは

消費者の立場と権利を守る法律である

■ なぜ消費者契約法ができたのか

　一般的な契約について規定している代表的な法律として「民法」があります。民法では、契約自由の原則が採用されているため、原則として、誰との間でどんな内容および方式で契約しようと自由です（521条・522条2項）。

　そもそも、民法は契約の両当事者が対等な関係であることを前提としています。しかし、事業者と消費者が結ぶ契約について見てみると、現代においては、豊富な知識や巧みな交渉術をもつ事業者と、それをもたない消費者との間に、商品知識や情報収集に対する能力に圧倒的な差ができています。そのため、民法だけでは消費者を十分に保護することができないというのが実情です。

　実際に、事業者の強引な勧誘や甘言によって知識の乏しい消費者が契約してしまい、後に大きな不利益を被るというトラブルが多発したため、たとえば、訪問販売（自宅への押売りや街頭で呼び止めて店舗に同行させて行う販売方法のこと）は特定商取引法、割賦販売（代金を即時決済するのではなく、一定の期間にわたって分割払いで支払う販売方法のこと）は割賦販売法、といった法律で個別に対処していました。

　ただ、その一方で、特定商取引法や割賦販売法で定める取引に該当しない取引によって被害を被った消費者も多く、被害者の救済という点で不十分といえました。

　このような問題を解消するために制定されたのが「消費者契約法」です。消費者契約法は、消費者と事業者との間には、情

消費者契約法ができる前は民法しかなかった

民法が制定された100年以上前の社会では、事業者の取り扱う商品やサービスもそれほど複雑ではなく、消費者と事業者との間に大きな格差はなかった。このため、民法の規定でもある程度対応ができていた。

消費者契約法が必要とされる理由

消費者 ←消費者契約→ 事業者

契約に慣れていないことが多い

契約のプロ

➡ 法律で消費者を保護する必要性が高い！
消費者が不当に不利な契約を結ばされてしまうことがないように、
消費者契約法は消費者と事業者が契約を行う場合のルールを規定している

報の質や量、交渉力などの面において絶対的な格差があること
を認め、双方で交わす契約（消費者契約）において、消費者の
権利や立場を守ることを目的としています。

■ どんな場合に必要なのか

消費者契約法による保護や救済が必要とされるのは、消費者
と事業者との間に情報量や経験、交渉力などといった面で、圧
倒的な格差が認められる場合です。

現代社会において経済や社会のしくみは複雑化し、事業者は
これまでの経験や知識、情報や交渉術といった強力な武器を豊
富に持つようになりました。事業者は、これらの武器を駆使し
て消費者に契約を求めてきます。何の知識もなく、準備もでき
ていない消費者側には、契約の内容をすべて理解し、自分の権
利を守るための対抗策を講じることはまずできません。

そこで、消費者と事業者との間で結ぶ消費者契約に対し、事
業者との不平等を是正して消費者を保護するため、消費者契約
法が定められたのです。

消費者契約法があると何ができるのか

契約関係に問題が生じた場合、消費者は民法が定める取消（成立までの過程に問題が生じていた契約の効力を失わせること）や解除（成立後に問題が生じた契約の効力を失わせること）を利用して契約関係を解消できる。しかし、取消や解除は要件が比較的厳しく、容易に認められるわけではないため、民法の規定だけでは消費者を保護しきれていなかった。消費者契約法が制定されたことで、特に民法に比べて契約の取消が認められやすくなったことが、消費者にとっての最大の利点といえる。

対象となる契約

消費者と事業者の間で締結されるすべての契約が対象

■ 適用される当事者と契約

消費者契約法では、その名称からもわかるように、消費者が行う契約が対象となります。消費者契約法では、「消費者」「事業者」「消費者契約」が重要なキーワードとなります。

・消費者

消費者契約法において保護の対象となるのは「消費者」です。消費者とは、普通の個人（一般人）を指しますが、事業としてまたは事業のために契約当事者になる個人は含まれません。

したがって、公務員や会社員、学生や専業主婦といった立場の個人は、その多くが消費者にあたりますが、公法人、株式会社、公益法人といった法人は、消費者にあたりません。

また、飲食店やサービス業などを営んでいる個人事業主は、事業運営のためにさまざまな契約をしていますが、同時に一人の生活者でもあります。個人事業主を消費者契約法上の「個人」から一切除外してしまうと、その生活に支障をきたすことにもなりかねません。そこで、個人事業主は、契約の状況に応じて、事業者として契約をするときは「消費者」にあたらないものの、それ以外の場合は「消費者」にあたり消費者契約法の保護を受けます。

・事業者

消費者契約法における「事業者」に当たる代表例は法人です。国・都道府県・市区町村といった公法人の他、株式会社、一般法人、公益法人、宗教法人、NPO法人などの法律に基づき設立される法人が挙げられます。また、法人格を持たないまでも、

**個人事業主と
消費者契約法**

一般に事業者として契約する個人事業主は消費者契約法で守られる「消費者」に該当しないと考えられるが、事業目的以外の取引や事業に関係があっても、その取引が事業の専門性との関連が希薄である場合には、消費者として認められる可能性がある。

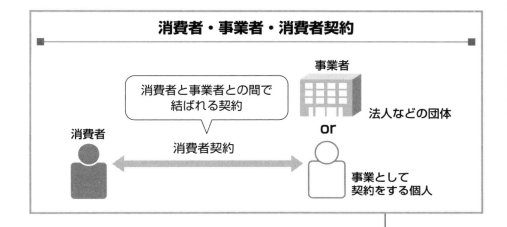

消費者・事業者・消費者契約

事業者

法人などの団体

or

事業として
契約をする個人

消費者と事業者との間で
結ばれる契約

消費者

消費者契約

集団で何らかの継続した事業をしている団体は「事業者」にあたります。さらに、飲食店や販売店、学習塾や家庭教師、弁護士・司法書士事務所などの個人事業主も、事業者として契約するときは「事業者」にあたります。

・消費者契約

　消費者と事業者の間で締結される契約を「消費者契約」といいます（消費者契約法2条3項）。ただ、当事者が「消費者」かどうか、あるいは「事業者」かどうかがあいまいな場合も多く、同様の内容の契約であっても、それぞれのケースによって「消費者契約」にあたるかどうかの判断が違ってくることがあります。

　不当な勧誘により消費者が誤認して結ばれた消費者契約は取消しができますし、消費者を不当に不利に扱うような契約条項は無効とされます。

■ 消費者契約法の適用が除外される場合もある

　消費者契約法がすべての消費者と事業者の間の契約に適用されるのかというと、そういうわけではありません。たとえば、労働契約には消費者契約法は適用されません。

> **労働契約が適用
> 除外される理由**
> 労働契約は労働基準法や労働契約法などの労働関係の法令によって労働者の保護が図られているため、消費者契約法は適用されない。

事業者の情報提供

■ 適切な勧誘行為かどうか

　事業者と消費者が契約をする際、事業者の側から何らかの形で勧誘が行われていることが多くあります。事業者が契約の目的となる商品、役務（サービス）、権利などについて、中途半端な情報提供や説明しか行わない、難解な専門用語を多用して説明などをする、あるかどうかもわからない利点ばかりを教え、不利益な点については教えない、などの行為があると、消費者は内容を正しく理解しないまま契約を締結することになりかねません。この場面では、後で消費者に何らかの損害が発生したときに、「消費者の情報収集力や経験の不足につけこんで、事業者が一方的に利益を得ようとしている」と指摘され、契約の取消を迫られることがあります。そのような状況に陥らないためには、事業者としては、商品などを説明する際、持っている情報を適切に消費者に提供する必要があるのです。

　具体的には、事業者が消費者契約の条項を定めるときは、その内容が消費者にとって明確で平易なものになるように配慮することが求められます。また、事業者が消費者契約の締結について勧誘をする場合には、契約内容についての必要な情報を提供するように努めなければなりません。消費者も契約を結ぶ場合には、事業者から提供された情報を活用し、契約内容について理解するように努めなければなりません（消費者契約法3条）。

　ただ、求められているのはあくまで努力や配慮であって、この努力を怠ったとしても、直ちに事業者に対して、何らかの法的責任が発生したり、罰則が科されたりするわけではありませ

努力義務規定
法律に定められていることを行うように努力する義務のこと。努力義務が法律に規定されている場合、それに反する行為をしたとしても、違法となることはない。

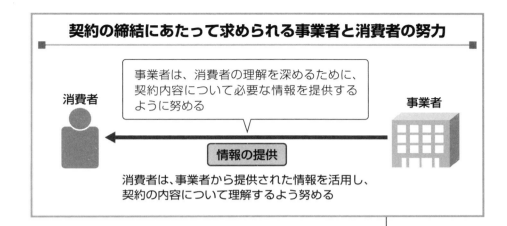

契約の締結にあたって求められる事業者と消費者の努力

消費者

事業者は、消費者の理解を深めるために、契約内容について必要な情報を提供するように努める

情報の提供

事業者

消費者は、事業者から提供された情報を活用し、契約の内容について理解するよう努める

ん。事業者が情報を提供しなかったからといって、消費者が直ちに契約の取消しができるわけでもありません。その意味では、この条項は消費者の保護という点で十分ではないという問題があります。

■ 金融商品についての説明義務

　預貯金、信託、保険、有価証券、デリバティブといった金融商品の販売は「金融サービスの提供に関する法律」（金融サービス提供法）に基づいて、消費者契約法とは異なる規制がなされています。具体的には、事業者は、金融商品を販売するまでの間に、顧客（消費者）に対して重要事項を説明することが義務付けられ、同時に不確実な事項について断定的判断を提供することなど（断定的判断の提供等）が禁じられています。

　以上に違反して重要事項を説明しなかったり、将来的な見通しが不確実であるのに「値上がり確実」」といった断定的判断の提供等を行って消費者を誤認させたりした場合、事業者は、消費者が被った損害を賠償する責任が生じます（金融サービス提供法5条）。これは消費者契約法と比べて事業者の責任を重くしているといえます。

デリバティブ（取引）

特定の資産（株式、為替、債券など）の価格を基準として価格の決まる商品の取引で、特定の資産から派生して生じる金融商品のこと。デリバティブ（取引）の例としては、先物取引やスワップ取引などがある。

重要事項

①元本の欠損が生じるおそれがある事実やそのしくみ、②元本を上回る損失が生じるおそれがある事実やそのしくみ、③金融商品の権利を行使できる期間や解約期間の制限といった事項である。
また、これらの重要事項の説明は、顧客（消費者）の知識や経験、財産状況や契約締結の目的などに照らして、顧客に理解してもらえるように必要な方法や程度で行わなければならない。

消費者取消権

消費者契約そのものがなかったことになる

■ 消費者取消権とは何か

　消費者取消権とは、消費者と事業者の間で締結された契約を、消費者側から取り消すことができる権利です。

　契約の申込みや承諾の意思表示の場面においても、民法上の詐欺または強迫が認められれば、「契約を締結する」という意思表示を取り消すことができます。しかし、民法上の詐欺や強迫が現実に認められるケースは少ないと言われています。

　また、特定商取引法では、訪問販売や電話勧誘販売など一定の販売方法により商品や一定の権利が販売された場合に、クーリング・オフ（申込みの撤回または契約の解除）を認めています。しかし、クーリング・オフの行使期間は書面交付日から起算して8日以内などと短く、通知が遅れると受け付けてもらえず、特定商取引法の対象から外れた販売方法や権利・役務などの場合は、その保護を受けられません。

　このように、他の法律では救済が難しかった取引をした消費者も行使できるのが消費者取消権です（消費者契約法4条）。

■ どんな場合に問題となるのか

　たとえば、防災器具販売の事業者が勧誘の際に、実際にはそのような事実がないにもかかわらず、「今後はこの防災器具を設置しておかないと罰金を徴収される」などと告げ（不実告知）、消費者がそれを事実だと勘違いして契約をした場合や、相場の動きが不確実であるにもかかわらず、「この商品は今後必ず国際的な価値が上がる」などと説明して（断定的判断の提

詐欺又は強迫による意思表示

民法には「詐欺又は強迫による意思表示は取り消すことができる」という規定がある。

民法上の詐欺に該当すると認められるには

事業者に、①消費者を誤認させようという故意があったこと、②その誤認に基づいて意思表示させようという故意があったこと、の両方について消費者が立証しなければならない（二重の故意）。

過量契約の取消権

消費者契約の目的となるものの分量等が、通常の分量等を著しく超え、これを勧誘の際に事業者が知っていた場合、その勧誘によって取引をした消費者は、当該消費者契約を取り消すことができる。
高齢者に大量購入させる被害が多発していることから、平成28年の消費者契約法改正で新設された。

消費者取消権の行使が認められるケース

内　容	具体例
重要事項について事実と異なることを告げ、消費者を誤認させること	普通の仏像を「これは特別な仏像」とウソをつき、高価な価格で売りつける場合
物品、権利、役務その他の契約の目的となるものに関し、将来におけるその価額、将来において当該消費者が受け取るべき金額その他の将来における変動が不確実な事項につき断定的判断を提供して、消費者を誤認させること	「この株は必ず値上がりします」と不確定な将来の株価変動に対し断言する場合
消費者にある重要事項または当該重要事項に関連する事項について消費者の利益となることを告げ、かつ、重要事項について故意・重過失により消費者の不利益となる事実を告げなかったこと	先物取引で「大幅に利益が出ます」とだけ顧客に伝え、「商品の値下がりで大きく損をすることもある」ことをわざと言わなかった場合
事業者に対し、消費者が、その住居またはその業務を行っている場所から退去すべき意思を示したにもかかわらず、それらの場所から退去しないこと	セールスマンが「商品を買うまで帰らない」と家に居座る場合
事業者が契約の締結について勧誘をしている場所から消費者が退去する意思を示したにもかかわらず、その場所から消費者を退去させないこと	店に鍵をかけ、「帰りたい」と言っている顧客が商品を購入するまで店から出さない場合
契約の目的となるものの分量等が消費者にとっての通常の分量等を著しく超えるものであることを知っていたにもかかわらず、事業者が契約を勧誘したこと	一人暮らしの高齢者に敷布団や掛け布団を何十枚も売りつける場合

※「重要事項」とは、消費者が消費者契約を締結するかどうかについての判断に通常影響を及ぼしている内容のこと。たとえば、消費者契約の目的となるものの質、用途、対価などがある。

供）、消費者を信用させることがあります。

　このように、事業者が消費者契約の勧誘をする際に、消費者に対して重要事項について事実と異なることを告げた結果（不実告知）、告げられた内容が事実であると誤認して取引した場合や、将来どうなるかわからない不確実な事柄について、それ

が確実であるかのような説明をした結果（断定的判断の提供）、その事実を確定的なものと誤認して取引した場合などに、消費者は、当該消費者契約を取り消すことができます。

■ 取消権を行使するとどうなる

取り消された行為は初めから無効であったものとみなされます（民法121条）。したがって、消費者契約の申込みやその承諾の意思表示についても、消費者取消権の行使によって取り消されると、申込みも承諾も初めから無効であったものとして扱われます。その結果、当事者には、契約の申込みや承諾の意思表示がなかった状態に戻す、つまり元通りに戻す義務が生じます（原状回復義務）。具体的には、次のような行為が必要です。

① 消費者が事業者に支払った商品代金等の金銭があれば、事業者はその商品代金等の金銭を消費者に返還する。

② 消費者が事業者から受け取った商品等の物があれば、消費者はその商品等の物を事業者に返還する。

原状回復義務を履行する際に問題となるのが、目的物を消費者が使用または飲食していた場合です。たとえば、サプリメントの売買契約を取り消した場合、消費者は、手元のサプリメントの返還義務を負うだけでなく、食べた分は金銭に換算して返還義務を負うのが民法上の原則です（121条の2）。しかし、消費者の責任が重くなるため、消費者取消権による原状回復義務の範囲は「現に利益を受けている限度」（現存利益）としました（消費者契約法6条の2）。これにより、消費者は手元のサプリメントだけを返還すれば足ります。

？ 会員制リゾートの会員権を購入したが利用できない。契約の取消は可能なのか。

会員権の購入契約は「特定権利」にあたり、特定商取引法の適用対象になりますので、特定商取引法が規制する取引（通信

消費者取消権の効果

消費者取消権の行使

→ 消費者に対する商品代金等の返還

→ ・事業者に対する商品等の物の返還
・一部消費した場合、給付を受けた時に取消ができるのを
知らなかったときは、現在残っている分だけを返せばよい

販売を除く）で購入した場合は、特定商取引法によるクーリング・オフが可能です。また、業者が消費者に事実と異なることを告げて誤認させたり（不実告知）、故意・重過失で重要な不利益事実を告げなかった場合、消費者は消費者契約法による消費者取消権を行使できます。たとえば、予約がとりにくい状況であるのを知っていながら「好きなときに施設を利用できる」と告げて契約を締結させた場合は、消費者契約法に違反します。これは不実告知にあたり、追認できる時から１年以内、または契約時から５年以内であれば、消費者は消費者取消権を行使して契約の取消しができます。

❓ ネットオークションの個人取引で購入した商品がニセモノだったが、契約の取消は可能なのか。

取引相手が事業者の場合は、特定商取引法や消費者契約法などを適用して契約を取り消すことができます。また、個人の場合でも、営利目的で反復継続性があれば事業者とみなされますので、これらの法律を適用して取り消すことが可能です。本ケースの場合、「個人取引」とされていますが、売主に営利目的があり反復継続性があれば、売主を事業者とみなすことができますので、消費者取消権を行使することが可能です。

追認

事後的に確定的なものにする当事者の意思表示で、取り消すことができる行為などを後から認めること。一度追認をすると、その後に取り消すことはできなくなる。

営利目的

利得を得ることを目的する行為。たとえばある特定の商品を購入する時に、私用ではなく転売を想定しているのであれば、営利目的の行為となる。

反復継続性

１回限りの取引ではなく、繰り返し同様の取引を繰り返すこと。たとえばフリマサイトなどで手作りの商品等を複数出品しているのであれば、反復継続性があるといえる。

不利益事実の不告知と取消

不利益事実の不告知が契約締結を決定づけたかどうか
が問題になる

■ 不利益事実の不告知とは

　事業者と消費者が契約を結ぶ場合、事業者の側は、消費者にとって都合のよいことは大々的に伝えてきますが、反対に消費者にとって不利益になる事実を伝えてこないことがあります。これが不利益事実の不告知と呼ばれるものです。

　たとえば、契約の目的がエステの施術である場合は「吹き出物がなくなる」「シミ・そばかすが薄くなる」「痩身効果がある」などといった情報、分譲マンションを販売する場合は「日あたり良好」「眺望抜群」「閑静な住宅街」「駅近」などといった情報が消費者にとって利益になるものと考えられます。事業者は契約させたいのですから、このような事実については積極的に伝えてくるでしょう。

　これに対して、「かぶれが生じるおそれがある」「災害時に液状化する可能性がある」など、消費者が契約を躊躇するような情報については、事業者の側にしてみれば、消費者に契約をしてもらえなくなる可能性が高くなるので、積極的には伝えてこない可能性があるのです。

　事業者が消費者の利益となる事実だけを説明し、不利益となる事実を伝えなければ、消費者は不利益事実がないと思いこんで契約を締結する可能性が高いでしょう。この状況では、事業者と消費者が対等の立場で契約を締結したとはいえません。

　そこで、事業者が故意に不利益事実を消費者に告知しなかった結果、契約が結ばれたとしても、消費者は、その契約を取り消すことが認められています（消費者契約法4条2項）。また、

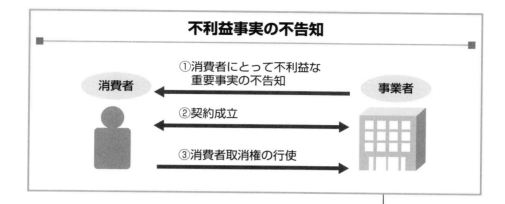

不利益事実の不告知

①消費者にとって不利益な重要事実の不告知

消費者 ← 事業者

②契約成立

③消費者取消権の行使

事業者が重大な過失によって不利益事実を告知しなかった場合も、消費者は契約を取り消すことができます。

■ 取消の対象となる不告知の事実とは何か

　不利益事実の不告知による消費者取消権は、告知しなかった事実がどんな小さな不利益であっても認められるかというと、そうではありません。消費者取消権を行使できるのは、重要事項または重要事項に関連する事項について消費者の利益になる事項のみを説明し、不利益になる重要事項をわざと（故意に）または重大な過失により説明しなかったため、不利益事実が存在しないものと消費者が誤信して契約を締結した場合です。

　そこで、事業者が消費者に告知しなかった不利益事実があったとしても、それが重要事項に該当しない場合や、事業者が告知しなくても消費者が通常であれば不利益事実の存在を認知できたであろうといえる場合には、消費者取消権は生じないことになります。

■ 重要事項とは

　消費者取消権が問題となる場面で「重要事項」とされるのは、契約内容（原材料、大きさ、重量、用途など）または契約条件

契約の目的以外で重要事項となる場合
消費者の生命・身体・財産など重要な利益についての損害や危険を回避するのに通常必要とされる事項も、重要事項に該当する（消費者契約法4条5項）。

（価格、支払方法、提供手順など）に関する事項の中で、契約するかどうかという消費者の意思決定を左右するような契約の目的となる事項です。

　たとえば、分譲マンションを販売する際、事業者が「日あたりと眺望がよい」という利点を強調して勧誘していたとします。このとき、日あたりがよい分、夏場は室温が非常に高くなるという不利益が生じることを事業者がわざと消費者に伝えなかったとすると、消費者は不利益事実の不告知を理由として契約の取消ができるのでしょうか。

　通常は消費者にも上記の不利益は予測可能なので、あらかじめ伝えていたとしても、契約を結ばなかったとはいえません。したがって、当該事実は「重要事項」にはあたらず、これを理由として消費者取消権を行使するのは難しいといえるでしょう。

　では、隣地にビルの建設が予定されていて、数年後には一部の部屋の日あたりが悪くなるという事実を事業者が知っていたのに、あえて消費者に言わなかった場合はどうでしょうか。

　このとき、消費者が日あたりよりも設備や内装を重視することを契約締結の際に明らかにしていた場合には、日あたりに関する情報は「重要事項」にはあたらないと判断され、消費者取消権が認められない可能性も出てきます。逆に、消費者が日あたりのよさや眺望のよさに惚れこんで契約を決めており、もし隣地にビルが建ってその利点がなくなるのであれば契約をしなかったというような場合、その情報は「契約を締結するか否かについての判断に影響を及ぼすべきもの」、つまり重要事項にあたるということができそうです。

　ただ、消費者取消権が認められるためには、さらに不告知について事業者の故意（事実を認識していながらわざと行為をしたこと）または重大な過失が必要です。この事例では、事業者が、①消費者の「日あたり・眺望重視」という希望を知っていた、②隣地にビルが建つという事実を消費者が知らないことを

消費者取消権を行使できない場合

事業者が伝えなかった事実が契約するにあたって重要な事項とはいえない場合

事業者が不利益な事実を告げようとしたのに、消費者が告知を拒否した場合

消費者取消権の行使が認められない！

認識していた、という場合には、事業者に故意があったと判断され、消費者取消権の行使が認められるといえます。

このように、表面上は「隣地にビルが建つ」という同じ情報であっても、重要事項にあたるかどうかは、消費者・事業者の状況によって異なることがあります。

■ 消費者取消権が認められない場合

不利益事実の不告知の状況にあっても、消費者取消権が認められない場合があります。それは、事業者が重要事項にあたる不利益事実を告知しようとしたにもかかわらず、消費者がその告知を拒否した場合です（消費者契約法4条2項ただし書）。

たとえば、不動産業者が「契約の際に重要事項を説明したいので、時間をとってほしい」と申し入れたが、消費者が「多忙なので省略してくれてよい」「聞いてもわからないので説明はいらない」などと言って断ったような場合がこれにあたります。

ただ、事業者の方から、「専門的な用語が多いので、説明を断る人も多いですよ」などと消費者が説明を断るように誘導して契約させた場合には、消費者が自ら告知を拒否したとはいえないので、不利益事実の不告知の状況にある限り、契約を取り消すことが可能です。

不動産取引の場合の特則

不動産業者が顧客との間で不動産取引（不動産の売却やその仲介など）をする場合、その不動産業者には宅地建物取引業法35条が定める重要事項の説明義務が適用される。顧客の要望により重要事項の説明をせずに不動産取引をしても、重要事項の説明義務を怠った不動産業者の責任は免除されないことに注意を要する。

契約の解消手段

重要事項について知らされずに消費者が契約を結んだ場合、消費者取消権の行使と共に、民法の詐欺、特定商取引法のクーリング・オフなど、その他の法制度の活用もあわせて検討すべきである。

消費者取消権行使の対象となる事業者の行為

消費者の困惑を招く強引な勧誘による契約は取り消すことができる

■ 不退去・退去妨害とはどのようなものか

消費者トラブルでよく問題となるのが「帰ろうとしたのにセールスマンが帰してくれないので仕方なく契約した」「いつまでもセールスマンが帰ってくれないので仕方なく契約した」といったトラブルです。

消費者の住居や職場に、契約締結の勧誘のために訪れた事業者が、消費者の意に反して帰らない（退去しない）ことを不退去といいます。消費者を怒鳴りつけて、脅迫的な言動で商品を売りつける押し売りはもちろんですが、言葉づかいや態度は丁寧でも、消費者の「退去してほしい」という意思表示に従わずに居座るのであれば、それは不退去に該当します。

一方、事業者が契約締結の勧誘を行っている場から、消費者が帰りたいという意思表示をしているにもかかわらず、さまざまな理由をつけたり、扉をふさぐ、大勢で取り囲むなどして帰さないことを退去妨害といいます。いわゆるキャッチ商法で雑居ビルなどに誘い込み、長時間勧誘を続けるといったことがこれにあたります。事業者が勧誘を行う場というのは営業所など室内だけではありません。路上や車の中など、どのような場所でも該当します。なお、消費者が不退去や退去妨害によって拘束された時間は関係ありません。勧誘の場において不退去や退去妨害などの行為があった場合は、時間の長短に関係なく消費者取消権が発生することになります。

不退去や退去妨害などのような強引な勧誘を受けると、消費者はその場を離れたい一心で、契約の内容をよく理解しないま

「退去してほしい」という意思表示

たとえば、「帰ってください」「出ていってください」「帰らせてください」「通してください」など、直接的な言葉で意思表示をした場合の他、「取り込み中ですので失礼します」「これから来客がありますので」など間接的ではあるものの、一般的に見て退去を求める意思表示をしたと認められる場合や、「いりません」「結構です」などと契約をしない旨の意思表示をした場合も、「退去してほしい」という意思表示に含まれる。

キャッチ商法

キャッチセールスのこと。キャッチセールスは特定商取引法における訪問販売に該当し、事業者には書面の交付などが義務付けられている（特定商取引法3〜10条）。

事業者の不退去と消費者取消権

もう、
帰ってください!!

消費者

帰らない事業者に消費者が
困惑して契約を締結

事業者

事業者の不退去や退去妨害によって消費者が困惑したために
結んでしまった消費者契約は、取り消すことができる

ま契約を締結する（契約の申込みまたは承諾の意思表示をす
る）ことがあります。このような消費者心理につけこんだ商法
が次々と考え出され、後から「解約したい」「解約できない」
というトラブルなるケースが多発しました。そこで、不退去や
退去妨害により消費者が困惑した結果として契約が結ばれた場
合、その契約を取り消すことを認めています（消費者契約法4
条3項）。

■ 困惑とはどのようなことなのか

　不退去や退去妨害により消費者が困惑して契約を締結したこ
とによる消費者取消権の行使が認められるケースは、消費者契
約法4条3項が規定しています。困惑とは、消費者が契約につ
いて正常な判断ができないような精神状態に陥っていることを
指します。まず、物理的な方法を用いて困惑させる行為には、
以下の①②があります。

① 　消費者が事業者に対して、退去するように求めたにもかか
　　わらず、退去しなかった。

② 　消費者が事業者に対して、退去したいと求めたにもかかわ

悪質な事業者によ
る困惑させる行為

悪質な事業者は、消費
者を困惑させる方法と
して、本文記載の7つ
のパターンを複数利用
して契約を強引に締結
させることもある。
たとえば、高齢者の自
宅におしせた上で、
親切な態度で持参した
商品を切り分けるなど
して消費者に手渡し、
使用させてから「今日
契約が取れなければ会
社に帰れない」などと
言い、契約を結ばせた
りする事業者もいる。

らず、**退去させてくれなかった**。

たとえば、出かける時間が迫っているにもかかわらず、自宅の玄関先で「一つだけでも買ってもらわなければ会社に帰れない」などと言って居座られたとき、「必要のない商品だが、とにかく出かけなければいけないし、仕方ないから一つだけでも買おう」と考える人もいるでしょう。このように、本来は必要のない商品であるにもかかわらず、事業者の不退去という行為によって困惑させられ、「購入する」という判断をしたという因果関係が認められれば、消費者取消権が発生します。

これに対し、感情的、精神的に圧力をかけて困惑させる行為としては、以下のものがあります。

③　**事業者が消費者の経験不足につけこんで不安をあおり、契約締結に至らしめた（つけ込み型の不当勧誘）。**

つけ込み型の不当勧誘の対象の拡大

令和4年10月現在、つけ込み型の不当勧誘の対象範囲を拡大することが検討されている。マインドコントロール下にあって、合理的な判断ができない状況が問題となる霊感商法などに対応するためである。

たとえば、進学・就職・結婚などの社会生活上重要な出来事や、容姿・身体などのセンシティブな事項に関しては、経験が乏しい消費者は、事業者からの情報を鵜呑みにする危険があることに配慮したものです。「このセミナーを受けなければ、いい就職先につけません」「このエステを受けなければ、あなたはもっと醜くなってしまいます」などの言葉を用いて消費者を困惑させる場合がこれにあたります。

④　**事業者が消費者の恋愛感情を利用し、契約締結に至らしめた。**

⑤　**消費者の加齢または心身の故障に付け込んで不安をあおり、契約締結に至らしめた。**

⑥　**霊感商法によって、契約締結に至らしめた。**

若年層へ用いられることの多いのが④の恋愛商法です。事業者が当初より契約締結を目的として消費者に近づき、あえて恋愛感情を抱かせるような関係を構築した上で契約の締結を要求し、「もし契約してくれなければ、もう会わない」などの言葉を用いて消費者を困惑させる行為がこれにあたります。

霊感商法

霊感その他の合理的な実証が困難な特別な能力による知見として、そのままでは消費者に重大な不利益を与える事態が生ずることを示して不安をあおり、契約の締結により確実にその重大な不利益を回避できることを告知して、消費者を困惑させる商法である。

高齢者へは⑤の親切商法が用いられることが多いです。事業

消費者取消権の対象になる消費者を困惑させる行為（消費者契約法4条3項）

類型	具体例
① 不退去	自宅に押しかけたセールスマンに帰るように求めたにもかかわらず帰らない
② 退去妨害	消費者が営業所において帰りたいことを告げたにもかかわらず帰らせてもらえない
③ 消費者の経験不足の利用	「このセミナーに参加しなければ進学・就職できない」などの文言を用いて契約させる
④ 恋愛感情に付け込む行為	「この商品を買ってくれなければもう会わない」などの文言を用いて契約させる
⑤ 判断力低下に付け込む行為	高齢者等に対して「この商品を買わないと大変なことになる」などの文言を用いて契約させる
⑥ 霊感商法を用いた行為	「この壺を買わなければ不幸になる」などの文言を用いて契約させる
⑦ 契約締結前の債務の実施	ガソリンスタンドで給油中に勝手に他の部品を交換し、断りにくくしてから契約させる

者が当初より契約締結を目的として高齢者に近づき、親切を示して信頼関係を構築した上で、健康や生活の不安をあおり、「もし契約してくれなければ、もう何もしない」などの言葉を用いて契約の締結を迫り、消費者を困惑させる行為がこれにあたります。

⑦ **事業者が消費者に対して事前に何らかの物品やサービスを提供して、契約の締結を断りにくくさせた。**

　たとえば、消費者から問い合わせがあった際に、正式な契約が締結されていないにもかかわらず、商品を加工したり何らかのサービスを提供したりする行為や、商品説明に手間や時間を必要以上にかけるなどして、消費者が契約の締結を行わざるを得ないような状況を意図的に作り出す行為も、消費者を困惑させるものとして、消費者取消権の対象になります。

寄付の位置付け

寄付（献金）の性質については、贈与などの契約に該当することが多く、この場合は消費者取消権の対象となり得る。しかし、契約に該当するか否かが争われることもあり、契約に該当しないとされると消費者取消権の対象となり得ない。

そこで、令和4年10月現在、寄付による被害の救済を図るため、契約に限定せず寄付の要求に関する一般的な禁止規定や、当該規定に違反した場合の効果に関する規定（取消し・無効など）を設けることなどが検討されている。

第三者や代理人がいる場合と契約の取消

・・・

消費者契約法による取消（消費者取消権の行使）は善意かつ無過失の第三者には対抗できない

消費者取消権

消費者と事業者の間で締結された消費者契約を、消費者側から取り消すことができる権利（消費者契約法４条）。営業・販売の担当者は消費者にこのような契約を取り消すことができる権利があることを前提に営業・販売の勧誘を行わなければならない。

詐欺

相手方を欺いて意思表示をさせること。詐欺による意思表示は取り消すことができる（民法96条）。たとえば、高価な物だと偽って物を売る行為が該当する。ただし、詐欺により意思表示を取り消したとしても、それを善意（詐欺の事実を知らない）かつ無過失の第三者には主張できない。

強迫

相手方に対し不法に害悪を伝え、畏怖（おそれおののくこと）した相手方が自らの真意に反する意思表示をすること。強迫を受けて行った意思表示は取り消すことができる（民法96条）。強迫による取消は、第三者に対しても主張できる。

■ 取消によって影響を受ける人もいる

　たとえば、何らかの契約について問題が起こり、取り消したとしましょう。このとき、契約の目的物に関係しているのが、その契約の当事者だけであれば、目的物を元の状態に戻すことは比較的簡単にできますし、仮に元の状態に戻せなかったとしても、その争いによって他人に直接影響を与えるようなことは少ないといえます。

　しかし、取消の意思表示がなされる前に、その目的物が全く関係のない第三者の手元に渡っていた場合には、目的物を元の状態に戻そうとすると、その第三者に何らかの影響を与えることになります。

　たとえば、①Ａさんが所有する絵画を画商Ｂに売却するという売買契約を締結し、絵画は画商Ｂに、対価はＡさんに渡った、②後日、画商Ｂが詐欺・強迫などを行っていたことが判明し、Ａさんが売買契約の取消を行った、③Ａさんは絵画の返却を求めたが、画商ＢはＡさんから取消の意思表示を受ける前に、顧客のＣさんにその絵画を転売していた、というような場合が該当します。

　不実告知などの消費者取消権の行使についても同様です。取消をした本人は消費者トラブルの被害者かもしれませんが、そのような事情を知らずに取引をした第三者は、取り消されることにより影響を受けることがあるのです。そこで、取消をすることで影響を受ける第三者をどのように保護するのかを考えなければなりません。

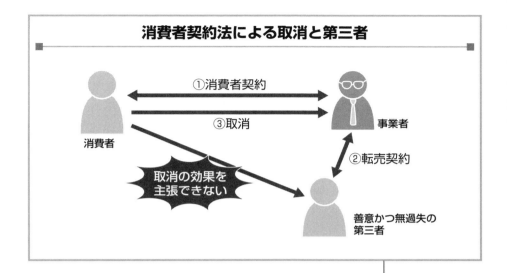

■ 取り消すとどうなるのか

　商品の購入やサービスの提供などに関する契約が取り消されると、その契約が初めから無効であった（なかった）とみなされます（民法121条）。この場合、その契約によって発生した状態を元に戻す必要があります（原状回復義務）。前述の例でいうと、絵画の売買契約を取り消したわけですから、絵画を元の持ち主のAさんに戻し、その対価を画商Bに戻すことによって、売買契約がなかったときの状態に戻すことができます。

　ただ、Aさんから取消の意思表示があるまでは、売買契約は一応効力があると考えられますので、絵画の所有権は「いつ取り消されるかわからない」という不安定な状態にありながらも、画商Bにあるものとして扱われることになります。

■ 詐欺や強迫の事実を知らない第三者

　取引に加わった第三者に不当な不利益を被らせないため、民法は、詐欺による意思表示の取消は、善意かつ無過失の第三者に対抗できないとのルールを定めています（民法96条3項）。

第三者が保護される場合のＡＢの関係

第三者が保護される結果、Ａが絵画を取り戻すことができない場合、Ａは画商Ｂに対して、絵画を取り戻せなかった分についての損害賠償請求ができる。

消費者取消権の行使「後」に現れた第三者との関係

詐欺の場合は善意かつ無過失の第三者には取消を主張できず、強迫の場合はすべての第三者に取消を主張できる。しかし、これは消費者が契約の取消をする「前」に現れた第三者の場合である。
たとえば、Ａが画商Ｂに詐欺や強迫による取消を伝えた「後」に、画商ＢからＣがその絵画を購入して引渡しを受けてしまったら、もはやＡはその絵画を取り戻すことができない。つまり、Ａは取消を伝えたら、すぐに絵画自体を手元に取り戻さなければならない。商取引の世界では、行動の遅い方が負ける原理となっているので、取消をしたからといって安心せず、絵画を手元に取り戻さなければ取消しの意味はなくなることに注意すべきである。

「善意」とは、法律用語では「事情を知らない」という意味で用います。逆に、「事情を知っている」ことを法律用語では「悪意」といいます。また、「過失」とは「通常の注意を尽くしていない」という意味であり、逆に「無過失」とは、「通常の注意を尽くした」ということです。詐欺の事実について善意かつ無過失とは、通常の注意を尽くしたけれども詐欺の事情を知らなかった、という意味です。

一方、強迫の場合、詐欺のような第三者を保護する規定がありませんので、取消の効力を第三者にも及ぼすことができます。前述の例でいうと、Ａさんが画商Ｂの詐欺を理由に売買契約を取り消した場合は、善意かつ無過失のＣさんから絵画を返還してもらうことができません。しかし、画商Ｂの強迫を理由に売買契約を取り消した場合は、Ｃさんが善意かつ無過失でも絵画を返還してもらうことができます。

このように、詐欺を理由として契約の取消を行う場合において、民法が契約の当事者よりも取引関係に入ってきた第三者の利益を保護する余地を認めているのは、「自分の知らないところで行われた法律行為が誰かに取り消されて、いつ自分の権利や利益を取り上げられることになるかわからない」という不安を抱かずに取引ができるようにするためです。

■ 消費者契約法による取消とは

消費者契約法による取消は、消費者契約の申込みまたはその承諾の意思表示の取消のこと、つまり消費者取消権の行使のことです。事業者と消費者との間にある情報の質や量、交渉力などの格差により、消費者が正しい情報を理解できずに契約したとされる場合に認められています。消費者契約法は、立場の弱い消費者を保護する目的で規定されているため、民法の詐欺や強迫に基づく取消権よりも行使しやすいのが特徴です。

ただし、消費者契約の申込みまたはその承諾の意思表示の取

錯誤・詐欺・強迫の違い

錯誤 →	表示と真意に食い違いがあったとき →	重過失がなければ取り消せる（ただし、善意かつ無過失の第三者を保護すべきときは取り消せない）
詐欺 →	人をだまして錯誤に陥れること →	原則として取り消せる（ただし、善意かつ無過失の第三者を保護すべきときは取り消せない）
強迫 →	人を怖がらせて意思表示をさせた →	取り消せる

消は、取り消されるような行為がなされている事情について善意かつ無過失の第三者には主張できないという例外があります。つまり、消費者取消権の行使は、事情を知らず、かつ知らないことについて過失がない第三者には効力が及びません。民法上の強迫による取消は、善意かつ無過失の第三者にも取消の効果を主張できることを考えると、これと比較すると消費者が保護されにくくなっています。

■ 仲介者や代理人がいる場合

実際の取引では消費者の契約の相手方が事業者本人ではなく仲介者（受託者）や代理人であることが多いので、直接の取引の相手方が仲介者や代理人である場合にも、消費者取消権を行使できるようにしています。また、消費者の代理人も消費者とみなされます。たとえば、事業者から媒介（仲介）の委託を受けた者が、契約の際に不実の告知や不利益事実の不告知などをした結果、消費者の代理人が困惑して本人のための契約を締結した場合、消費者は消費者取消権を行使することができます（次ページ）。

錯誤

上図に記載している「錯誤」とは、表意者自身が契約の重要部分について思い違いをしているにもかかわらず、表示と真意（本心）との食い違いに気づいていない場合をいう。錯誤による意思表示は、原則として取り消すことができる（民法95条）。

仲介者や代理人がいる場合

仲介者や代理人の行為は当事者の行為として扱われる

■ どんな場合に問題となるのか

契約によっては当事者以外の第三者が契約に関わる行為をし、当事者同士は直接顔を合わせたこともないし、連絡をとったこともない、という場合もあります。

たとえば、不動産売買の当事者になるのは不動産の所有者と購入者ですが、所有者が売買の事務手続一切を不動産会社に委託しており、購入者は所有者と会わないまま契約を締結する場合や、下宿先の賃貸マンションの契約をする際に、借主の親が代わりに不動産会社を訪れて契約を締結し、当事者である貸主と借主は不動産会社にいない場合が考えられます。

このように、代理人や仲介者（受託者）が介在した場合にも当事者である消費者本人の保護がなされないと、消費者保護は骨抜きにされてしまいます。

■ 契約の際には委託や代理が行われる

消費者に商品やサービスなどを販売する際に、事業者が別の事業者（第三者）に媒介（当事者双方の間に入って仲立ちすること）を委託することがあります。媒介を委託された事業者（仲介者または受託者といいます）は、広告や勧誘などの営業や、商品やサービスなどの説明、消費者との契約締結といった活動を行います。

具体的には、分譲マンションの売主がモデルルーム運営や契約時の重要事項説明といった販売事務の全般を宅地建物取引を専門とする不動産会社に委託する場合や、損害保険会社が保険

当事者による契約

勧誘や意思表示など、契約に関わる行為をするのは当事者自身であるのが基本である。当事者が自ら契約に関わる場合、後から契約上の問題が生じても、交渉すべき相手が誰かがはっきりわかっている。

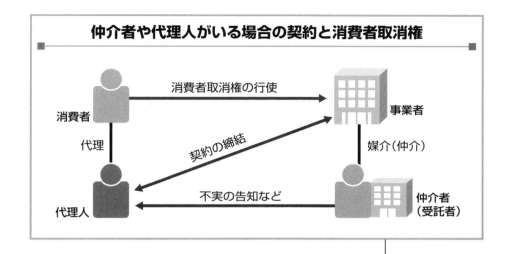

仲介者や代理人がいる場合の契約と消費者取消権

消費者 — 消費者取消権の行使 → 事業者

消費者 — 代理 — 代理人

代理人 ← 契約の締結 — 事業者

代理人 ← 不実の告知など — 仲介者（受託者）

事業者 — 媒介（仲介）— 仲介者（受託者）

商品の販売を代理店に委託する場合、携帯電話会社が家電量販店に電話機販売などを委託する場合などが該当します。

一方、代理とは、本人に代わり第三者（代理人といいます）が契約を締結することです。代理人が本人のためにすることを示してした意思表示は、本人に直接その効力を生じます（民法99条1項）。たとえば、代理人が本人に代わり不動産を購入する契約を締結した場合、その不動産の所有権は本人に帰属します。代理制度には、法定代理と任意代理があります。

■ 消費者契約法の規定はどうなっているのか

実際の取引では、消費者が締結する契約の相手方が、事業者本人ではなく、その受託者（仲介者）や代理人の場合もあるので、この場合についても消費者取消権を行使できるようにしています。

また、消費者の代理人も消費者とみなされます（消費者契約法5条で4条を準用）。たとえば、事業者から媒介の委託を受けた者が、契約の際にウソの事実を伝えず、または重要な事実を伝えなかった結果、消費者の代理人が困惑して本人のための契約を締結した場合、消費者は消費者取消権を行使できます。

法定代理／任意代理

法定代理とは、自身で契約をする能力を欠く者のため、第三者に法律で代理権が付与されることをいう。未成年者に対する親権者、成年被後見人に対する成年後見人などがこれにあたる。

任意代理とは、契約をする際に、本人が自ら選任した第三者に代理権を与えることをいう。たとえば、不動産を購入する際に、自分より不動産に詳しい人を選んで、自分の代わりに物件探しを行わせるといった私生活に類することや、訴訟事務を弁護士に代理させたり、不動産登記を司法書士に代理させたりするなどの公的な事柄に類する場合にも、任意代理を用いることができる。

消費者取消権の行使期間

消費者取消権の行使期間

追認できる時から1年という行使期間が定められている

■ 取消権の行使期間とは何か

何らかの原因で契約の取消権が生じた場合、取消権者（取消権を行使できる人のこと）が「その法律行為を取り消す」という意思表示をすることで、取消権を行使することができます。

ただし、取消権の行使は無期限に行えるわけではありません。契約に関する原則のルールを定める民法によると、取消権は追認をすることができる時から5年間行使しないときに消滅します。また、行為をした時から20年を経過したときも取消権は消滅します（民法126条）。つまり、取消権には行使期間が定められており、その期間を過ぎると取消ができなくなるのです。

■ 消費者取消権の行使期間とは

消費者契約法に基づいて消費者が行使できる消費者取消権（44ページ）についても、その行使期間に制限があります。具体的には、消費者取消権は追認ができる時から1年間行わないと消滅します。また、取り消すことができる消費者契約の締結の時から5年を経過したときも消滅します（消費者契約法7条）。民法の規定が追認できる時から5年間、行為の時から20年間であるのに比べると、消費者契約法が定める行使期間はかなり短く設定されているといえます。

■ 消費者は契約を取り消さなくともよい

消費者は契約を取り消さず、追認することもできます。

追認とは、取消権者が、自分に取消権があることを知ってい

追認は内容証明郵便で行う

追認は口頭で相手方に対して伝えればよく、必ずしも書面で行う必要はないが、追認をしたことを証拠として残すために配達証明付内容証明郵便で行うのがよい。

消費者契約法上の時効期間が短い理由

消費者契約法で扱われる契約が事業者と消費者の間で繰り返し行われるものであり、できるだけ早急に取引の安全性や安定性を確保する必要があると考えられているためである。なお、消費者契約法が定める行使期間経過後でも、民法上の取消権など他の法律に基づく取消権は行使できる。もっとも、令和4年10月現在、マインドコントロールから抜け出すには相当程度の時間を要することなどを考慮し、霊感商法などによる消費者被害の救済の実行化を図るため、消費者取消権の行使期間の延長が検討されている。

消費者取消権の行使期間

民 法		消費者契約法
取消権の行使期間は、 ● 追認できる時から5年 ● 行為（契約の締結）の時から 　20年	⬅➡	消費者取消権の行使期間は、 ● 追認できる時から1年 ● 消費者契約の締結の時から 　5年

ながら、あえてその権利を行使しないことを意思表示すること
をいいます。ただ、追認にはその契約を確実に成立させる効果
があるわけですから、追認を行う際には、少なくとも消費者が
取消の原因となるような状況から解放され、正常な判断を行え
るようになっていなければなりません。

　たとえば、誤認の場合であれば誤認に気づいた時、困惑の場
合であれば困惑から脱した時（事業者が消費者の自宅などから
退去した時や、消費者が勧誘の場から退去した時など）から追
認が可能になります。そして、追認できる時から5年が経過す
ると、消費者取消権を行使できなくなります。

■ 消費者取消権の行使が制限される場合もある

　詐欺や強迫を理由に取消ができないとされている株式や出資
の引受け、公益財団法人などへの基金の拠出といった行為が消
費者契約として行われた場合、消費者取消権は行使できません。
これらの出資行為が取り消されると、多数の利害関係人に影響
を与えるため、消費者取消権の行使が制限されています。

追認の例

たとえば、強迫によっ
てやむなく購入した商
品が思ったより使い勝
手がよく、そのまま継
続して使用すると相手
方に告げた場合などが
これにあたる。

**取消権の行使期間
に制限がある理由**

取消権が生じるには、
民法上の詐欺や強迫に
せよ、消費者契約法に
よる取消権にせよ、各
法律が定める理由が必
要である。取消権を持
つ当事者の一方は、本
意ではない契約を強い
られるなどの不利益を
被っているので、本来、
いつでも取り消せる状
態であってほしいとこ
ろである。しかし、契
約をいつ取り消される
かわからない不安定な
状態にしておくこと
は、取引社会にとって
信頼を欠く状態を作る
ことにつながる。当事
者だけでなく何も知ら
ない第三者にまで損害
を与える状況を長く放
置しないために、取消
権の行使期間には制限
が設けられている。

債務不履行責任の免責特約

債務不履行責任の全部を免除する特約は無効とされる

■ 債務不履行責任の全部を免除する特約の効力

　契約を締結した以上、契約に基づく債務は履行されなければなりませんが、実際には、①履行期が来ている債務が履行されない場合（履行遅滞）、②何らかの問題により債務の履行が不可能になった場合（履行不能）、③債務の履行は一応されたが、その一部が不完全である場合（不完全履行）が生じることもあります。これらの債務不履行が生じた場合、消費者は、事業者に対して、債務不履行を理由に損害賠償請求をすることができます。これを事業者の側から見ると、債務不履行責任としての損害賠償責任を負うことになります。

　しかし、事業者としては、後から問題が発覚した際、債務不履行責任を負うのを避けるため、契約であらかじめ「債務不履行に基づく損害賠償責任を免除する条項」を置くことがあります。このような債務不履行責任の全部を免除する規定が事業者側にのみ有利なものであることは、一見してわかります。消費者契約における事業者の債務不履行に基づく損害賠償責任の全部を免除する条項（全部免責条項）を置いても、その条項は無効になります。したがって、事業者は、全部免責条項にかかわらず、民法やその他の法律に基づいて債務不履行責任を負うことになります。

■ 債務不履行責任の一部を免除する特約の効力

　債務不履行によって消費者に生じた損害のうち一定額までは賠償に応じるが、それ以上の賠償には応じないとする定めのように、事業者の責任を一部だけ免除する条項（一部免責条項）

債務不履行

契約の趣旨に沿った内容が給付されない場合。契約で定めた約束事を守らない場合ともいうことができる。債権者が債務者に対して債務不履行に基づく損害賠償請求をするには、債務不履行という事実だけではなく、帰責事由（責めに帰すべき事由）が債務者にあることも必要である。

損害賠償責任を免除する条項

たとえば、「本契約の履行に際して消費者に損害が生じても、事業者は一切損害賠償責任を負わないものとする」「事業者の過失の有無を問わず、損害賠償責任は負わないものとする」「事業者の履行後に不具合が見つかっても、一切の責任はないものとする」といった内容が当てはまる。

債務不履行責任の一部免責規定の例

> 第○条 事業者が民法第415条の規定に基づいて損害賠償の責任を負担する場合、20万円を負担額の上限とする。ただし、<u>当該事業者に故意又は重過失がある場合には生じた損害の全部について賠償する責任を負う。</u>

事業者に故意・重過失がある場合には一部免除条項は認められない

を消費者と事業者の間で定めた場合、その条項は有効なのでしょうか。債務不履行の一部免責条項については、全部免責条項の場合とは異なり、すべてが無効になるわけではありません。事業者に故意または重過失がある場合にまで、債務不履行に基づく損害賠償責任の一部免除を認めている条項が無効となります。

「損害賠償責任を免除する条項が無効になる」という点は、全部免責条項と同じなのですが、全部免責条項が無条件で無効となるのに対し、一部免除の条項は債務不履行の原因が当該事業者、その代表者またはその使用する者の故意または重過失（重大な過失）によるものだけに限定されている点に違いがあります。事業者側に故意または重過失がある場合にまで一部免除を認めるのは消費者保護に欠ける、というわけです。

なお、全部免責条項と異なり、一部免責条項は事業者が責任の一端を負うことを認めるものなので、消費者は免除された部分以外の賠償を受けることはできます。

■ 無効とされる免責特約

事業者自身に債務不履行による損害賠償責任の有無を決定する権限を与える条項は無効です。さらに、債務不履行について事業者の故意または重過失がある場合に、事業者自身に損害賠償責任の限度を決定する権限を与える条項も無効です。

故意
わざと債務不履行をした場合。

重過失
著しい不注意により債務不履行となった場合。

一部免除条項の例
たとえば、「売買の目的物が事業者の責任ですべて使用不能になった場合のみ責任を負う」は、一部使用不能の場合は事業者の責任を免除することをその内容とするので、一部免除条項となる。

不法行為責任の免責特約

・・・

不法行為責任の全部を免除する特約は無効

■ 不法行為責任の全部を免除する特約の効力

　消費者契約法は、事業者の債務の履行に際してされた当該事業者の不法行為により消費者に生じた損害について、その賠償責任の全部を免除する条項（全部免責条項）を置いても無効になると規定しています。

　不法行為責任は、不法行為を行った本人に対して責任追及する場合の他に、その者の使用者に対しても責任追及できる使用者責任があります（民法715条）。不法行為責任の全部免責条項を置いても、その条項は消費者契約法により無効となるので、使用者責任の全部免責条項も同様に無効となります。

　ただ、契約条項が無効とされることと、実際に損害賠償を受けることができるかどうかは別の問題です。たとえば、損害を生じさせた行為が実際には事業者に責任がなく、不法行為の要件を満たさない場合は、そもそも事業者に責任があるとはいえないので、消費者は損害賠償を受けられないことになります。

■ 不法行為責任の一部を免除する特約の効力

　消費者と事業者の間では、不法行為による損害賠償責任の全部ではなく、一部を免除する特約を結ぶことがあります。

　たとえば、エステのサービスを受ける契約を解約しようとしたところ、連日脅迫（強迫）され、精神的苦痛により2か月間働けなくなり、総額40万円近い損失を被ったとします。しかし、当初の契約で「事業者の不法行為により生じた損害を賠償する場合、10万円を上限とする」という特約を定めていた場合、10

不法行為

故意または過失によって他人に損害を与えた場合に、その損害を賠償させる制度（民法709条）。発生した損害の塡補（埋め合わせ）や損害の公平な分担の実現をめざすもの。
たとえば、物を落としてケガをさせた、交通事故を発生させたというような場合が不法行為の典型である。

全部免責条項

たとえ契約書の中に「いかなる事由においても、当社は一切損害賠償責任を負いません」「従業員の不法行為による損害について、当社は一切責任を負いません」などの特約があっても、不法行為をした事業者は損害賠償責任を免れることができない。

不法行為責任の一部免責条項の例

第○条　事業者が民法第３編第５章の規定により不法行為に基づく
損害賠償の責任を負担する場合、１０万円を負担額の上限とする。
ただし、当該事業者に故意又は重過失がある場合には生じた損害の
全部について賠償する責任を負う。

事業者に故意・重過失がある場合には一部免除は認められない

万円しか賠償金を支払ってもらえないのでしょうか。

　事業者の不法行為による損害賠償責任の一部を免除する条項
（一部免責条項）については、当該事業者、その代表者または
その使用する者に故意または重過失がある場合にまで、不法行
為責任の一部免除を認める条項であれば、その条項は無効にな
ります。つまり、全部免責条項の場合と異なり、事業者の側に
故意または重過失がない場合に不法行為によって生じた損害の
一部を免除する旨の規定は有効です。

　したがって、「事業者の故意または重過失による不法行為を
除き、損害賠償責任の限度は10万円とする」などのように、故
意または重過失の場合に責任を負うことを明確にしていれば、
一部免責条項は有効となります。逆に、責任の一部免責条項が
無効となった場合には、不法行為責任や、使用者責任に基づい
て生じた通常の損害賠償責任が生じることになります。

　なお、事業者自身に不法行為による損害賠償責任の有無を決
定する権限を与える条項は無効です。事業者自身が責任の有無
を決められるならば、責任の全部を免除するのと変わりないか
らです。さらに、不法行為について事業者の故意または重過失
がある場合に、事業者自身に損害賠償責任の限度を決定する権
限を与える条項も無効です。

使用者責任

被用者（従業員）が仕事で運転中に事故を起こした場合など、被用者が職務行為をするにあたって他人に損害を与えたときに、会社の使用者（経営者）が負う責任（民法715条）。被害者は、被用者に対して、不法行為に基づく損害賠償請求をすることもできるが、被用者は会社の経営者の指示の下で動いているので、使用者に対しても損害賠償請求ができるものとされている。

契約不適合責任の免責特約

・・・
原則としては債務不履行責任の免責特約と同じように
考える

■ 契約不適合責任とは

　事業者と消費者が何らかの契約を締結したとしても、その契約が当初の予定通りに履行されるとは限りません。たとえば、家電量販店で新品の冷蔵庫を購入する場合、消費者としては当然ながらその冷蔵庫が正しく機能することを期待し、有償契約を結びます。ところが実際に届いた冷蔵庫が、電源を入れても電気が通らない、あるいは使い始めてすぐに壊れてしまったなど、当初の期待通りのものではなかったとします。

　この場合、事業者は消費者に新品の冷蔵庫を提供するという契約の義務を正しく果たしていなかったことになります。その際に事業者に課せられるのが、契約不適合責任です。消費者は事業者に対して、契約不適合責任を追及することにより、改めて当初の契約の目的を達成することができます。

■ 契約不適合責任の内容と免責特約

　契約不適合責任は、特に売買契約の目的物の種類・品質・数量・権利に関して契約の内容（趣旨）に適合しないとき（届いた商品が壊れていたり数が足りなかったりした）に、買主（消費者）が売主（事業者）に対して、履行追完請求権、代金減額請求権、損害賠償請求権、契約解除権を行使できるとする制度です（民法562条〜564条）。

　損害賠償請求権や契約解除権が債務不履行の規定に基づき行われるので、契約不適合責任は債務不履行責任のひとつと位置付けられています。そのため、免責特約の有効性についても、

有償契約

「物と金銭」「役務と金銭」というように当事者双方が互いに対価的な給付をする契約をいう。消費者契約のほとんどは有償契約に該当する。

免除特約が有効とされる場合

第○条　購入した商品の種類又は品質に契約不適合がある場合、当社は返金などの賠償責任は一切負わない。ただし、目的物が1か月以内に事業者の責めに帰するべき事由で故障した場合、同種・同等の新品と交換する。

第○条　購入した商品の種類又は品質に契約不適合がある場合、当社は返金などの賠償責任は一切負わない。ただし、当該契約不適合に対する損害賠償等の責任は、○○社が負うものとする。

このような定めがあれば、契約不適合責任の免除特約は有効となる

原則として「債務不履行責任の免責特約」（64ページ）と同様に考えます。つまり、全部免責条項および故意または重過失がある場合の一部免責条項を無効とするのを原則とします。

ただし、契約不適合責任の全部または一部を免除するとしているものの、損害賠償以外の方法で一定の責任を負うとの規定が置かれる場合があります。このような補償規定があれば、契約不適合責任の免除を認めても消費者に不利益になりません。

そこで、目的物の種類・品質に契約不適合がある場合の損害賠償責任の全部または一部を免除する条項を定めていも、そのような免責条項が無効とならないケースを認めています（消費者契約法8条2項）。つまり、消費者契約が有償契約であって、①事業者が、消費者に対して、履行追完責任（欠陥のない目的物と交換する、欠陥を修理・補修するなど）もしくは代金（報酬）減額責任を負うとする場合、または、②他の事業者（受託者など）が、消費者に対して、損害賠償責任もしくは履行追完責任を負うとする場合には、免責条項が無効となりません。

高額の損害賠償や違約金を定める契約

妥当性のある範囲を超える部分については無効

■ 賠償額が決められていることがある

消費者契約は本来、事業者と消費者が対等な立場ですべき契約ですから、場合によっては消費者ではなく、事業者が損害を被ることもあります。そこで、消費者による契約の解除に伴って事業者に損害が生じた場合に備え、契約の時点で「キャンセル料」「違約金」などの名目で、損害賠償や違約金の額をあらかじめ決めておくことがあります。このうち損害賠償の額をあらかじめ決めておくことを賠償額の予定といいます。

損害賠償や違約金の額は、当事者の約束であらかじめ決めることができます。そして、定められた額が一方にとって不利な金額であったとしても、それは当事者が納得して定めた額であるため、基本的には裁判所がそれを増減させることはできません。しかし、これを貫いてしまうと法律や契約に詳しくない消費者が過大な額を負担しなければならない事態が生じるおそれがあります。

そこで、消費者契約法9条1項では、消費者の一定の利益を保護することを目的として、消費者契約の解除に伴う損害賠償や違約金の額を定めても、それらを合計額が事業者に生ずべき平均的な損害の額を超える場合には、その超える部分を無効としています。つまり、損害賠償や違約金の額が、解除の事由や時期などの取引の実情などから見て、同種の消費者契約が解除された場合に事業者に生じる平均的損害として妥当性のある範囲であればその条項は有効となりますが、その範囲を超える部分は無効と扱われます。

事業者側が損害を被るケース

たとえば、あるホテルで「同窓会を開催したい」との依頼を受け、部屋を手配し、料理や給仕人などの準備をしていたにもかかわらず、寸前になってキャンセルの連絡が入った場合には、ホテル側はキャンセルにより会場利用料金の収入を得られないだけでなく、予約期間中、別の予約の申し出があっても受けられず、すでに購入していた食材がムダになるなどの形で損害を受けることになる。

損害賠償と違約金

損害賠償は実際に損害が発生した時に支払う性質を持つのに対し、違約金は一定の事由が生じたときのペナルティとして支払う（損害の有無に関わらない）性質を持つという区別ができる。しかし、違約金の定めは賠償額の予定と推定される（民法420条3項）ことから、実際の取引では厳格な区別がなされないことが多いようである。

賠償額の予定

実際の損害額

予定された賠償額

実際の損害額

原則：実際の損害額がいくらになろうと予定された損害賠償額や違約金を支払えばよい

⇒消費者契約法９条１項によって、賠償額の予定や違約金の合計額が、事業者に生ずべき平均的な損害の額を超える場合には、その超える部分は無効であると修正されている。

　たとえば、ホテルのキャンセルにおいて、「１か月前までのキャンセルは利用料の５％、２週間前までは20％、前日までは50％」などのようにキャンセルの時期によってキャンセル料を設定している場合、設定されているキャンセル料の金額がその事由や時期に応じて他の同業者の規定している内容と同等であれば、その条項は平均的な損害を超えないものとしてそのまま有効とされる可能性が高いです。

　しかし、「キャンセルの場合、その時期を問わず利用料の80％のキャンセル料を申し受けます」などのように一律の定め方をしていると、平均的な損害を超える部分を含む可能性があり、その「平均的な損害の額を超える」部分は無効となります。

■ 遅延賠償の上限額が定められている

　消費者の金銭支払債務の履行が遅れた場合の損害賠償や違約金の額をあらかじめ定める場合、年14.6％の利率を超える損害賠償や違約金の額を定めても、その超える部分は無効になり、年14.6％の利率で計算されます（消費者契約法９条２項）。ここで予定される損害賠償や違約金は遅延賠償などと呼ばれます。

遅延賠償

債務の履行の遅滞により生じる損害のこと。売主が目的物を引き渡すことが遅れたことで買主がそれを転売できなかった場合、買主が転売によって得られるはずだった利益が遅延賠償の対象となる。
損害賠償の範囲は、通常生ずべき損害および予見しまたは予見できた損害に限られる（民法416条）。また、金銭債務の不履行による損害賠償の額は、原則として法定利率によるが、法定利率より高い利率を定めることもできる（民法419条1項、404条）。

消費者の利益を一方的に害する規定

· ·

消費者が当然に受けられると認識している利益は原則として守られる

■ 消費者に不利な契約の効力はたくさんある

　不適切な契約条項によって消費者に不利益が生じる可能性があるのは、損害賠償に関連することだけではありません。

　たとえば、単品の商品を購入する契約であるのに、「消費者側が契約締結後に特別な手続をしなければ、自動的に定期購入契約に切り替わる」という内容の条項は、消費者の利益を一方的に害するものといえます。つまり、消費者側の不作為（特別な行為を行わないこと）を、新たな契約（定期購入）の申込または承諾とみなしていることになるため、単品購入が目的である消費者には大きな負担を負わせていることになります。

　この他にも、消費者の利益を害する契約や約款の定めにはさまざまなものがありますが、民法や商法などにある任意規定（当事者の合意が優先する規定）と比べて、消費者の権利を制限し、または消費者の義務を加重する消費者契約の条項で、消費者の利益を一方的に害するものは、無効になると規定されています（消費者契約法10条）。前述した消費者の不作為を新たな契約の申込みとみなす条項も、同条により無効になります。

　たとえば、消費者の契約解除権を剥奪したり、条件を設定する条項は、無効とされる可能性が高くなります。具体的には、「消費者からの契約解除は、いかなる理由があっても認めない」「消費者が商品の欠陥を理由に契約解除をする場合には、事業者の責めに帰すべき事由の存在を証明することを要する」などといった条項がこれにあたります。

　このような条項は、消費者が本来持っている契約の履行が遅

無効とされる規定の例

第○条 本契約の履行について民法で定める債務不履行責任が問題となった場合、甲（消費者）が乙（事業者）に帰責事由がないことを証明する負担を負うものとする。

たとえば、契約解除の場合は債務者の帰責事由が不要なのに、一方的に甲の証明責任を加重しているので無効

れたこと（履行遅滞）による解除権（民法541条）や、契約の全部または一部が履行できなくなったこと（履行不能）による解除権（民法542条）を一方的に侵害したり、本来消費者が負わなくてもよい事項を証明する責任を消費者に負わせるため、消費者保護の観点から無効とされるのです。消費者庁のホームページでも、消費者契約法の詳細な解説が掲載されていますので、参考にしてみるのがよいでしょう。

■ 判例で消費者契約法10条が問題となったケース

アパートやマンションの賃貸借契約では、あらかじめ契約書に「更新の際に更新料を支払う」といった規定が置かれていることがあります。この更新料条項が消費者の利益を一方的に害するものとして、消費者契約法10条に違反するのではないかが近年訴訟で争われてきました。地裁では無効とする判断が下されたこともあったのですが、最高裁は「更新料の金額が高額過ぎるなどの事情がない限り消費者契約法10条違反にはならない」という判断をしています。

契約解除と債務者の帰責事由

契約解除の場合、債権者（契約解除をする人）に帰責事由がないことは必要だが（民法543条）、債務者の帰責事由の有無は問わない。事業者が消費者に売った商品の欠陥を理由とする消費者による契約解除の場合、債権者は消費者、債務者は事業者なので、事業者の帰責事由の存在の証明を要するという条項は、本来消費者が負わなくてよい事項の証明責任を消費者に負わせている。

更新料

賃貸借契約の期間が終了し、契約の更新をしようとする際に、賃借人から賃貸人に支払われる金銭のこと。更新料の支払いは賃借人にとって大きな負担となる。最近の最高裁の判例では不当に高くなければ更新料についての契約も適法になるとしている（最高裁平成23年7月15日判決）。

消費者契約法と他の法律との関係

民法・商法とそれ以外の法律で関係性が異なる

■ 民法・商法との関係はどうなっているのか

消費者契約法は、民法・商法をはじめとする既存の法律だけでは保護しきれなかった消費者の権利を保護することを目的として制定された法律です。

たとえば、消費者契約法4条は、消費者への勧誘に際し、事業者が事実と異なることを告げたことにより、消費者が誤認して契約の申込みや承諾の意思表示をした場合などに、これを取り消すことができると規定しています（消費者取消権）。ただ、消費者が誤認していたことを認識した後に代金を支払うなど、契約の申込みや承諾の意思表示を追認するような行為をした場合の取消権の扱いなどについては、特に規定されていません。

消費者契約法では、消費者契約の申込みまたはその承諾の意思表示の取消や、消費者契約の条項の効力について、消費者契約法に別段の規定がない場合には、民法や商法の規定によって判断されることを規定しています（11条1項）。

したがって、消費者が誤認を認識した後の代金の支払いは「全部又は一部の履行」にあたり、民法の規定により追認をしたものとして扱われるため（法定追認、125条）、取消が認められなくなります。

■ その他の法律との関係はどうなっているのか

消費者契約法は、民法・商法だけでなく、これ以外の法律とも適用が重なる場合があります。

たとえば、宅地建物取引業法38条には、「宅地建物取引業者

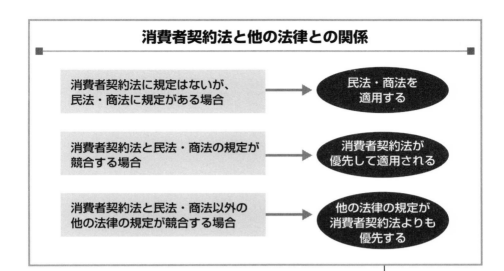

消費者契約法と他の法律との関係

消費者契約法に規定はないが、民法・商法に規定がある場合 → 民法・商法を適用する

消費者契約法と民法・商法の規定が競合する場合 → 消費者契約法が優先して適用される

消費者契約法と民法・商法以外の他の法律の規定が競合する場合 → 他の法律の規定が消費者契約法よりも優先する

が自ら売主となる宅地又は建物の売買契約については、宅地建物取引業者は当事者の債務不履行を理由とする契約の解除に伴う賠償額の予定等については代金の20％を上限とし、20％を超える部分については無効とする」旨の規定があります。一方、消費者契約法9条1項によれば、平均的な損害額までは賠償額の予定等（賠償金や違約金の定め）をすることが認められており、相反する規定ということになります。

このような場合、消費者契約法では、消費者契約の申込みや承諾の意思表示の取消や、消費者契約の条項の効力について民法や商法以外の他の法律に別段の定めがあるときは、その定めるところによると規定しています（11条2項）。

つまり、それぞれの業界の特別な事情を勘案（考慮）して制定されている法律（個別法）があり、そこで別段の規定が置かれている場合は、個別法を優先するよう規定されているわけです。前述した事例では宅地建物取引業法の規定が優先的に適用されることになります。

消費者契約

消費者と事業者が結んだ契約のこと。

消費者団体訴訟①

被害拡大の抑止力として制度化された

■ どんな制度なのか

　消費者団体訴訟制度とは、適格消費者団体が、消費者への不当な行為に対する差止請求権を、消費者に代わり事業者に対して行使することを認める制度です。さらに、特定適格消費者団体には、生じた被害の回復を求める被害回復請求権を、消費者に代わり事業者などに対して行使することも認められます。消費者団体訴訟制度は消費者契約法関連のトラブルだけでなく、特定商取引法や景品表示法、食品表示法をめぐるトラブルも対象に含まれます。適格消費者団体等は、消費者契約法だけでなく、特定商取引法や景品表示法、食品表示法上の不当な行為についても差止請求等を行うことができます。

■ 適格消費者団体及び特定適格消費者団体とは

　消費者問題に取り組む団体は、全国に数多くありますが、事業者に対して差止請求等を行うことができる適格消費者団体の数は、令和4年9月末時点で23団体あります。適格消費者団体にだけ差止請求権を認めているのは、差止請求が、本来は自由に行えるはずの事業活動を制限するという行為だからです。

　つまり、十分な情報収集をせず、消費者の一方的な訴えだけを鵜呑みにして差止請求を乱発したり、営業妨害や不当利得（法律上の正当な理由がないのに利益を受け、それによって他人に損失を与えていること）を目的として差止請求を行うようなことになると、事業者の営業活動が不当に害されるおそれがあります。このため、真に消費者の権利を保護するという目的

なぜ消費者団体訴訟制度が導入されたのか

消費者契約による被害は、事業者が不特定多数の消費者を対象として事業を展開しているため、同様の被害が多数発生するという性質を持っており、被害が生じた後で事後的に個々の消費者を救済するだけでは十分な対応をとることが難しい状況にあった。
そこで、消費者被害の発生または拡大を防止するため、そしてすでに発生した被害の回復を事業者に行わせるための手段として、消費者団体訴訟制度が導入された。

適格消費者団体の認定

消費者契約法において、差止請求関係業務を行う団体は一定の要件を満たし、内閣総理大臣の認定を受けなければならないと規定されている（消費者契約法13条）。

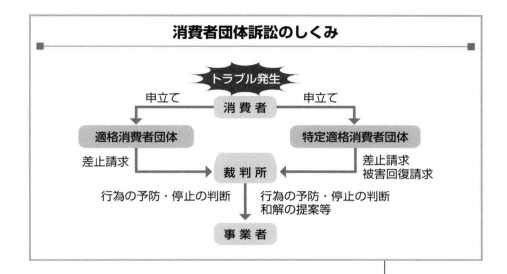

消費者団体訴訟のしくみ

トラブル発生

消　費　者

申立て　　　　　　　　申立て

適格消費者団体　　　　　　　特定適格消費者団体

差止請求　　　　　　　　　　　　差止請求
　　　　　　　　　　　　　　　　被害回復請求

裁　判　所

行為の予防・停止の判断　　行為の予防・停止の判断
　　　　　　　　　　　　　和解の提案等

事　業　者

で差止請求をしている団体であるかどうかを国が確認した上で、その団体に差止請求権を与えているのです。

適格消費者団体として認定されるためには、①差止請求関係業務を適正に遂行するための組織体制や業務規程が適切に整備されていること、②差止請求関係業務を適正に遂行する上で十分な経理的基礎があること、③差止請求関係業務以外の業務を行う場合に、その業務を行うことによって差止請求関係業務の適正な遂行に支障を及ぼすおそれがないこと、といった要件を満たした上で、内閣総理大臣に申請することが必要です。

また、適格消費者団体のうち、内閣総理大臣から認定を受けた団体は、特定適格消費者団体となることができます。消費者団体訴訟のうち、被害回復請求権を行使できるのは、認定を受けた特定適格消費者団体のみです。特定適格消費者団体は、令和4年9月末時点で4団体が認定を受けています。

特定適格消費者団体は差止請求に加えて被害回復請求を行使するため、内閣総理大臣による監査措置を受ける義務や、訴訟における概要の情報公開措置を図る義務が課せられています。

消費者団体訴訟②

• •

差止請求の前に書面による事前請求が行われる

■ 差止請求の対象と差止請求を行う場合の手続

差止請求の対象となる行為とは、事業者が真実でないことを述べて勧誘した場合や、消費者にとって不利益になる事実を伝えずに勧誘したような場合です。また、契約書に事業者の損害賠償責任を全額免除する条項や消費者を一方的に害する条項など、消費者契約法に反する条項が置かれていた場合も差止請求の対象になります。このような事態が明らかとなった場合、適格消費者団体は、事業者に対し、当該不当勧誘行為をやめるように求める、当該不当条項を規定した契約を締結しないように求める（停止・予防）、事業者が作成した従業員向けの勧誘マニュアルなどの廃棄を求める（停止・予防に必要な措置）といった内容の請求をすることができます。

ただし、当該適格消費者団体や第三者の不正な利益を図ることや、当該請求に係る相手方（事業者）に損害を加えること、つまり請求者に不正な目的がある場合には差止請求が認められません。また、他の適格消費者団体と連携協力を図るなどして、差止請求権を適切に行使しなければなりません。さらに、適格消費者団体の従業員などは、差止請求関係業務を行うにあたって知ることができた消費者の秘密（個人情報など）を漏えいしてはいけません。

消費者団体訴訟制度を活用して裁判所に差止請求を提起したい場合、基本的には一般の民事訴訟と同様、民事訴訟法の規定に従って手続を進めることになりますが、紛争の早期解決を目的とした特別の手続も用意されています。

請求権者や要件

差止請求権が適正に行使されるようにするため、請求権者は適格消費者団体に限定されている。また、被告となるべき者（相手方）が消費者契約法や景品表示法などに違反する行為を行っているか、または行うおそれがあることが必要である。その上で、相手方に対し、あらかじめ請求の要旨・紛争の要点などを記載した書面により差止請求をしなければならず、原則として書面到達時から1週間経過後でなければ差止請求に係る訴えを提起できない。

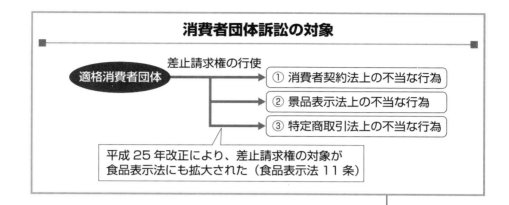

消費者団体訴訟の対象

差止請求権の行使

適格消費者団体 →
① 消費者契約法上の不当な行為
② 景品表示法上の不当な行為
③ 特定商取引法上の不当な行為

平成25年改正により、差止請求権の対象が
食品表示法にも拡大された（食品表示法11条）

① **書面による事前の請求**

適格消費者団体が裁判所に対し、差止請求に係る訴えをする場合、相手方（事業者）に対してあらかじめ書面によって請求することが必要です。そして、その書面の到達後、1週間が経過して初めて、訴えを提起することが認められます（消費者契約法41条）。差止請求はあくまで事業者の不当な行為の是正を求めるものですから、事前の請求で是正が行われた場合には訴訟を起こす必要がなくなるからです。

② **不当な行為が行われた地で訴えることができる**

民事訴訟のルールでは、実際に裁判を担当する裁判所は被告となる事業者の本店（本社）所在地を管轄する裁判所等と定められています。これは、被告はある日突然訴えられる可能性があるにもかかわらず、住居から遠いところの裁判所まで行かなければならないとすると、被告にとって多大な負担となるからです。ただ、消費者団体訴訟制度による差止請求の場合には、事業者の行為があった地を管轄する裁判所に提起してもよいことになっています（消費者契約法43条）。

消費者団体訴訟を提起される事業者の中には、本店所在地をあちこちに移して訴訟提起から逃れようとする企業も多くあるため、不当な行為が行われた場所で、訴えを起こすことができ

> **差止請求ができない場合**
>
> 次の場合には、差止請求ができない（消費者契約法12条の2）。
> ・適格消費者団体自身または第三者の不正な利益を図り、または差止請求に係る相手方（事業者）に損害を加えることを目的とする場合
> ・適格消費者団体を当事者とする差止請求に係る訴訟などにつき、すでに確定判決など（訴え却下の確定判決などを除き、確定判決およびこれと同一の効力を有するもの）が存在する場合において、請求の内容および相手方が同一である場合

> **管轄**
>
> 裁判所がその事件を担当すること。

るようにしたのです。

■ 情報提供や開示とは

　消費者団体訴訟制度の対象となるような事件は、その情報を知らない消費者が新たな被害者になるという形で拡大していく性質を持っているので、消費者に情報を提供することにより被害を未然に防ぐことが可能です。そこで、適格消費者団体は、消費者に対して、差止請求についての裁判所の判断や裁判外の和解の内容など必要な情報を提供するように努めなければならないとされています。

■ 消費者団体訴訟の問題点の改善

　平成28年（2016年）に消費者裁判手続特例法が施行され、消費者団体訴訟において新たに被害回復請求が認められました（請求権者は特定適格消費者団体に限ります）。しかし、認められる被害回復請求の対象は財産的損害のみであること、請求できる相手は事業者のみであることといった制限がありました。また、解決までに2段階の訴訟手続が必要であり、第1段階で勝訴してからでなければ、事業者との解決金の交渉ができず、被害回復まで長期間を要するなど、消費者を保護するには十分なものとはいえませんでした。

　こうした運用実績を踏まえて、令和4年（2022年）に法改正がなされ、令和5年（2023年）中に被害回復請求の対象となる損害に財産的損害に併せて慰謝料（精神的損害）が追加されることになりました。悪質な事業者の活動に対する被害には、不当な請求によって支払った金銭だけでなく、それに伴う精神的な苦痛も生じ得ますが、今後その損害についても請求が可能となったのです。

　また、被害回復請求の相手方に事業者以外の個人（悪質商法関係者）も追加されました。さらに、消費者団体訴訟を行う特

他の団体への通知

適格消費者団体は、①差止請求をしたとき、②差止請求にかかる訴訟の提起または仮処分命令の申立てがあったとき、③差止請求に係る判決の言渡しがあったとき、④上訴の提起があったとき、⑤和解が成立したときなどには、他の適格消費者団体に通知をしなければならない。

適格消費者団体の情報提供や開示

罰則は定められておらず、情報提供の方法についても特に明確な様式等はない。現在、適格消費者団体は、ホームページや機関紙などの手段を用い、申入書や意見書を送付した事実や事業者側の対応といった情報の提供を行っている。

消費者裁判手続特例法

消費者の財産的被害（令和5年中に精神的損害が追加される）の救済を図る制度として、消費者裁判手続特例法（消費者の財産的被害等の集団的な回復のための民事の裁判手続の特例に関する法律）に基づく手続きがある。具体的には、一定の金銭の支払いを求める請求権につき、①共通義務確認の訴えの提起（第1段階、事業者の支払義務の有無を確定）、②簡易確定手続き（第2段階、①で勝訴した場合に消費者の債権を確定させ支払をする）という2段階の構造で被害回復を図っている。

訴え提起前の書面による事前請求

```
消費者契約法などに関するトラブルの発生
          ↓
適格消費者団体による検討・交渉
          ↓
書面による事前請求  ──→ 訴える前に書面による
          ↓              事前請求が行われる！
    1週間の経過
改善が見られない場合に訴えを提起する
```

定適格消費者団体は、裁判手続きの初期段階から、事業者など
との間で解決金支払の合意を含む和解交渉ができるようになり
ました。これにより今までより早期に解決へと至ることが期待
されています。

 3日前に自宅に来た訪問販売員から「障害者支援活動のために商品を買ってくれ」と勧誘され2980円のハンカチを買ったが、クーリング・オフできるのか。

　本ケースは、訪問販売の形式で商品を購入しており、契約し
た日が3日前ですから、特定商取引法によるクーリング・オフ
が利用できそうにも思えます。しかし、代金が3000円未満の場
合には法律上クーリング・オフが認められておらず、今回の
ケースのように2980円のハンカチの場合にはクーリング・オフ
ができません。しかし、販売員の説明がウソであった以上、民
法の詐欺や消費者契約法による消費者取消権によって対応する
ことも可能です。ただ、被害額が3000円弱のような本ケースで
訴訟を起こそうとすると、調査費用や専門家への報酬などかえ
えって損をするのが実情です。そこで、このような場合には、
消費者団体訴訟制度の利用を検討してみることができます。

Column

ハガキでクーリング・オフをする場合

　クーリング・オフは書面または電磁的記録で行わなければなりません が、記載事項は限られています。契約年月日、商品名、契約金額、販売会社を記載して、契約を解除することを書けばよいのです。ですから、クーリング・オフの期限が迫っていて内容証明郵便を準備している時間がないときなどは、取り急ぎ購入者が自分でハガキを書いて送付すれば、それでも有効です。ただし、発信年月日を残すことが大切ですので、ポストに出すのは避けましょう。郵便局（差出事業所）の窓口で簡易書留郵便や特定記録郵便を利用するのが便利です。

■ クーリング・オフをする場合のハガキの書き方 ‥‥‥‥‥‥‥

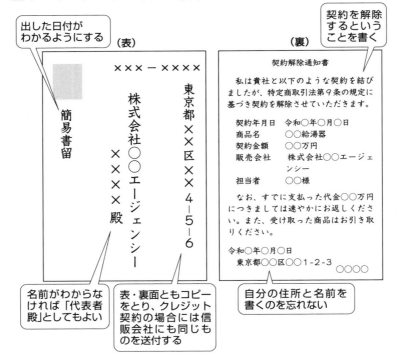

出した日付が わかるようにする

（表）

（裏）

契約を解除 するという ことを書く

簡易書留

×××－××××

株式会社○○エージェンシー
×××× 殿

東京都××区××4-5-6

契約解除通知書

　私は貴社と以下のような契約を結び ましたが、特定商取引法第9条の規定に 基づき契約を解除させていただきます。

契約年月日　令和○年○月○日
商品名　　　○○給湯器
契約金額　　○○万円
販売会社　　株式会社○○エージェ
　　　　　　ンシー
担当者　　　○○様

　なお、すでに支払った代金○○万円 につきましては速やかにお返しくださ い。また、受け取った商品はお引き取 りください。

令和○年○月○日
東京都○○区○○1-2-3
　　　　　　　　　　　○○○○

名前がわからな ければ「代表者 殿」としてもよい

表・裏面ともコピー をとり、クレジット 契約の場合には信 販会社にも同じも のを送付する

自分の住所と名前を 書くのを忘れない

82

PART 3

特定商取引法

特定商取引法とは

....

特定の取引について消費者をトラブルから守っている

■ 特定商取引法とは

特定商取引法は、消費者と事業者との間で特にトラブルになることが多い取引を特定商取引としてとりあげ、その取引をする際のルールを定めています。全体としては、特定商取引が行われる際に、消費者が不当な契約が結ばれないようにするため、事業者を規制することを目的としています。

特定商取引法が定める特定商取引とは、①訪問販売、②通信販売、③電話勧誘販売、④連鎖販売取引、⑤特定継続的役務提供、⑥業務提供誘引販売取引、⑦訪問購入の7種類です。

また、未購入の商品が突然を送り付けられた場合（ネガティブオプション）の取扱いについてもルールを定めています。

① 訪問販売

訪問販売とは、事業者の営業所等（営業所、代理店、展示会場などの施設）以外の場所で行われる取引のことです。消費者の自宅への押売りが代表例です。その他にも、路上で消費者に声をかけて事業者の営業所等に誘い込んでから、商品の販売などを行うキャッチセールスといった販売方法も、訪問販売に含めて規制しています。

② 通信販売

通信販売とは、事業者がカタログ、新聞、雑誌、インターネットなどで消費者に向けて広告を出し、消費者から郵便、電話、インターネットなどの通信手段により申込みを受ける取引のことです。

③ 電話勧誘販売

通信販売

インターネットを利用した販売（ネットショッピング）に限らず、新聞、雑誌、テレビ、カタログなどに広告を出して販売する形態も通信販売に該当する。

特定商取引法の規制対象

特定商取引
1. 訪問販売
2. 通信販売
3. 電話勧誘販売
4. 連鎖販売取引
5. 特定継続的役務提供
6. 業務提供誘引販売取引
7. 訪問購入

※特定商取引ではないが、購入していない商品が突然送りつけられた場合（ネガティブオプション）の取扱いについてもルールを規定している

電話勧誘販売とは、事業者が電話で勧誘し、消費者からの申込みを受ける取引のことです。勧誘の電話中に申し込む場合だけでなく、勧誘の電話をいったん切った後で、消費者が郵便や電話などで申込みを行う場合も電話勧誘販売に含まれます。

④　連鎖販売取引

連鎖販売取引とは、事業者が消費者を組織の販売員（会員）として勧誘し、その販売員にさらに次の販売員を勧誘させる方法で、販売組織を連鎖的に拡大して行う販売方法です。マルチ商法と呼ばれることもあります。「組織の一員として活動すれば一定の見返りが得られる」という形で販売員を勧誘し、これに応じて販売員となる者に商品を購入させたり、入会金やリクルート料といった名目の金銭的負担を負わせることが特徴です。

⑤　特定継続的役務提供

長期・継続的なサービスの提供の対価として、高額の金銭の支払いを求める取引のことです。語学教室・学習塾に通学する契約や、エステティックサロンに通う契約が代表例です。

⑥　業務提供誘引販売取引

事業者が「依頼した仕事をしてくれれば収入を得ることがで

きる」といった口実で消費者を勧誘し、仕事に必要であるとして、商品などを販売する取引のことです。

⑦　**訪問購入**

物品の購入業者が営業所等以外の場所において行う物品の購入取引のことです。自宅を訪れた業者による貴金属やアクセサリーなどの強引な買取りを防ぐために規制が置かれています。

■ 特定商取引法の規制

特定商取引法は、特定商取引に該当する7種類の取引ごとに分けて、必要なルールを定めるという構造をとっています。多くの特定商取引に共通するルールは、①氏名等の明示の義務付け、②広告規制（必要的記載事項・誇大広告等の禁止など）、③契約締結時の書面交付義務、④不当な勧誘行為の禁止、⑤クーリング・オフ制度、⑥中途解約権の保障などです。

特に重要なルールが、通信販売を除く特定商取引に認められているクーリング・オフ制度です。事業者は消費者に対しクーリング・オフという権利があることを書面で伝え、消費者のクーリング・オフを不当に妨害することを避けなければなりません。

■ 悪質商法が行われるのを防ぐ

残念なことに、最初から顧客をだまして金を稼ごうとする悪質なビジネス（悪質商法）が問題になることがあります。

キャッチセールス、催眠商法、送り付け商法（押付け販売）、内職商法といった商法が代表例です。

キャッチセールスや催眠商法については「訪問販売」、送り付け商法については「売買契約に基づかないで送付された商品」（ネガティブオプション）、内職商法については「業務提供誘引販売取引」という形で、特定商取引法によって規制されています。

特定商取引法の規制対象となるおもな取引は次ページの図のとおりですので、あらかじめ確認しておくとよいでしょう。

クーリング・オフ

特定商取引法は、事業者の規制を目的としている法律だが、事業者と消費者の間の契約トラブルを解決するためのルールについても定めている。重要な規定はいくつもあるが、通信販売を除き、契約の締結後も一定の期間であれば契約の解除をすることができるというクーリング・オフ制度を認めている点が特徴といえる。

特定商取引法で規制される内容

取引	規制されるおもな商法	クーリング・オフできる期間
訪問販売	・押売り（自宅に突然訪問してきて商品を販売する商法） ・キャッチセールス（駅前・街頭といった場所で販売目的を隠して勧誘する商法） ・アポイントメントセールス（販売目的を隠してメール・手紙などで誘い出す商法） ・催眠商法（会場に誘い出した客を話術や雰囲気で高揚させ、商品の販売を行う商法）	8日
電話勧誘販売	・資格商法（家庭や職場に電話をかけて資格取得の勧誘を行い、電話中に契約を結ばせたり、申込書を郵送させたりする商法）	
特定継続的役務提供	・無料体験商法（無料体験を誘い文句に客を誘い出し、エステや英会話教室、学習塾といったサービスの受講契約を結ばせる商法）	
訪問購入	・押し買い（自宅を訪れた業者に貴金属やアクセサリーなどを安値で強引に買い取られてしまう商法）	
連鎖販売取引	・マルチ商法・マルチまがい商法（商品等を購入して入会し、新たに入会者を紹介すると手数料が入るシステムで組織を拡大させる商法）	20日
業務提供誘引販売取引	・内職商法（新聞の広告やダイレクトメール、自宅への電話などで勧誘して高額な道具を購入させるが、仕事はまったく紹介しないという商法） ・モニター商法（収入が得られる仕事を提供するが、その仕事に使うことを理由に商品を販売する商法）	
通信販売	・カタログやインターネットといった非対面の手段を利用して広告することで、販売業者と契約させる商法	クーリング・オフ制度がない
ネガティブオプション	・送り付け商法（注文していない商品を一方的に送り付け、後から代金を請求する商法）	

訪問販売

原則として全商品が規制の対象になる

■ 訪問販売とは

　訪問販売とは、「営業所、代理店その他の経済産業省令で定める場所以外の場所」で行われる取引と、「特定顧客との取引」のことを意味します。簡単に言うと、店舗以外の場所での販売であり、その一例として自宅への訪問、いわゆる押し売りがあります。販売員がいきなり押しかけてきて、自宅の玄関に居座るようなことがあれば、心理的に消費者を圧迫してしまいます。

　また、消費者が冷静に考えることもできず、本当は買うつもりがないのに買ってしまうことがあるかもしれません。さらに、実際に買ってしまった商品について、後になってトラブルが生じても販売者と連絡がつかないことも生じかねません。無店舗なのをよいことに、売り逃げをする場合も考えられます。

　このように、訪問販売は、常設の店舗での販売と比べると信頼ができない面もあるので、店舗販売とは異なる特別の規制を置いているのです。

■ 購入者と事業者が当事者となる

　特定商取引法によると、訪問販売の当事者は、「販売業者または役務提供事業者」と、「購入者等」です。

　販売業者とは商品を売る者のことで、役務提供事業者とは商品を売るのではなく、役務（サービス）を提供する者のことです。役務（サービス）とは、たとえば、エステサービス、庭石の据え付けなどです。それらの販売や役務提供を業として営む（営利の意思をもって、反復継続して取引を行う）者を、まと

販売業者

特定権利（94ページ）を売る者についても販売業者という。

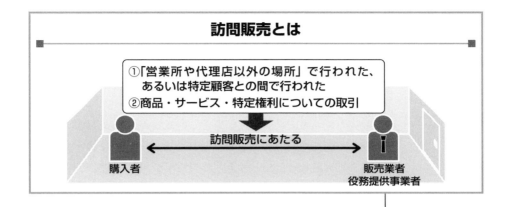

訪問販売とは

①「営業所や代理店以外の場所」で行われた、
あるいは特定顧客との間で行われた
②商品・サービス・特定権利についての取引

↓

訪問販売にあたる

←→

購入者

販売業者
役務提供事業者

めて「販売業者または役務提供事業者」と表現しています。

　一方、購入者等というのは、いわゆる消費者のことを指します。

■ 訪問販売にあたらない場合

　当事者が物を購入した取引が訪問販売にあたる場合、クーリング・オフの規定が適用されますし、不当な勧誘行為が行われていた場合には、特定商取引法で認められている契約の取消権を行使することができます。一方、その取引が訪問販売にあたらなければ、このような権利を行使することはできません。

　そして、訪問販売が、「営業所、代理店その他の経済産業省令で定める場所以外の場所」で行われる取引のことを意味するということは、逆に言えば営業所や代理店などでの販売は、訪問販売にはあたらないということになります。

　ここでいう営業所とは、営業の行われる場所です。洋服販売であれば、洋服を陳列して売っている店舗が営業所です。エステなどであれば、エステサービスを行う場所が営業所です。

　一方、代理店とは、「代理商」の営業所のことを指します。代理商とは、他の商人のために、継続・反復して取引の代理・媒介（仲介）をする者のことです。

　1回だけ単発で行っただけというように、継続性・反復性が

自分から依頼した場合の取扱い

販売業者に自分から「商品を購入したいので、自宅に来てほしい」と依頼して商品を購入した場合、特定商取引法上の訪問販売にはあたらず、クーリング・オフはできない。ただし、見積もりだけを依頼した場合や、別の用件で訪問を依頼した場合は、訪問販売に該当する可能性がある。

ない場合には代理商にはあたりません。

　また、「その他の経済産業省令で定める場所」というのは、たとえば露店や屋台などのことです。

　なお、①最低2、3日以上の期間にわたって、②商品を陳列し、消費者が自由に商品を選択できる状態の下で、③展示場等販売のための固定的施設を備えている場所（展示会場などの施設）で販売を行う場合も、店舗での販売と同様に扱われます。つまり、通常は店舗と考えられないホテルや体育館で行われる販売であっても、上記①～③の要件を満たすのであれば、店舗での販売と扱われるので、訪問販売とはなりません。逆に、数時間で終わるような展示販売などは店舗での販売とはならず訪問販売とされ、特定商取引法の規制を受けることになります。

■ 突然誘われて誘導される取引も訪問販売となる

　訪問販売のもう一つの類型として「特定顧客との取引」があります。これはわかりやすくいうと、販売目的を隠して近づいて来て、別の場所へ案内して取引させるタイプの契約です。

　訪問販売というと、自宅への訪問だけを想像してしまいがちですが、特定商取引法が予定する訪問販売はそれだけに限られないことは知っておくとよいでしょう。キャッチセールスやアポイントメントセールスも、特定商取引法上の訪問販売に含まれます。もっとも、これらが訪問販売にあたるかどうかについてはすぐに判断できない部分もあるため、特定商取引法が適用されるかどうかのトラブルが生じることもあります。

「激安」を宣伝している通信販売のサイトでミシンの購入を申し込んだところ、そのサイトの販売員が自宅に高価な商品を売りにきた。しつこく勧誘されたので40万円の商品を個別クレジットで購入してしまった場合は訪問販売にあたるのか。

訪問販売の類型

自宅など、通常販売を行わない場所での販売
　例．自宅への押し売り

道路で声をかける、電話で呼び出すといった方法で
営業所に呼び込んで行う販売
　例．キャッチセールス、アポイントメントセールス

どちらも「訪問販売」として規制される！

　注文していない商品を販売員が売りにくることは、通信販売とはいえません。本ケースは、40万円の商品の購入が訪問販売にあたります。本ケースにはどのような規制が及ぶでしょうか。まず、訪問販売であることから、特定商取引法に定められた契約書面が交付されているはずです。この場合、契約書面（または申込書面）の交付を受けた日から起算して8日以内にクーリング・オフができます。それらの書面の交付がない場合は、書面の交付を受けた日から起算して8日が経過するまで、いつでもクーリング・オフができます。また、特定商取引法以外の法規制も及びます。クレジット契約には割賦販売法が適用されますので、解約する場合はクレジット会社にも経過を連絡し、支払いを停止してもらうようにします（支払停止の抗弁権）。

　この業者は広告にも問題があります。安いミシンを広告に載せておきながら、実際には広告に記載された商品とは異なる別の高額商品を売りつけているからです。このような広告は「おとり広告」と呼ばれます。おとり広告にあたる場合は、景品表示法に基づいて制定された「おとり広告に関する表示」により規制されます。また、広告に記載された安い金額は、実は下取り機種がある場合の価格だという場合もあります。広告の記載には注意し、広告にある値段に惑わされることなく、必要なものを購入するようにしましょう。

クーリング・オフの方法

クーリング・オフの方法は、ハガキや内容証明郵便などの書面によるか、もしくは電子メールなどの電磁的方法による。電磁的方法は令和3年成立の特定商取引法改正により認められるようになった。なお、クーリング・オフは発信時に効力が生じる。

支払停止の抗弁権

顧客が販売業者に対する抗弁事由をもってクレジット会社からの支払請求を拒否できること。割賦販売法ではローン提携販売、個別信用購入あっせん（個別クレジット）、包括信用購入あっせん（包括クレジット）で認めている。クーリング・オフによる解約（契約解除や申込撤回）も抗弁事由となる。

景品表示法

246ページ参照。

キャッチセールス・アポイントメントセールス

キャッチセールスとアポイントメントセールスも特定商取引法の規制を受ける

■ どんな場合なのか

　ある日街中で突然「今なら無料でエステを受けることができます、ぜひどうぞ」とか、電話で「弊社の海外旅行優待にあなたが選ばれました、ぜひ会社にお越しください」などの勧誘を受けたことはないでしょうか。このように、事業者が営業所等以外の場所で消費者を勧誘し、営業所等に誘い込んだ上で、最終的に契約の締結を求めるような行為をキャッチセールス、もしくはアポイントメントセールスと呼びます。

　キャッチセールスやアポイントメントセールスは、「契約行為自体は消費者の自宅ではなく営業所等で行われる」という点で、訪問販売とはいえないようにも思えるのですが、現在の特定商取引法の規定では両方とも「訪問販売」として扱われます。そのため、たとえば、キャッチセールスに引っかかってしまったが後で解約したいと考えた場合、特定商取引法のクーリング・オフを利用することができます。

　同様に、催眠商法（消費者を会場に呼び込み、巧みな話術や景品の配布といった方法で消費者を興奮させて冷静な判断を失わせて高価な商品を購入させる商法）や、ホームパーティー商法（パーティーに招待し、心理的に断り辛い状況を作り上げて参加者に高価な商品を購入させる商法）といった販売形態も、原則的には特定商取引法上の「訪問販売」に該当します。そのため、クーリング・オフをすることが可能です。

営業所等
「営業所、代理店その他の経済産業省令で定める場所」のこと。

キャッチセールスの特徴
路上で声をかけ、販売目的を隠したまま近くにある営業所等に消費者を誘導し、高額な商品の購入契約を勧めるという手法がとられる。

アポイントメントセールスの特徴
電話や郵便で勧誘し、消費者を営業所等に呼び出してから、高額な商品の購入契約を勧めるという手法がとられる。

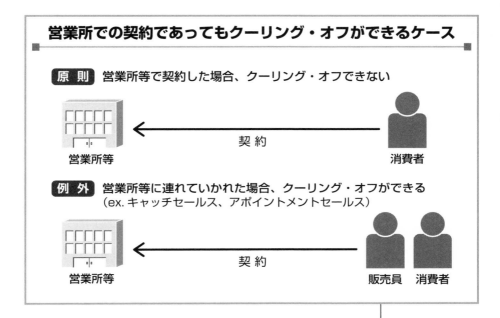

営業所での契約であってもクーリング・オフができるケース

原則 営業所等で契約した場合、クーリング・オフできない

契約

営業所等 ← 消費者

例外 営業所等に連れていかれた場合、クーリング・オフができる
（ex. キャッチセールス、アポイントメントセールス）

契約

営業所等 ← 販売員　消費者

■ 法的にはどんな規制があるのか

　詐欺まがいのキャッチセールスやアポイントメントセールスであれば、民法が規定する詐欺（96条）または錯誤（95条）を主張して契約を取り消すことが可能です。ただ、詐欺を主張するには相手方の内心（だまそうとする意思）の立証が必要であるため、消費者側が立証するのは難しいといえます。

　そこで、消費者契約法や特定商取引法では、たとえば、重要事項について事実と異なることを告げた場合（不実の告知）などに、契約を取り消すことを認めています。この取消権は外面的な事実を立証すればよく、内心の立証を要しないので、民法よりも消費者にとって行使しやすくなっています。ただ、特定商取引法・消費者契約法・民法のどの規定で対応していくのがよいかは、個別具体的に判断することになるでしょう。

錯誤

錯誤とは、一言で述べると「勘違い」のことである。錯誤を主張するには自分の内心（勘違いをした）の立証を必要とするので、やはり消費者側が立証するのは難しいといえる。

訪問販売の対象となる商品・サービス・権利

原則としてすべての商品・サービスが特定商取引法で規制されるが、権利については特定権利に限定される

■ 対象となる商品やサービスとは

　消費者がどのようなものを購入したとしても、訪問販売と認められるのでしょうか。かつては訪問販売、それから後述する通信販売、電話勧誘販売の対象となる商品、役務（サービス）、権利は政令で指定したものに限られていました（指定制度）。

　しかし、消費者としては、何が政令で指定されているかを把握しているわけではないので、指定制度のために消費者が保護されにくくなっていることが問題視されていました。

　そこで現在では指定商品・指定役務の制度は廃止され、原則としてすべての商品・サービスが、特定商取引法上の訪問販売・通信販売・電話勧誘販売の適用対象とされています。

■ 特定権利とは

　権利についても、指定制度は廃止され、範囲が広げられた「特定権利」が適用対象とされています。特定権利とは、特定商取引法の適用を受ける権利のことをいいます。具体的には、次ページ図の①〜③に該当する権利を指します。権利の販売というとイメージが湧かないかもしれませんが、生活が豊かになり、物品だけではなく権利も買おうという意識が高まり権利の取引が増えていますが、それに伴いトラブルも増えているため、規制対象を広げることにしました。

　特に指定制度の下での指定権利に含まれていなかった社債や株式など（次ページ図の②③）が、特定権利に含まれているのが特徴的です。また、次ページ図の①に該当する権利は政令で

通信販売

120ページ参照。

電話勧誘販売

140ページ参照。

会員権商法

会員になると「優先的に施設を利用できる」「商品購入の際に割引を受けられる」などと言ってリゾートクラブやゴルフクラブの会員権の購入を勧誘してくる商法。中には、「この会員権は将来確実に値上がりするので投資のつもりで」などと言ってくる場合もあるが、利益どころか売買自体が成立しないものもある。何らかの施設の会員になる場合には、その業者の経営実態や施設の利用状況なども確認した上で入会するようにしたい。

特定商取引法の規制対象となる特定権利

①	施設を利用しまたは役務の提供を受ける権利のうち、国民の日常生活に係る取引において販売されるものであって政令で定めるもの
②	社債その他の金銭債権
③	ⓐ株式会社の株式 ⓑ合同会社、合名会社、合資会社の社員の持分、その他の社団法人の社員権 ⓒ外国法人の社員権でⓐⓑ記載の権利の性質を有するもの

定められています。具体的には、保養のための施設またはスポーツ施設を利用する権利（ゴルフ会員権、リゾートクラブ会員権、スポーツクラブ会員権など）、映画、演劇、音楽、スポーツ、写真または絵画、彫刻などの美術工芸品を鑑賞・観覧する権利（映画チケット、スポーツ観覧チケットなど）、語学の教授を受ける権利（英会話サロン利用権など）が挙げられています。

■ 特定商取引法の規定が適用されない訪問販売もある

特定商取引法の訪問販売の対象は、原則としてすべての商品・サービスと特定権利です。よって、訪問販売で購入したものが商品やサービスであれば、たいていは特定商取引法の保護を受けることができる取引ということになります。

ただし、購入者が営業として行う取引や組織内部の取引など、特定商取引法による規制にはなじまない取引（148ページ）については、特定商取引法の規制が及びません。また、使用や一部の消費によって価額が著しく減少するおそれがあるとして政令で定められた消耗品を使用・消費した場合や、直ちに代金を支払う現金取引で購入した商品の金額が3000円未満の取引は、クーリング・オフの対象外とされています。

政令で定める権利

たとえばゴルフ会員権、リゾートクラブ会員権、スポーツクラブ会員権、演劇・音楽・スポーツなどを鑑賞・観覧する権利、仮想通貨などを挙げることができる。

生鮮食品とクーリング・オフ

生鮮食品であっても、3000円以上の商品で、訪問販売など特定商取引法上の取引形態によって購入した場合、クーリング・オフできる。

商品購入の際に注意したいこと

念のため、特定商取引法の規制対象になる取引かどうかについて確認することが必要になる。

訪問販売を行う事業者の負う義務①

氏名等を明示し、必要事項を告知しなければならない

■ 事業者の義務とは

　訪問販売は店舗販売と比べて消費者がトラブルに巻き込まれる可能性が高いので、特定商取引法では、訪問販売をする際には、事業者に以下のような義務を課しています。

① 事業者名、氏名、商品等の種類、勧誘目的（目的が契約締結についての勧誘であること）を明示する義務

② 取引内容などの一定の事項を記載した書面を交付する義務

　つまり、消費者に「誰と話しているのか、何を話しているのか、何をいくらで取引しようとしているのか」といった点をはっきりと認識してもらうために、事業者に①・②のような義務を課しているのです。

　たとえば、本当は水道局関係者ではないセールスマンが、水道局関係者であるかのように装ったために、消費者が浄水器を取り付ける契約を結んでしまったとします。これは、水道局という公的なイメージを消費者が信用したために生じたトラブルです。このような被害を防ぐためにも、事業者名や氏名を名乗ることが義務付けられているのです。

　また、このような義務を課さないと、最後まで勧誘目的を告げずにセールストークを続け、消費者が取引だと認識しないまま取引が成立してしまうという事態も生じ得ます。

　一般的に消費者は、事業者よりも取引についての知識がなく、同等の立場にはないのが通常です。これらの事情を踏まえ、消費者を保護するために、勧誘目的や商品の種類などの明示のほか、書面の交付などを義務付けているのです。

**訪問販売における
禁止事項**

訪問販売は、消費者が事前に商品やサービスに関する情報を持たないために、誤解やトラブルが発生しやすいという特徴がある。そのため、特定商取引法では、事業者がウソを言ったり（不実の告知）、必要な事実を伝えなかったり（重要事実の不告知）、威迫行為をすることなどを禁止している（102ページ）。
また、訪問販売により締結された契約については、クーリング・オフの対象となる。

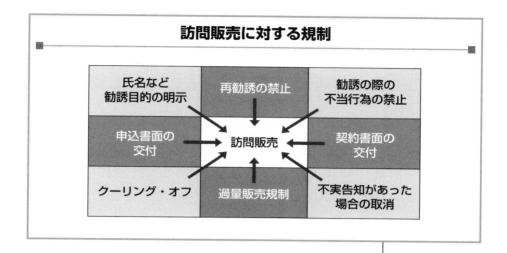

訪問販売に対する規制

氏名など
勧誘目的の明示

再勧誘の禁止

勧誘の際の
不当行為の禁止

申込書面の
交付

訪問販売

契約書面の
交付

クーリング・オフ

過量販売規制

不実告知があった
場合の取消

■ 氏名等の明示義務とは

　訪問販売は、消費者が店舗に出かけていって物を買うのとは
違い、「誰と取引をしているのか」という点が曖昧になりがち
です。訪問販売では、訪問者はまず一番に、「私は○○です」
と明確に伝えなければなりません。個人事業主であれば氏名ま
たは商号を、法人であれば会社名などを明示します。これは、
販売・勧誘をはじめる前に伝える必要があります。身分証明書
をつけている販売員もいますが、必ずしも書面での証明は必要
ありません。なお、会社名などについては、通称や略称などで
は名称を明らかにしたことになりません。商号として登記され
ているものを名乗ることが必要とされています。明確に名乗っ
てから「今日は化粧品の販売に来ました」というように、勧誘
目的をはっきりと消費者に伝えなければなりません。

　一般的には、訪問販売員はインターホン越しに氏名・勧誘目
的などを告げることになりますが、正当な方法で取引を求めて
も消費者の方が警戒することが多く、きちんと氏名や目的を伝
えないままにセールストークを進めている場合もありますが、
これは氏名等の明示義務を遵守しているとはいえません。

氏名などの明示
義務

自宅への押売りだけで
なく、キャッチセール
スにもあてはまる。つ
まり、キャッチセール
スを行う場合には、事
業者は消費者に話しか
けるときに、まず氏名
などを明確に名乗らな
ければならない。

訪問販売を行う事業者の負う義務②

申込書面と契約書面の区別とそれらの交付義務をおさえておく

■ 事業者は書面を交付する必要がある

事業者（販売業者または役務提供事業者）は、訪問販売をする際、消費者に販売商品の名称・種類・数量・商品の販売価格・支払方法・引渡時期・クーリング・オフ等について記載した書面を交付しなければなりません。これを書面の交付義務といいます。

特に大切なのはクーリング・オフという申込みを撤回することができる権利、あるいは契約を解除することができる権利があることを書面によって消費者に告知することです。

事業者の中には、取引条件の具体的な内容及び商品に対する十分な知識を持っていない消費者を狙う悪質な業者が数多く存在します。そのため、クーリング・オフなどの取引条件があいまいになってしまうと「不良品を買わされたのに返品できない」「口頭で説明された契約内容と違っていた」などのトラブルにつながりかねません。書面の交付義務は、こうしたトラブルが発生しないようにすることを第一の目的としています。

書面を作成する際には、一定の大きさ以上の文字・数字を使用し、書面には、赤枠の中に「書面内容をよく読むべきこと」と赤字で記載しなければなりません。

書面の交付義務
訪問販売における書面の交付義務については、特定商取引法4条、5条で規定されている。

■ 申込書面と契約書面の2種類がある

訪問販売にあたって、事業者が消費者に交付しなければならない書面には、①申込書面と②契約書面があります。①申込書面は、訪問販売業者が消費者からの申込みを受けたときに直ち

申込書面と契約書面

申込書面 ➡️ 申込みの内容を記載した書面 ➡️ 申込後、直ちに交付する

契約書面 ➡️ 契約内容を記載した書面 ➡️ 契約後、遅滞なく交付する

※申込みと同時に契約を締結する場合には契約書面のみの交付でよい

に交付する書面です。②契約書面は、契約が成立したときに遅滞なく交付する書面です。

契約書面の他に申込書面の交付が要求されている理由は、申込みの後の契約段階で、取引の内容が変わってしまうと、トラブルの原因となりかねないためです。そのため、すぐに契約を締結しない場合には、事業者は申込内容を記載した書面を交付しなければならないのです。

■ 現金取引の場合は記載事項が異なる

現金取引とは、商品の受け渡しと同時にその代金の授受を行う取引のことです。訪問販売はクレジット契約が多いのですが、現金取引の場合もあります。

訪問販売で現金取引をする場合にも、契約書面の交付が必要です。契約締結と同時に商品の引渡し、代金の全額を支払う取引などについても、契約書面を交付しなければなりません。

書面に記載される事項は、事業者の名称、代表者と販売担当者の氏名、商品名、商品の数量、商品の形式、クーリング・オフに関する事項、特約に関する事項などです。現金取引であるため、クレジット契約の時に記載される「代金の支払時期」「商品の引渡時期」といった項目の記載は不要となります。

契約書面の交付のみでよい場合

消費者からの申込みと同時に契約を締結する場合には、申込段階と契約段階で取引の内容が異なるというトラブルが生じるおそれがないので、契約書面のみの交付でよいとされている。

クレジット契約

商品を購入する際、購入者が事業者と提携しているクレジット会社と立替払契約を結ぶ契約形態のこと（割賦販売法35条の3の2）。法律上は個別信用購入あっせん契約という。購入者、事業者、クレジット会社などの三者が登場する契約。

■ 書面はいつまでに交付するのか

　申込書面は「直ちに」、契約書面は「遅滞なく」消費者に交付されなければなりません。したがって、消費者としては、申込書面であれば申し込んだその場で、契約書面であれば通常3〜4日以内に書面を受け取ることになります。したがって、事業者の「いったん本社に戻ってから、改めて申込書面を交付させていただきます」という対応は特定商取引法に違反する行為ですが、こういった行動をとる事業者が後を絶ちません。特に、あらかじめ申込書に消費者のサインを記入させておき、内容の詳細は営業所等に持ち帰ってで記入するという事業者が多いようです。このような手段を用いる意図は、契約内容と実際の商品が違うことを理由にクーリング・オフされるのを防ぐことにあるわけですが、かえって消費者に警戒心をもたせることになります。

　特定商取引法による訪問販売のクーリング・オフの行使期間は、契約書面を受領した日（起算日）から受領日も含めて8日間です。ただし、契約書面より前に申込書面を受け取っている場合には、申込書面の受領日が起算日となります。

　なお、令和3年6月16日に公布された特定商取引法改正により、申込書面や契約書面の交付に代えて、事業者は、消費者の承諾を得て、これらの書面に記載すべき事項を電磁的方法（電子メールなど）により提供することが可能になりました。ただし、本改正は、公布の日から起算して2年を超えない範囲内において、政令で定める日から施行されます（令和4年10月現在は未施行）。

■ 書面の交付義務に違反するとどうなるのか

　書面の記載事項が不完全な場合や虚偽の記載がある場合、事業者は交付義務に違反したことになります。消費者は販売業者に対し、書面交付義務の違反を主張することができます。

訪問販売の申込書面・契約書面の記載事項

①商品・権利・役務の種類

②商品・権利の販売価格、役務の対価

③商品・権利の代金、役務の対価の支払時期および方法

④商品の引渡時期若しくは権利の移転時期または役務の提供時期

⑤クーリング・オフに関する事項

⑥事業者の氏名（名称）、住所、電話番号、法人の代表者の氏名

⑦契約の申込または締結の担当者氏名

⑧申込または締結の年月日

⑨商品名、商品の商標または製造者名

⑩商品に型式があるときは、その型式

⑪商品の数量

⑫契約不適合責任（担保責任）について定めがあるときは、その内容

⑬契約の解除に関する定めがあるときは、その内容

⑭その他特約があるときは、その内容

　また、事業者が書面を交付していない場合は、クーリング・オフの起算日がまだ生じていないと扱われます（クーリング・オフができる状態が継続します）。交付された書面にクーリング・オフに関する記載がなければ、書面を交付していないのと同様に扱われます。

　なお、書面交付義務に違反し、消費者の利益や訪問販売取引の公正が害されるおそれがある場合には、主務大臣（経済産業大臣）が事業者に対して適切な措置をとることができます。最も厳しい措置として、事業者に対して業務停止命令を行うことも可能です。加えて書面交付義務に対する違反や書面の内容に虚偽があるなどの場合には、事業者に対し100万円以下の罰金（行為者には6か月以内の懲役または100万円以下の罰金）を科すことができます。

主務大臣の権限の委任

特定商取引法に基づく主務大臣（経済産業大臣）の権限は、実際には消費者庁長官や経済産業局長に委任されている。

訪問販売の禁止行為

· ·

不当な勧誘行為は禁止されている

■ 訪問販売の禁止行為とは

訪問販売は、消費者が事前に商品やサービスに関する情報を持たないために、誤解やトラブルが発生しやすいという特徴があります。そのため、特定商取引法では、訪問販売を行う際の禁止行為を定めています。

① 不実の告知

消費者に対して事実とは異なる説明をして、商品を購入させる行為です。たとえば、訪問販売員が消防署の職員に扮装して、「家庭に1台取り付けが義務付けられている」とウソを言って消火器を売る（家庭への消火器設置義務はない）悪質な訪問販売はよく知られています。また、クーリング・オフできる商品であるのに、この商品はクーリング・オフできないと説明して販売する行為も不実の告知とみなされます。

なお、主務大臣（経済産業大臣など）は事業者に対し、不実の事項を告げる行為があったかどうかを判断するため、事業者が告げた事項を裏付ける合理的な根拠を示す資料を提出するように求めることができます。

② 故意による重要事項の不告知

消費者が不利になるような重要な事実を、わざと（故意に）伝えずに契約を結ぶ行為は禁止されています。

たとえば、販売する商品が一定期間を過ぎれば壊れてしまうが、そのことを知らせると消費者が買わなくなるのであえて明かさない、というような行為がこれにあてはまります。

禁止行為についての規定

訪問販売の勧誘を行う際の事業者の禁止行為については、①②③④が特定商取引法6条、⑤⑥が特定商取引法7条で規定されている。

主務大臣

その行政事務を担当する大臣のこと。

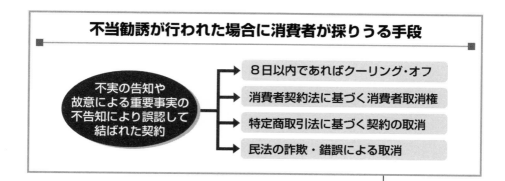

不当勧誘が行われた場合に消費者が採りうる手段

不実の告知や
故意による重要事実の
不告知により誤認して
結ばれた契約

- 8日以内であればクーリング・オフ
- 消費者契約法に基づく消費者取消権
- 特定商取引法に基づく契約の取消
- 民法の詐欺・錯誤による取消

③ 威迫行為

消費者を威迫して、契約を交わすことや、クーリング・オフを妨げることは禁止されています。威迫とは、脅迫よりは軽度であるものの、他人に対する言動によって相手方を不安・困惑させることを意味します。

④ 販売目的を隠した行為

消費者に接触するために、販売目的を隠して訪問する行為は禁止されています。たとえば、販売目的であることを言わずに道路などで声をかけ、営業所に誘い込む行為は禁止されます。

⑤ 債務の履行拒否・履行遅滞

正当な理由もなく、債務の履行を拒否したり遅らせたりすることです。約束の期日までに履行しないことを履行遅滞といいます。特に契約の解除を消費者が求めている場合、クーリング・オフの期間をやりすごすために、それを拒否したり、遅らせるといった手口がよく使われています。

⑥ 夜間の勧誘やしつこい勧誘

夜遅くに自宅などを訪問して勧誘する、長時間にわたってしつこく勧誘する、病気や老齢などによる判断力不足に乗じて勧誘する、通常必要な分量を著しく超える商品の購入について勧誘する、商品に対する経験・知識・財産の状況に照らして不適当な勧誘をする、などが禁止されています。

> **特定商取引法に基づく契約の取消**
> 訪問販売において、事業者が契約の締結について勧誘する際、不実の告知もしくは故意による重要事項の不告知をしたことにより、消費者が誤認して契約の申込みやその承諾の意思表示をしたときは、それを取り消すことができる。

■ 再勧誘は禁止されている

　一度契約をした消費者に対して、言葉巧みに必要のない商品やサービスを次々と販売する「次々販売」という商法があります。次々販売では、消費者側としても購入する必要がないことをわかっているのですが、何度も来訪されるうちに仕方なく契約してしまうというケースが後を絶ちません。そこで、同様の被害を防ぐ目的で、特定商取引法では、訪問販売に再勧誘禁止規定を置いています。

　販売業者または役務提供事業者は、訪問販売をしようとするときは、その相手方に対し、勧誘を受ける意思があることを確認するよう努める必要があります。

　そして、訪問販売による売買契約または役務提供契約を締結しない旨の意思を表示した消費者に対しては、事業者は当該売買契約または当該役務提供契約の締結について勧誘をしてはいけません。「契約しない」「訪問しないでほしい」などとはっきり意思表示した消費者のもとに居座り続けることや、帰ったとしても再三訪問するなどの行為は禁止されることになります。

　消費者のもとに居座り続けると、場合によっては刑法上の不退去罪（刑法130条後段）が成立するおそれがあります。

■ 再勧誘を禁止されるともう訪問販売できないのか

　再勧誘禁止規定があるといっても、訪問販売自体が行えないわけではありません。

　再勧誘が禁止されるのは、勧誘の対象となった商品・サービス・特定権利についての再勧誘であり、別の商品などの契約についての勧誘は禁止されません。

　また、同じ商品などであれば、断る意思を示した消費者に再勧誘をすることは禁止されますが、永久にその商品などの再勧誘が禁止されるわけではありません。社会通念に照らして相当と考えられる期間を経過し、実質的に別の商品などの契約であ

次々販売

次々販売は同一業者によって行われる場合もあれば、複数の業者が入れ替わり立ち替わり訪れる場合もある。
次々販売でよく問題となったのは布団やアクセサリー、和服といった商品、エステ・リフォーム工事などのサービスである。

再勧誘禁止規定

訪問販売に関する再勧誘の禁止については、特定商取引法3条の2に規定されている。再勧誘の禁止に違反したことに対する罰則はない。もちろん再勧誘時に不実の告知や故意による重要事項の不告知などがあったときは処罰される。

再勧誘の禁止

契約を結ぶつもりは
まったくありません!!

消費者 —— ①購入を拒否する意思表示 ——→ 事業者

←—— ②再勧誘 ——

・別の商品などの契約についての勧誘であれば禁止されない
・同じ商品などであっても、相当の期間が経過したことで
「別の商品」といえる場合には、再度の勧誘も可能になる

ると考えられる状況になっていれば、再勧誘にあたらないとされています。運用指針によると、同じ商品などの契約であっても、たとえば、数か月から1年単位での契約が通常である商品などについては、その期間が経過すれば、実質的に別の商品などの契約になると考えられ、再度勧誘することも可能になります。

運用指針

「特定商取引に関する法律第3条の2等の運用指針―再勧誘禁止規定に関する指針―」のことである。

■ 違反行為に対しては制裁がある

特定商取引法で定められている禁止行為を販売業者が行った場合、行政規制や刑事罰の対象となる場合があります。

① 行政規制

違反業者に対しては、業務改善に関する措置を指示したり、業務の一部または全部を停止させる（業務停止命令）ことがあります。その他、事業所への立入調査を行ったり、報告や資料提出を命じるなど、消費者の被害を最小にするための措置がとられます。

② 刑事罰

たとえば、不実の告知、故意による重要事実の不告知、威迫行為など（102ページ、特定商取引法6条）をした者に対しては、3年以下の懲役または300万円以下の罰金が科せられるというように、刑事罰の対象となる場合もあります。

両罰規定

違反者の所属する販売業者や役務提供事業者にも罰金刑が科される（特定商取引法74条）。これを両罰規定という。

訪問販売とクーリング・オフ

消費者のためのクーリング・オフ制度

■ 8日以内に発信する

　訪問販売で購入した商品や特定権利、提供を受けたサービスについて、後で思い直した場合、クーリング・オフにより契約の解除（もしくは申込みの撤回）をすることができます。クーリング・オフを行使できる期間は、クーリング・オフに関する記載のある契約書面（または申込書面）を受け取った日から8日以内です。8日以内であればたとえ契約した後であっても契約を解除できます。この「8日」の期間について、民法の初日不算入の原則とは異なり初日もカウントされるのが注意点です。たとえば、日曜日に契約書面を受領したとすると、翌週の日曜日までが行使期間となります。ただし、8日以内に通知を発信すればよく、相手方に届くのは9日目以降でもかまいません。たとえば、消費者が商品購入から8日目にクーリング・オフの通知を手紙で送ると、事業者に届くのは9日目以降になりますが、クーリング・オフは相手方への到達時点ではなく、送付者が発信した時点で効果が生じるため（発信主義）、この場合もクーリング・オフは有効に成立します。

　ただ、事業者が通知を受け取っていないなどと主張した場合は、消費者の側が通知を発信したことを証明しなければなりません。このような場合、重要になるのが書面を発送した日付です。通常、ハガキや手紙には郵便局の消印があります。消印が商品購入日から起算して8日以内であれば、期間内にクーリング・オフを発信したことの証拠になります。消費者の手元にも期間内にクーリング・オフの通知を発信した証拠を残しておく

クーリング・オフ

消費者が、商品などの購入後、思い直した場合に、申込みの撤回や契約の解除をすることができる権利。事業者側に落ち度（帰責事由もしくは故意・過失）がなくても行使できることや、行使できる期間が非常に短いことが特徴である。

初日不算入の原則

民法では「日、週、月または年によって期間を定めたとき」は、期間の初日は、原則として算入しないという初日不算入の原則を定めている（民法140条）。

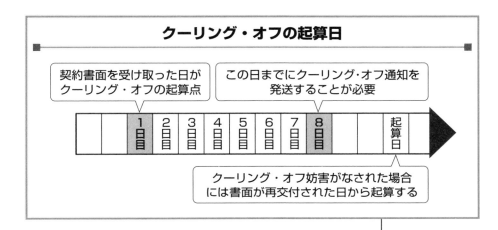

クーリング・オフの起算日

契約書面を受け取った日が
クーリング・オフの起算点

この日までにクーリング・オフ通知を
発送することが必要

| 1日目 | 2日目 | 3日目 | 4日目 | 5日目 | 6日目 | 7日目 | 8日目 | | 起算日 |

クーリング・オフ妨害がなされた場合
には書面が再交付された日から起算する

ためには、書面の発信日を容易に確認できる内容証明郵便を利
用するのがよいでしょう。

内容証明郵便
20ページ参照。

■ 電子メールや電話でクーリング・オフしてもよいのか

　以前は、クーリング・オフの行使は「書面」によると定めて
いました。しかし、書面による行使を要求した趣旨は、あくま
で後日のトラブルを避けるためのものであり、トラブルを避け
ることができる方法であれば、書面以外でもよいといえるで
しょう。そこで、情報化社会の下で、消費者がクーリング・オ
フをより行使しやすくするため、令和３年成立の特定商取引法
改正により、クーリング・オフの行使は、書面だけでなく電磁
的方法（電子メールなど）によることも認められました。電磁
的方法であれば、発信日の特定ができると共に、消費者の負担
が最小限で済むからです。もっとも、発信日を確実に証明する
ためには、内容証明郵便によるのが最も安全だといえます。

**電磁的方法に
よる行使**

令和３年成立の特定商
取引法の改正は、同年
６月16日に公布され、
電磁的方法によるクー
リング・オフの行使は、
令和４年６月１日より
可能となった。なお、
法令上は電話による
クーリング・オフは認
められていない。

■ 法律の規定と異なる特約は認められるのか

　契約内容によっては、事業者が独自に特約を設けている場合
があります。たとえば「クーリング・オフを行使した場合には

違約金が発生する」「クーリング・オフは当社が認めた場合のみに実行される」といった特約です。このような特約を認めてしまえば、クーリング・オフの効力がほとんどなくなります。

そこで、特定商取引法では「クーリング・オフの規定に反する特約で消費者に不利なものは無効とする」と規定しています。上記の特約はいずれも無効になります。一方、「クーリング・オフは電話などでも認められます」「当社ではクーリング・オフ期間を10日とします」など、消費者にとって有利にする方向での特約は認められます。

■ クーリング・オフ妨害とは

訪問販売で購入した商品に欠陥などが見つかった場合、消費者は事業者に対してクーリング・オフを行使することでしょう。

しかし、事業者によっては「契約書類が本社に到着していないため、クーリング・オフは無効です」「商品が消耗品の場合は、クーリング・オフが無効になります」などの理由をつけて消費者にクーリング・オフをさせまいとします。このような行為はクーリング・オフ妨害と呼ばれます。具体的には、事業者が消費者にクーリング・オフができないと告げ、消費者がそれを事実であると誤認した場合や、事業者が消費者を威迫したために、消費者が困惑してクーリング・オフができなかった場合がクーリング・オフ妨害とされます。

クーリング・オフ妨害が行われた場合、クーリング・オフ期間が延長されます。具体的には、クーリング・オフ妨害をした事業者は、消費者の誤認や困惑を解消するため、「弊社はクーリング・オフを妨害する行為を行ったため、本日お送りした書面をお受け取りになった日から起算して8日間はクーリング・オフが可能です」といった書面を消費者に交付することになっています。消費者がこの書面を受領した日から起算して8日以内であれば、クーリング・オフができることになります。

クーリング・オフ妨害の例

「この商品はクーリング・オフ対象外です」といった虚偽の情報を与えるケースや、「クーリング・オフなどしたらただではすまない」といって脅すケース、「商品が届いてから決めればいい」と虚偽の情報を与えて契約させ、契約書面に記載された日から起算して8日間を経過してから商品を配達し、後からクーリング・オフできないと主張するケースがある。

クーリング・オフ妨害とクーリング・オフ制度

① クーリング・オフ妨害

② 妨害の報告

③ クーリング・オフできる書面の交付

④ クーリング・オフの行使

被害者　　　　　　　　　　　　　　　　　　業 者

 訪問販売員に商品を開封されてクーリング・オフを妨害されてしまったが、どうすればよいか。

　本ケースは典型的なクーリング・オフ妨害です。まず設問のケースは訪問販売ですので、クーリング・オフ制度が適用されます。通常、クーリング・オフ制度が適用されないのは、消費者が商品を使用した場合です。ただし、それは消費者が自発的に商品を使用した場合のみです。

　訪問販売員に誘導されて商品を開封してしまった場合や、質問のケースのような訪問販売員が商品を勝手に開封した場合は、クーリング・オフ妨害とみなすことができるため、消費者はクーリング・オフができます。クーリング・オフ妨害が行われるような場合、事業者が悪質業者である可能性が高いため、クーリング・オフの行使は、ハガキや電子メールよりも内容証明郵便で行った方がよいでしょう。

　消費者が自発的に商品の一部を使用・消費した場合は、クーリング・オフができなくなるケースがあります。ただし、一部を使用した場合でも、クーリング・オフができなくなるのはその使用した一部だけです。セット商品の場合、たとえば、化粧品セットの一部の商品を使用したのであれば、使用していない残りの商品はクーリング・オフができます。

クーリング・オフの適用除外

クーリング・オフ制度のある取引形態で購入した商品であっても、クーリング・オフができない場合がある。たとえば3000円未満の現金取引や、すでに使用してしまった政令指定消耗品（健康食品や化粧品、配置薬など）は訪問販売や電話勧誘販売による取引であってもクーリング・オフできないとされている。また、訪問購入の場合、自動車や家具、書籍、葬式など一部の商品・サービスはクーリング・オフの適用対象外となる。

役務付帯契約

役務付帯契約もクーリング・オフの対象となる

■ 商品の販売とサービスの提供がセットになっている

　訪問販売では、商品だけでなく、役務を商品とセットにして販売する事があります。役務とは、一言でいうとサービス、人のために行う労働という意味で捉えておけばよいでしょう。

　役務付帯契約とは、このような役務の提供と、商品の販売とを共に行う契約形態です。これら「商品の販売」と「役務」のどちらがメインのサービスで、どちらが付随するサービスとなるのかは、個々の販売契約によってまちまちです。商品の販売と役務のどちらが主体となる場合であっても、役務付帯契約として認められています。

■ どんな問題点があるのか

　役務付帯契約では、商品の販売と役務の提供の両方が共にクーリング・オフの対象となるのかが問題です。たとえば、訪問販売で新しい床暖房を購入して家に取り付ける役務付帯契約を行った場合、古い床は取り外すなどして何らかの手を加えなければいけません。もし、この契約を途中で解約したいと思っても、すでに古い床の取り外しや新しい床の取り付けが行われていると、床暖房の販売と取り付けの役務の両方に対してクーリング・オフが有効になるのかという問題が生じます。

　特定商取引法では商品の販売だけでなく、役務の提供についてもクーリング・オフが適用されると定めています。そのため、クーリング・オフの期間内であれば、たとえ床の取り外し工事の一部がすでに行われていたとしても、事業者は工事を中止す

役務付帯契約

たとえば、家電製品の販売に取り付けの工事という役務が付いていたり、エステサロンの施術サービスに、化粧品や美顔機などの販売が含まれていたりする。また、無料点検を装って防災セット等を購入させる点検商法も役務付帯契約の一種である。エステサロンの例では、施術という役務がメインであり、商品の販売がそれに付随することになる。家電の場合は、商品の販売がメインの役務付帯契約である。

耐震補強工事

たとえば、耐震補強工事は、耐震補強という役務の提供を目的とする役務提供契約である。

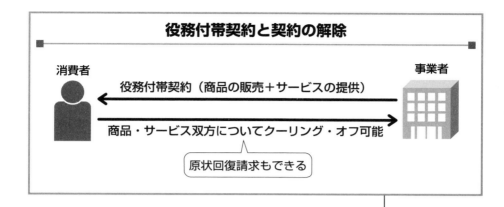

役務付帯契約と契約の解除

消費者　　　　　　　　　　　　　　　　　　　　　事業者

役務付帯契約（商品の販売＋サービスの提供）

商品・サービス双方についてクーリング・オフ可能

原状回復請求もできる

る必要があります。また、クーリング・オフの時までにかかった工事費用に対しても、消費者に請求することはできません。前もって受け取った金銭も消費者に返すことになります。

■ 原状回復請求ができる

　工事付きの商品販売契約をクーリング・オフしたくても、すでに工事が行われてしまっている場合、この工事を途中の状態で放置されてしまうと、消費者としては困ってしまいます。原状回復とは、役務を行った際に発生した変化について、販売契約を行う前の状態にまで戻すことです。具体的には、業者が新しい工事を行って変更されてしまった所があれば、それを元に戻す必要があります。前述のような床暖房を取り付ける契約のクーリング・オフについても、工事は途中まで行われていて、床には手が加えられています。しかし、消費者から原状回復の請求があれば、業者は販売契約する前の状態に戻すために、床暖房の取り付けの工事を中止し、元あったような床に戻す処理をしなければなりません。

　なお、原状回復のための費用は、業者側で負担しなければなりません。たとえ床を元の状態に戻すために費用がかかったとしても、それを消費者側に請求することはできません。

消耗品の使用・消費とクーリング・オフ

政令指定消耗品は使用・消費するとクーリング・オフできない

■ たとえばどんな場合なのか

　訪問販売についてはクーリング・オフが認められますが、化粧品や健康食品など消費しやすい商品のクーリング・オフについては、他の商品と異なる取扱いがなされています。

　特定商取引法では、一度でも開封して使用・消費すると大きく価値が損なわれる商品を「政令指定消耗品」と定めています（特定商取引法26条5項1号）。政令指定消耗品として定められているのは以下の商品です。

政令指定消耗品についての規定

特定商取引法26条4項1号で、使用や一部の消費により価額が著しく減少するおそれがある商品については、使用・消費がなされるクーリング・オフの規定が適用されないことが規定されている。

> ①　健康食品（動物や植物の加工品で、一般の飲食用でなく、人が摂取するもの。医薬品を除く）
> ②　不織布、織物（幅13cm以上）
> ③　コンドーム、生理用品
> ④　医薬品を除く防虫剤・殺虫剤・防臭剤・脱臭剤
> ⑤　医薬品を除く化粧品・毛髪用剤・石けん、浴用剤、合成洗剤、洗浄剤、つや出し剤、ワックス、靴クリーム、歯ブラシ
> ⑥　履物
> ⑦　壁紙
> ⑧　配置薬

配置薬

居宅に医薬品の配置を行う配置販売業者が提供した医薬品。

　政令指定消耗品は一部でも使用・消費した場合、契約書面を受領した日から起算して8日以内であっても、クーリング・オフができなくなります。ただし、このような商品を販売する際

消耗品のクーリング・オフを封じるために規定されている契約書の条項

第●条　本件契約により購入した商品の全部または一部を使用、もしくは消費した場合には、特定商取引法その他の法律に基づく<u>クーリング・オフをすることはできない。</u>

契約書にこのような規定がない場合には、消耗品を使用・消費してしまった場合でもクーリング・オフをすることができる

には、あらかじめ商品が政令指定消耗品に該当するものであり、一部でも使用・消費するとクーリング・オフができなくなることを書面の中で伝えておく必要があります。

　このことを隠して販売したり、購入を決める前から販売業者側から使用するように勧められた場合には、政令指定消耗品であっても、クーリング・オフの対象となります。

■ 使用・消費とは

　政令指定消耗品の説明で「開封した場合はクーリング・オフができません」という表記をよく目にしますが、実際には、商品を開封しただけで使用・消費にはあたるとは限りません。たとえば、容器に入った化粧品や洗剤は、蓋を開けただけでは使用・消費したことにはなりません。

　ただし、真空パックなどのように容器に密封されていて、開封した時点で価値がなくなるという性質を持っている商品の場合は、開封しただけで使用・消費にあたることとなって、クーリング・オフの対象外となってしまいます。

　たとえば、缶詰は密封されているために、長期間保存できるようになっています。これを開けてしまうと、缶詰の長期保存とい

う価値が大きく損なわれるため、中身を食べていなくても使用・消費したとみなされて、クーリング・オフができなくなります。

■ 一部の使用・消費について

　政令指定消耗品を含む商品がセットとなっているものを購入し、これを使用・消費した場合でも、セットの商品すべてがクーリング・オフの対象外になるわけではありません。

　購入した商品のうち、使用・消費したものに関してはクーリング・オフができませんが、それ以外の「未使用の政令指定消耗品」や「政令指定消耗品外の商品」については、クーリング・オフをすることが可能です。この場合、個々の商品の小売価格が返金金額の目安となります。

　なお、セット商品のどれが政令指定消耗品であるかの表記も説明もない場合は、たとえ一部を使用・消費したとしても、セット品すべてに対してクーリング・オフが可能になります。

■ 試用販売とは

　購入すると決めていない段階で、訪問販売員に「試しに商品を使ってみてください」と言われることがあります。

　ここで使用した化粧品は、あくまで見本として使用したものです。その後、この化粧品を購入した場合は、たとえ政令指定消耗品であってもクーリング・オフが可能です。政令指定消耗品の使用・消費が消費者の意思によって行われていないのですから、クーリング・オフが認められることになります。

 ホームパーティーに参加したところ、主催者の1人からパーティーで実際に使用していた鍋の購入を勧められた。ところが、後日思い直したのでクーリング・オフしたいと考えているが、使用済みの商品でも問題ないか。

政令指定消耗品とクーリング・オフ

政令指定消耗品

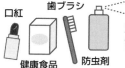

口紅　歯ブラシ
健康食品　防虫剤

政令指定消耗品については、消費者に交付する書面に記載がある場合にはクーリング・オフ不可

↓

・単に蓋を開けたというだけでは使用・消費とは言えず、クーリング・オフが認められる可能性がある
・消耗品がセットとなっている商品の場合、「未使用の政令指定消耗品」や「政令指定消耗品外の商品」については、クーリング・オフが可能

　本ケースは「ホームパーティー商法」だと思われます。「使用済みの鍋セットにクーリング・オフは適用されるのか」という質問ですが、たしかに、化粧品や健康食品など、使用・消費するとクーリング・オフが適用されなくなる政令指定消耗品もあります。しかし、鍋は政令指定消耗品に該当しないので、使用済みの鍋でもクーリング・オフが適用されます。クーリング・オフは、ハガキや内容証明郵便、電子メールなどで行います。

　また、質問のケースでは、消費者ではなく業者の側で使用済みにしているとも捉えることができ、このような行為はクーリング・オフ妨害にあたります。クーリング・オフ妨害がなされた場合には、再び書面を受け取った日を基準にしてクーリング・オフをすることができます。契約書面を受け取った日から起算して8日を経過した場合にはクーリング・オフができませんが、民法上の詐欺や消費者契約法上の消費者取消権を行使できるケースもあります。たとえば、会場から帰りたい旨を伝えたが、業者が帰らせなかったために、困惑して、早く帰るために仕方なく契約を結んだような場合には、消費者契約法により契約を取り消すことができます。

ホームパーティー商法

業者が消費者宅でホームパーティーを開き、ホームパーティーの参加者に対して何らかの契約をさせようとする商法。業者は多くの参加者を募り、実演を兼ねた上で商品を販売する。

クーリング・オフ妨害

業者によるクーリング・オフを妨害する行為のこと。

相談先

ホームパーティー商法など悪質商法の被害に遭った場合、消費生活センターや法テラスに相談してみるのがよい。

過量販売規制

・・・

たくさん買わされた場合に解除できる制度

■ 過量販売規制とは

　訪問販売には、必要のないものを買わされる問題の他に、必要なものであっても必要以上の分量を買わされる問題があります。訪問販売の被害を見ると、「たくさん買うと安くなるから」などと言葉巧みに勧誘して高額の契約を締結する悪質な販売業者もいるようです。一度このような契約をすると、販売業者が次々に違う商品を販売しようとしてきます。

　そこで、消費者の日常生活において通常必要とされる分量を著しく超える商品の売買契約などを、原則として、契約締結日から１年以内であれば、その解除（もしくは申込みの取消し）を行える制度が導入されています（特定商取引法９条の２）。これを過量販売規制といいます。

■ 過量販売の類型

　過量販売にはいくつかのパターンがあります。具体的には、①一度に大量のものを購入させるケース、②同じ事業者が何度も訪問して次々と購入を迫るケース、③通常必要となる分量を超えることを知りながら、複数の事業者が次々と購入を迫るケースです。いずれの場合も契約の解除が認められます。

　まず、①のケースでは、消費者の日常生活において通常必要とされる分量を著しく超える商品や特定権利を購入する契約、または通常必要とされる回数・分量・期間を著しく超える役務（サービス）の提供を受ける契約であれば解除ができます。

　②や③のケースでは、その契約だけでは過量といえない場合

**民法の錯誤などの
契約取消しとの違い**

「過量販売」や「次々販売」といわれる不当な契約を結ばされた消費者は、民法上の取消や不実告知などによる誤認を理由に契約を取り消せる場合がある。しかし、そのためには、契約当時、事業者がどのような意図で、どのような説明をしたのかを消費者が証明する必要がある。過量販売規制はこれとは異なり、通常必要とされる分量を著しく超える契約かどうかという外形的な事情さえ証明できれば解除が認められる点がポイントである。

**電話勧誘販売に過
量販売規制が追加**

平成28年の特定商取引法改正で、電話勧誘販売（140ページ）にも訪問販売と同様の過量販売規制が追加された。

過量販売を理由とする契約の解除

① 訪問販売・電話勧誘販売での契約であること

② 日常生活において通常必要とされる分量・回数・期間を著しく超える商品・特定権利・サービスの契約であること

③ 契約締結の時から１年以内であること

④ 申込者等に契約の締結を必要とする特別の事情があった場合でないこと

消費者は
契約の解除が
可能！

でも、過去の消費者の購入実績から、ある事業者の販売行為等が結果的に通常必要とされる分量等を著しく超える契約になること、またはすでにそのような量を超えた状況の消費者であることを、事業者が知りながら販売行為等をした場合に解除ができます。

　過量販売といえるかどうか、つまり通常必要とされる分量を著しく超える販売かどうかは、商品・特定権利・役務の内容や性質、購入者の生活状況、世帯構成人数などを基に個別の事案ごとに判断することになります。

　なお、過量販売を理由に契約を解除する場合、商品等の売買契約だけでなく、同じく１年以内であれば、割賦販売法の規定によりクレジット契約の解除をすることも可能です。

■ 解除権を行使する場合

　過量販売を理由に契約を解除する場合、その方法は制限が設けられていませんが、クーリング・オフと同様に、内容証明郵便やハガキ、電子メールで事業者に解除の通知をするとよいでしょう。契約締結日から１年以内であれば解除可能ですから、クーリング・オフの行使期間の経過後も契約を解除することができます。

クレジット契約
商品等を購入する際、購入者が販売業者と提携しているクレジット会社（個別信用購入あっせん業者）と立替払契約を結び、購入者がクレジット会社に一括または分割で代金を返済する契約。

過量販売を理由に契約を解除できない旨の契約条項は無効
あらかじめ、契約で「過量販売であることを理由に契約を解除することはできない」といった契約条項を定めていても、そのような条項は消費者を不当に不利にするものなので無効である。

消費者が支払う損害賠償金や違約金の限度

一方的な通知で契約を解除できる場合がある

■ 損害賠償額の予定や違約金の定めをすることがある

契約の解除とは、契約を一方的に破棄することです。契約の解除においてときどき問題となるのが、解除をした方が損害賠償金等（損害賠償金や違約金）を支払わなければならないことを、あらかじめ定めている場合です。妥当な金額であればよいのですが、事業者と消費者では、明らかに事業者の方が契約に関して精通しており、不当に高い損害賠償金等を支払う約束をさせられる可能性が高いのです。

そのため、特定商取引法では、本来当事者間で自由に決められる損害賠償額の予定や違約金の定めを、妥当な金額の範囲内に制限する規定を設けて、消費者の利益が不当に害されないようにしています（特定商取引法10条）。消費者契約法9条にも、損害賠償額の予定や違約金の定めにより消費者が負担する金額を「事業者に生ずべき平均的な損害の額」に制限する規定がありますが、この規定を具体化したのが特定商取引法10条だといえます。

■ 特定商取引法10条が適用されるケースとは

特定商取引法10条が適用される４つのケースとは、①商品または権利が返還された場合、②商品または権利が返還されない場合、③役務提供契約の解除が役務の提供開始後である場合、④契約の解除が商品の引渡し、権利の移転、役務の提供開始前である場合です。

①は、商品や権利が返還されていますので、「商品の通常の使用料の額」または「権利の行使により通常得られる利益に相

損害賠償金

相手方に生じた損害を補てんするために支払う金銭である。相手方に損害が生じたときに支払う金額をあらかじめ取り決めておくのが「損害賠償額の予定」である。

違約金

何らかの事由が生じたとき（契約条項に違反したとき、契約を解除したときなど）に支払う金銭。何らかの事由が生じたときに支払う金額をあらかじめ取り決めておくのが「違約金の定め」である。消費者契約法や特定商取引法では、契約の解除をした場合における違約金の定めを規制している。

役務

事業者等から提供される無形のサービス。

不当に高い違約金を定める条項の例

> 第●条　本契約が解除された場合には、購入者は事業者に対して商品の代金の２倍の違約金を支払うものとする。

特定商取引法10条に反する高額の違約金の契約条項は無効！

当する額」を基準に損害賠償額等を考慮します。使用料や利益相当額については、販売業者が一方的に提示するのではなく、業界標準の使用料率等を基準に考えるべきだとされます。

②は、商品・権利を返還していませんから、「販売価格に相当する額」を損害賠償金等とするのが基準です。分割支払いにしている場合には、分割払いにおける支払総額です。

③は、「提供された役務の対価に相当する額」が損害賠償額等の基準ですが、なかなか判断が難しい部分もあります。また解約手数料の問題もあり、合理的な判断基準については個別に検討することが多くなります。

④は、商品の引渡し前であったり、権利の移転前であったりするので、損害は生じないと思われがちですが、契約を締結するためにも一定の費用がかかっています。たとえば、書面作成にかかる費用や印紙代です。これらは「契約の締結及び履行のために通常要する費用の額」として算定されます。

これらの①〜④で算定される金額に、法定利率による遅延損害金の額を加えた総額が損害賠償金等として請求可能な金額です。あらかじめ不当に高額な損害賠償の予定や違約金の定めをしていたとしても、消費者はこの金額以上の賠損害賠償金等を支払う必要はありません。

法定利率

法律で定められた利率のこと。令和２年４月施行の民法改正により、民法改正の施行時に法定利率は年３％に一本化され、３年毎に１％単位で利率が変動することになる（変動制）。なお、民法改正施行時までは民事債権の法定利率が年５％、商事債権の法定利率が年６％である。

通信販売

· ·

通信販売は特定商取引法の適用を受ける

■ 通信販売とは

現代では、店舗に行って物を買う手段の他にも、通信販売という手段が多用されています。買いに行くための時間や交通費などを考えると、通信販売の方がよい場合もあるでしょう。

また、消費者にとっての利便性だけでなく、事業者にとっても、販売場所を確保するコストや接客するコストなどを省けます。特にインターネットを通じての販売であれば、夜中でも消費者が広告を見て購入の申込みをしてくれます。したがって、消費者にとっても事業者にとっても、メリットのある販売形態だといえます。

通信販売とは、購入者が新聞・雑誌・テレビ・カタログ・インターネット・電子メールなどの広告を見て、郵便・電話・FAX・インターネット・電子メールなどを通じて購入の申込みをする販売形態をいい、購入者が消費者の場合は特定商取引法の規制が及びます。最近では、インターネットの普及によって、ネットショッピングを運営するサイトが増えています。

なお、消費者への電話による勧誘を伴うものは、別途、特定商取引法の規制が及ぶ電話勧誘販売という販売形態として規制されています。

■ どんな問題点があるのか

通信販売は消費者にとって便利でメリットが多いです。店舗に行くと店員から強引な勧誘をされて、買いたくない商品まで買わされることがあるかもしれません。また、落ち着いて商品

利用規約の作成

通信販売を行う際にネットショップなどを運営する場合は、利用規約を設け、サービスの利用方法や個人情報の管理など、必要な条項を規定することになる。

電話勧誘販売

事業者が電話で勧誘し、消費者からの申込みを受ける取引。電話中に申し込む場合だけでなく、電話をいったん切った後で、消費者が郵便や電話などによって申込みを行う場合も電話勧誘販売に含まれる。

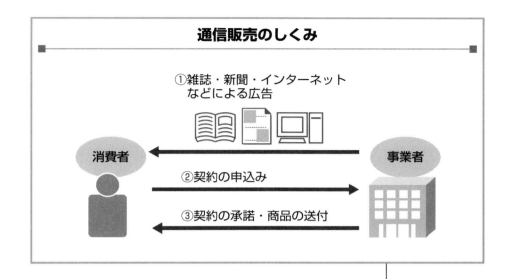

通信販売のしくみ

①雑誌・新聞・インターネット
などによる広告

消費者

②契約の申込み

③契約の承諾・商品の送付

事業者

を見ることなく、その場の雰囲気で買ってしまうことがあるかもしれません。衝動買いなども多いのです。しかし、通信販売では購入の押し付けなどはないため、消費者はゆっくり自分のペースで商品を選ぶことができます。

もっとも、通信販売には、実際に手にとって商品を確かめることができないという弱点があります。商品の広告には、商品の写真や動画が部分的に載せられているだけの場合が多く、見栄えのよい状態で載せられていることも多いでしょう。商品の説明も100％正しいというわけではないかもしれません。

また、店舗で商品を見定めるときのように、店員に直接質問をすることもできません。この状況で購入すると、商品が届いたときに「自分の思っていたものと違う」と感じることもあります。

このように、通信販売特有のトラブルもあることから、特定商取引法では通信販売にさまざまな規制を課しています。

■ 権利については特定権利に限定されている

　以前は、通信販売について特定商取引法が適用されるのは、政令で定められた指定商品、指定役務（サービス）、指定権利を扱う場合だけでした（指定制度）。しかし、現在では通信販売については指定制度が廃止されており、原則として、すべての商品や役務の販売について特定商取引法が適用されます。

　ただし、権利については「特定権利」を販売する場合に限って特定商取引法が適用されます。そのため、権利を販売する場合は、その権利が特定権利に該当するか否かをチェックするようにしましょう。

■ 特定商取引法の適用が除外されるものもある

　通信販売で商品などを販売しても、特定商取引法が適用されない場合があります。まず、事業者間の取引には適用されません。裏を返せば、事業者と消費者との間の取引にのみ適用されるということです。また、海外の人に販売する場合や、事業者が従業員に販売する場合なども適用されません。さらに、他の法律により消費者保護が図られている取引についても適用されません。

■ 返品制度がある

　返品というと通常はクーリング・オフを思い浮かべますが、通信販売にはクーリング・オフが認められていません。そのため、届いた商品が「写真で見たものと違う」「説明文記載のサイズと違う」などの場合に、消費者が返品しようとしても事業者が応じないというトラブルが頻発し、問題となっていました。

　このような状況を受けて、現在では通信販売に返品制度が導入されています。返品制度は、通信販売で購入した商品の到着日（特定権利の場合は権利移転日）から起算して8日以内であれば、消費者（購入者）の負担で自由に返品することを認める

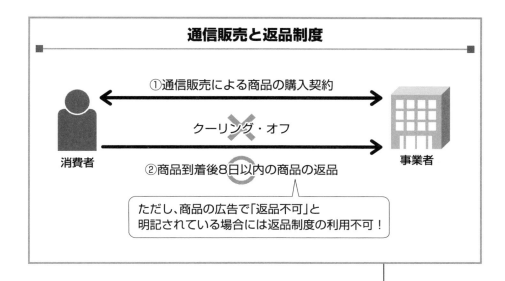

通信販売と返品制度

①通信販売による商品の購入契約

消費者 ←→ 事業者

クーリング・オフ

②商品到着後8日以内の商品の返品

ただし、商品の広告で「返品不可」と
明記されている場合には返品制度の利用不可！

制度です。ただし、通信販売の広告に、あらかじめ「購入者都合による返品はできない」ことが記載されている場合は、返品制度の利用ができません。この点がクーリング・オフとの違いといえます。消費者としては、購入前に、ホームページやカタログなどに返品の可否について記載されているかどうかを確認することが大切です。

したがって、返品制度を認めるかどうかは事業者次第ということになります。ただ、「返品不可」の表示があっても、事業者の販売した商品などに破損や欠陥などがある場合、消費者は、民法が定める契約不適合責任に基づいて契約を解除した上で、原状回復として返品することが可能です。もっとも、消費者が事業者に対して契約不適合責任を追及するときは、まず期間を定めて履行の追完（たとえば、破損や欠陥などのない商品の引渡し）を請求します。それでも事業者による履行の追完がなければ、消費者は契約の解除ができます。このとき、契約を解除すれば返品が可能になります。その際、事業者は代金を受領済みであれば、それを消費者に返還しなければなりません。

契約不適合責任

契約不適合とは、債務不履行（契約の本来の趣旨に沿った内容が給付されないこと）の一種で、引き渡された目的物が契約の内容に適合しない場合をいう。そして、契約不適合がある場合の売主の責任のことを契約不適合責任といい、債務不履行責任の一種である。
債務不履行に基づいて契約を解除するには、債務不履行の事実に加え、債務不履行になった原因（帰責事由）が債権者（契約不適合責任の場合は買主）にないことが必要となる。

通信販売の広告記載事項①

必要的記載事項を漏れなく記載することがポイント

広告の必要的記載事項の定めがある取引

特定商取引では連鎖販売取引（マルチ商法）や業務提供誘引販売取引（内職商法、モニター商法など）も、広告の必要記載事項について規定がある。

■ 通信販売の広告には必要的記載事項がある

通信販売では、消費者は広告を見ることで商品を購入するかどうかを判断します。そこで、特定商取引法は、通信販売を行う際の広告に一定の事項を表示することを義務付けています。この一定の事項のことを必要的記載事項といいます（127ページ図）。ネットショップの商品紹介の各ページに「特定商取引法に基づく表示」へのリンクが貼られていることが多いですが、これは共通する必要的記載事項をまとめて掲載したものです。

以下、おもな必要的記載事項を見ていきます。

■ 販売価格について

商品の価格が曖昧に記載されていて、実際に取引するまで正確な支払額がわからないと消費者は不安になります。そこで、商品の販売価格は、消費者が実際に支払うべき「実売価格」を記載することが必要です。希望小売価格、標準価格などを表示していても、その金額で取引されていなければ「実売価格」の表示とはいえません。消費税の支払いが必要な取引では、消費税込の価格を記載する必要があります。

■ 送料について

購入者が送料を負担する場合は、販売価格とは別に送料の明記が必要です。送料の表示を忘れると「送料は販売価格に含まれる」と推定され、送料を請求できなくなるおそれがあります。送料は購入者が負担すべき金額を具体的に記載します。「送料

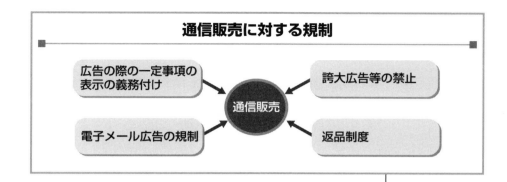

通信販売に対する規制

- 広告の際の一定事項の表示の義務付け
- 誇大広告等の禁止
- 通信販売
- 電子メール広告の規制
- 返品制度

は実費負担」という記載は具体性を欠くため不適切です。

　全国一律の送料で商品を配送する場合は、「送料は全国一律〇〇円」と簡単に表示できます。一方、全国一律ではない場合は、配送地域ごとに送料がいくらになるかを記載すべきです。この場合、商品の重量やサイズ、発送地域を記載した上、配送会社の料金表のページへのリンクを張る方法も可能です。

■ その他負担すべき金銭について

　「その他負担すべき金銭」は、販売価格と送料以外で、購入者が負担すべきお金のことです。たとえば、組立費、梱包料金、代金引換手数料などが代表的なものです。

　取引にあたっては「その他負担すべき金銭」の内容と金額を表示することが必要です。したがって、組立費などの費目を明示し、具体的な金額を記載します。購入者がどれだけの費用がかかるのかを正確に知り、安心して取引できるようにするためです。したがって、「梱包料金、代金引換手数料は別途負担」とだけ記載し、具体的な金額を明記していないものは不適切な表示となります。

■ 代金（対価）の支払時期について

　購入者が代金をいつ支払うかは取引の重要事項なので、具体

送料

トラブルを避けるためにも送料は詳細に記載すべきである。「送料は〇〇円（東京）から〇〇円（沖縄）までの間」のように、送料の最高額と最低額を記載する方法は避けなければならない。

的に表示する必要があります。代金の支払時期は、前払い、後払い、商品の引渡しと同時（代金引換）などのパターンがあります。たとえば、後払いの場合は、「商品到着後、１週間以内に同封した振込用紙で代金をお支払いください」などと記載します。一方、代金引換の場合は、「商品到着時に、運送会社の係員に代金をお支払いください」などと記載します。

■ 商品の引渡し時期について

通信販売は、注文のあった商品が購入者の手元に届くまでの期間を明確に表示する必要があります。具体的には、商品の発送時期（または到着時期）を明確に表示します。前払いの場合には、「代金入金確認後〇日以内に発送します」のように記載します。一方、代金引換の場合は、たとえば「お客様のご指定日に商品を配送します」と表示します。なお、「時間を置かずに」という意味で、「入金確認後、直ちに（即時に、速やかに）発送します」と記載することも可能です。

■ 代金（対価）の支払方法について

代金の支払方法が複数ある場合には、その方法をすべて漏らさずに記載する必要があります。たとえば、「代金引換、クレジット決済、銀行振込、コンビニ決済、現金書留」のように、支払方法をすべて列挙します。

■ 返品制度に関する事項について

返品制度とは、商品に欠陥がない場合にも、販売業者が返品に応じるという制度です。事業者は、返品の特約として、返品の有無とその期間などを明確に記載する必要があります。

具体的には、返品に応じる場合は、返品にかかる送料などの費用の負担や、返品を受け付ける期間などを記載します。たとえば、「商品に欠陥がない場合でも〇日以内に限り返品が可能

通信販売における広告の必要的記載事項

①商品、権利の販売価格または役務の対価（販売価格に商品の送料が含まれない場合には、販売価格と商品の送料）

②商品・権利の代金または役務の対価についての支払時期と支払方法

③商品の引渡時期、権利の移転時期、役務の提供時期

④契約の申込みの撤回や解除（おもに返品制度）に関する事項

⑤販売業者・サービス提供事業者の氏名（名称）、住所および電話番号

⑥法人がホームページ等により広告する場合には代表者または責任者の氏名

⑦申込みの有効期限があるときは、その期限

⑧購入者の負担する費用がある場合にはその内容と金額

⑨契約不適合責任についての定めがある場合にはその内容

⑩ソフトウェアに関する取引である場合にはソフトウェアの動作環境

⑪商品の売買契約を2回以上継続して締結する必要があるときは、その旨及び金額、契約期間その他の販売条件

⑫商品の販売数量の制限、権利の販売条件、役務の提供条件がある場合はその内容

⑬広告表示を一部省略する場合の書面請求（カタログの別途送付など）の費用負担があるときは、その費用

⑭電子メール広告をする場合には電子メールアドレス

です。この場合の送料は購入者負担とします。」などと記載します。反対に、返品に応じない場合は、「商品に欠陥がある場合を除き、返品には応じません」などと記載します。

　もし販売業者が広告に返品の特約に関する事項を表示しないと、商品に欠陥がなくても、商品を受け取った日から起算して8日以内は、購入者が送料を負担して返品ができます。

返品不可の場合は必ず記載する

返品不可としたい場合は、必ず広告に記載しなければならない。記載しないと、本文記載のとおり、購入者が商品を受け取った日から起算して8日以内は返品に応じなければならなくなる。

通信販売の広告記載事項②

必要的記載事項を書くのが原則だが省略できる場合もある

■ 事業者の氏名（名称）、住所、電話番号について

個人事業者の場合は、氏名（または登記された商号）、住所、電話番号を記載します。法人の場合は、名称、住所、電話番号、代表者の氏名（または通信販売業務の責任者の氏名）を記載します。

「氏名（名称）」は、戸籍または商業登記簿に記載された氏名または商号を記載します。通称名、屋号、サイト名の記載は認められません。

「住所」「電話番号」は、事業所の住所と電話番号を記載します。住所は実際に活動している事業所の住所を省略せず正確に記載し、電話番号は確実に連絡がとれる番号を記載します。

「通信販売業務の責任者の氏名」は、通信販売を手がける法人事業部門の責任者（担当役員や担当部長）の氏名を記載します。「代表者の氏名」を記載するのであれば、通信販売業務の責任者の氏名の記載は不要です。

なお、ホームページに記載する場合には、画面のスクロールや切り替えをしなくても、事業者の氏名、住所、電話番号などは、消費者側（購入者）が見たいと思った時にすぐ探せるように、画面上の広告の冒頭部分に表示するか、「特定商取引法に基づく表記」というタブからリンクを貼るなどの方法を講じるべきです。

■ 契約不適合責任についての定め

契約不適合責任とは、商品の種類・品質などが契約の内容に適合しない場合（契約不適合）に販売業者が負う責任のことです。契約不適合責任に関する特約がある場合には、その内容を

外国法人や外国在住者の場合

事業者が外国法人または外国在住者（外国に住所を有する個人）であって、国内に事務所などを有する場合には、その所在場所や電話番号もあわせて広告に記載する必要がある（必要的記載事項）。

契約不適合責任

令和2年施行の民法改正で、瑕疵担保責任が廃止され、代わりに契約不適合責任の制度が導入された。

必要的記載事項の省略

> 原則として必要的記載事項の広告が必要

▼

> 請求があった場合に文書などで提供する措置をとっていれば
> 一部事項の記載省略が可能

▼

ただし、その場合でも、返品制度に関する事項、申込みの有効期限があるときはその期限、ソフトウェアの動作環境、2回以上継続して契約を締結する場合の販売条件、販売数量の制限などの条件、省略した広告事項に関し書面請求があった場合の費用負担、電子メール広告をする場合の電子メールアドレス、については省略することは認められない。

記載する必要があります。事業者の契約不適合責任をすべて免除する特約は、特に購入者が消費者である場合に消費者契約法の適用によって無効となります（68ページ）。なお、特約の記載がない場合は、民法などの原則に基づいて処理されます。

■ 必要的記載事項を省略できる場合もある

広告スペースなどの関係で、必要的記載事項をすべて表示することが難しい場合には、以下の要件を満たせば、その表示を一部省略できます。

まず、広告上に「消費者からの請求があった場合は必要的記載事項を記載した文書または電子メールを送付する」と記載することが必要です。あわせて実際に消費者から請求があった場合に、必要的記載事項を記載した文書または電子メールを遅滞なく送付できる措置を講じていなければなりません。「遅滞なく送付」とは、消費者が購入を検討するのに十分な時間を確保できるようになるべく早く送付するという意味です。商品の購入に関して申込期限がある場合に特に重要です。

> **ソフトウエアに関する取引を行う際の注意点**
>
> 通信販売の広告にはソフトウエアの動作環境（利用に必要なOS、CPUの種類、メモリの容量、HDDの空き容量など）を記載しなければならない（127ページ表の⑩）。ソフトウエアは、動作環境が整っていないと使用できないため、購入にあたっては、動作環境をしっかり確認する必要があるからである。

広告についての禁止事項

取引の申込画面であると容易にわかるように設計する

■ 誇大広告等について

　通信販売については誇大広告等が禁止されており、違反した事業者は、業務停止命令・業務禁止命令などの行政処分や、罰則の対象になります。誇大広告等にあたるのは、4つの事項につき、広告に「著しく事実と異なる表示」または「実際のものよりも著しく優良もしくは有利であると誤認させる表示」をすることです。「4つの事項」とは、①商品・役務・特定権利の種類・品質・性能・内容などに関する事項、②商品の原産地・製造地・製造者・商標に関する事項、③国・地方公共団体・著名人などの関与に関する事項、④特定商取引法が定める広告に関する必要的記載事項（127ページ）のことを指します。

■ 顧客の意に反して契約の申込みをさせることはできない

　インターネット通販では、操作中に気がつくと商品購入の申込みが完了していることがあります。このトラブルは、表示中の画面が「商品購入の申込画面」であると消費者が認識できないために起こることが多いようです。特定商取引法では、インターネット通販に関し、おもに次の行為を「顧客（消費者）の意に反して申込みを行わせようとする行為」として禁止しています。

　1つ目は、有料の取引の申込画面であることを、顧客が容易（簡単）に認識できるように表示していないことです。2つ目は、顧客が申込みの内容を容易に確認し、かつ訂正できるような措置を講じていないことです。

最終確認画面

ご注文内容の確認

ご注文内容の最終確認となります。
下記のご注文内容が正しいことをご確認の上、「この内容で注文を確定する」をクリックしてください。

商品名・価格・個数	○○○○　2500円（税込）　1つ
お届け先の住所・氏名	〒000-0000 東京都○○区××1-2-3　○○○○
お支払い方法	代引き（手数料○○○円）
送料・送付時期	送料無料　○月○日午前中到着予定

内容を変更する　　この内容で注文を確定する

TOPに戻る（注文は確定されず、注文が取り消されます）

　適切な申込画面を作成するポイントは2つです。まず、申込画面であると一目でわかるようにすることです。たとえば、申込みの最終段階で「ご注文内容の確認」のタイトルの画面（最終確認画面）を表示します。この最終確認画面に「この内容で注文を確定する」のボタンを用意し、顧客がボタンをクリックすると申込みが完了するしくみにします。次に、申込内容を簡単に確認・訂正できるようにすることです。たとえば、最終確認画面に「変更」「取消」のボタンを用意し、ボタンをクリックすれば顧客が容易に申込内容の変更・取消しができるようにします。

　令和3年成立の特定商取引法改正で、インターネット通販などにより消費者から通信販売の契約の申込み（特定申込み）を受ける事業者は、最終確認画面に所定の事項を表示することが罰則付きで義務付けられました（令和4年6月施行）。

表示する所定の事項

最終確認画面（または申込書面）に表示すべき事項は、①提供する商品・権利・役務の分量、②販売価格、役務の対価（送料も表示が必要）、③代金・対価の支払の時期・方法、④商品の引渡時期、権利の移転時期、役務の提供時期、⑤申込期間の定めがあるときは、その旨およびその内容、⑥契約の申込みの撤回または解除に関する事項（返品特約の内容を含む）である（12条の6第1項）。
事業者が上記の表示をしなかったことにより、誤認して契約申込みした消費者は、その申込みを取り消すことができる（15条の4）。

通信販売の広告メール等の規制

請求・承諾を得ないと電子メール広告やファクシミリ広告を送信してはいけない

■ 消費者の事前承諾が必要

通販業者から広告目的の電子メール（電子メール広告）が送られてきますが、消費者にとっては、頼んでもいない広告メールが送られるのは迷惑です。特定商取引法では、通販業者が電子メール広告を送信するときは、あらかじめ消費者が請求するか、または消費者から承諾を得ることを義務付け、事前の請求・承諾がない電子メール広告の送信を原則として禁止しています（オプトイン規制）。

ただし、次のいずれかの場合は、事前の請求・承諾がなくても電子メール広告の送信が可能です。まず、契約内容の確認や契約の履行などの重要な事項に関する通知に付随して電子メール広告を行う場合です。次に、フリーメールサービスなどの無料サービスに付随して電子メール広告を行う場合です。

結局、通販業者は、法令で定められた例外に該当する場合を除いて、消費者の事前の請求・承諾がないのに電子メール広告を行うことができません。なお、平成28年の特定商取引法改正で、ファクシミリ広告も、原則として消費者の事前の請求・承諾がないのに行うことができなくなりました。

■ 請求・承諾を得る方法と記録の保存

電子メール広告に関する請求・承諾は、消費者の自主的な判断によってなされる必要があります。電子メール広告の請求・承諾について消費者が正しい判断を行うため、事業者としては、ある操作を行うと電子メール広告を請求・承諾したことになる

オプトイン規制が認められた理由

かつては「電子メール広告を送らないでほしい」という意思を示した消費者に再度電子メール広告の送信を禁止するものであった（オプトアウト規制）。しかし、電子メールの操作に不慣れな消費者も多く、迷惑メールの被害が深刻化していたため、現在のオプトイン規制に変更された。

オプトイン規制の根拠条文

特定商取引法12条の3、12条の4は、電子メール広告のオプトイン規制、12条の5はファクシミリ広告のオプトイン規制を規定している。また、特定電子メール法3条でもオプトイン規制を規定している（132ページ）。

フリーメールサービス

インターネット上で、無料でメールアドレスを取得できるサービスのことである。

オプトイン規制とオプトアウト規制

オプトイン規制	オプトアウト規制
意思を表示していない者に対しては送信**不可** 事前に請求・承諾した者に対しては送信**可**という規制	意思を表示していない者に対しては送信**可** 「送信しないでほしい」という意思を表示した者に対しては送信**不可**という規制

※**特定商取引法はオプトイン規制を採用（例外あり）**

と、すぐにわかるような画面を作成することが重要です。

たとえば、商品購入に関するホームページで、消費者から電子メール広告の送信について承諾を得る場合、消費者が購入者情報を入力する画面に電子メール広告の送信を希望するとのチェックがあらかじめ入っているデフォルト・オン方式があります。反対に、電子メール広告の送信を希望するとのチェックがあらかじめ入っておらず、希望する場合に購入者がチェックをいれるデフォルト・オフ方式もあります。

このうちデフォルト・オン方式の場合は、デフォルト・オンの表示について、画面全体の表示色とは違う表示色で表示するなど、消費者が認識しやすいように明示し、最終的な購入申込みのボタンに近い箇所に表示するのが望ましいとされています。

また、次の2つの方法は、消費者が電子メール広告の送信を承諾するとの表示（承諾表示）を見落とす可能性があるので不適切です。つまり、①膨大な画面をスクロールしないと承諾表示に到達できない場合、②画面の見つけにくい場所に、読みにくい文字で承諾表示がされている場合の2つです。

その上で、通販業者は、電子メール広告について消費者の請求・承諾を得たことを証明する記録を保存しなければなりませ

通信販売のファクシミリ広告の制限

特に高齢者に対するファクシミリ広告（FAX広告）の送り付けが問題となっていたため、平成28年の改正で、通信販売においてFAX広告が規制された（12条の5）。相手方の承諾がある場合を除き、FAX広告の送付は原則禁止される（オプトイン規制）。
また、相手方から送信停止を求められた場合はFAX広告の送信ができなくなる。

ん。たとえば、ホームページの画面上で請求・承諾を得た場合は、請求・承諾を証明する文書や電子データ等を保存しておく必要があります。

■ メールアドレスを記載する

電子メールの広告配信を停止する方法がわからないと、消費者は不要なメールを受信し続けざるを得なくなります。そうした不都合をなくすためには、メール配信の停止方法を消費者が知っておく必要があります。そこで、電子メール広告には、消費者が配信停止を希望する場合の連絡先を記載しなければならないとされています。

具体的には、連絡先となる電子メールアドレスやホームページアドレス（URL）を表示します。電子メールアドレスとURLは、簡単に探せる場所にわかりやすく記載します。たとえば、電子メール広告の本文の最前部か末尾などの目立つ場所に表示すれば、消費者は簡単に見つけることができます。

反対に、膨大な画面をスクロールしないと電子メールアドレスやURLに到達できない表示は不適切です。文中に紛れ込んでいて、他の文章と見分けがつかない表示も不適切です。消費者が電子メール広告の配信停止を希望する意思を表明したときは、事業者はその消費者に電子メール広告を送信できません。受信拒否の消費者に電子メール広告を送信した事業者には罰則が適用されることがあります。

現在の電子メール広告では、ほとんどの場合、メール文の末尾に「配信を解除」等の表示がなされているリンク（URL）があり、そこから上記の手続を行えるようになっています。

■ 特定電子メール法でも規制されている

電子メール広告は、特定商取引法の他に、特定電子メール法によっても規制されています。電子メールによる広告の規制は、

連絡先の記載
連絡先の電子メールアドレスやURLの表示は、クリックするだけで電子メールの作成画面やURLの画面が表示される状態にすることも必要である。その状態にすると、通常はクリックした場合に青色になって下線が引かれて目立つようになる。

デフォルト・オフとデフォルト・オン

●デフォルト・オフの例

> 資料を請求いただいた方に最新情報について掲載したメールを配信させていただいております。
>
> → □ 配信を希望する
>
> 送信

└ デフォルト・オフの場合、配信を希望する人がチェックすることになる

●デフォルト・オンの例

> 資料を請求いただいた方に最新情報について掲載したメールを配信させていただいております。
>
> → ☑ 配信を希望する（希望しない方はチェックを外して下さい）
>
> 送信

└ デフォルト・オンの場合、配信を希望しない人がチェックを外すことになる

特定商取引法は通販業者（通信販売を行う事業者）が規制対象であるのに対し、特定電子メール法は営利を目的とした広告宣伝メール全般の送信者が規制対象です。したがって、ネットショップが自ら電子メール広告を消費者に送信する場合は、特定商取引法と特定電子メール法の両方が適用されます。特定電子メール法による規制のポイントは次の4つです。

① 原則として事前に送信を同意した受信者に対してのみ広告宣伝メールの送信を認めている（オプトイン規制）

② 受信者からの同意を証明する記録の保存を義務付けている

③ 広告宣伝メールの受信拒否の通知を受けた場合は、以後のメール送信を禁止している

④ 広告宣伝メールには、送信者の氏名・名称、受信拒否の連絡先を表示しなければならない

> **特定電子メール法**
>
> 正式名称は「特定電子メールの送信の適正化等に関する法律」である。特定商取引法は受信者が消費者のときに適用されるのに対し、特定電子メール法は受信者が消費者でなくても適用される。
> たとえば、特定電子メール法では取引関係にある人に送信する場合は受信者の承諾を不要とする例外がある。しかし、特定商取引法ではこの例外が存在しないので、特定商取引法が適用される場合は取引関係にあっても事前の請求・承諾が必要である。

前払式通信販売

■ 前払式通信販売とは

前払式通信販売とは、消費者が商品を受け取る前に代金を先に支払う販売方法です。代金の一部を先に支払う場合の他、全額を先に支払う場合もあります。消費者にとっては、商品が届くまで不安がつきまとう反面、事業者にとっては、商品の代金を支払ってもらえないリスクが軽減されるため、利便性の高い販売方法といえます。

ただし、前払式通信販売という形態を悪用して、消費者からお金を受け取っておきながら「商品を送らない」「役務を提供しない」などのトラブルが発生しがちであるため、特定商取引法では、前払式通信販売に関する規定を設けて、事業者に通知義務などを課して消費者保護を図っています。

■ 事業者には通知義務がある

事業者の行う前払式通信販売が、商品・特定権利・役務について、申込みをした消費者から、その商品の引渡し・権利移転・役務提供をする前に、代金・対価の一部または全部を受け取る形態の通信販売を行う場合、事業者は消費者に対して通知をしなければなりません。具体的には、消費者から実際に申込みを受け、その代金・対価の一部または全部を受け取った場合に、承諾についての通知をすることになります。

たとえば、消費者の郵便や電子メールなどによる申込みに対して、代金・対価の支払前に事業者が商品の送付や役務の提供が行われると、それが承諾の意味を持ちます。この場合は、申

通知義務

事業者は、消費者から申込みを受け、商品や役務の対価を受け取るのと同時に、消費者に商品を送付し、または役務を提供しなければならない（同時履行）。しかし、それができない場合は前払式通信販売に該当するので、本文記載の通知義務を果たさなければならない。

クレジットカード払いの場合

クレジットカード払いで前払式通信販売に該当するのは、クレジットカードを利用した立替払いに伴う消費者（購入者）の銀行口座からの金銭の引落しが商品引渡前などに行われることが明らかな場合であり、金銭の引落しの時点はクレジット会社が消費者の銀行口座から金銭を引き落とした時点を意味するとされている。そのため、クレジットカード払いの多くは、前払式通信販売に該当しないことになる。

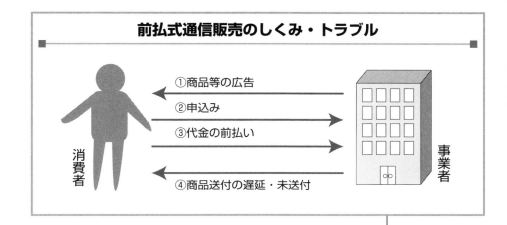

前払式通信販売のしくみ・トラブル

①商品等の広告

②申込み

③代金の前払い

④商品送付の遅延・未送付

消費者　事業者

込みに対する承諾と契約の履行が同時に行われ、かつ代金・対価の支払前に商品が到着しているので、承諾の通知は不要です。

しかし、前払式通信販売では、申込みに対して事業者が承諾したのか否かが不明なまま、消費者が代金・対価を支払っている状態になりかねません。これでは商品の引渡しなどが行われない可能性があり、消費者が不安定な立場に置かれるので、事業者に対して、前払式通信販売を行う場合に承諾の通知義務を課しています。

■ 通知の内容・方法

事業者が通知すべき内容は、①申込みを承諾するかどうか、②事業者の氏名（名称）、住所、電話番号、③受領した金額の合計、④代金などの受領日、⑤申込みを受けた内容（商品名や数量、権利や役務の種類）、⑥申込みを承諾するのであれば、商品の引渡時期、権利の移転時期、役務の提供時期です。

また、遅滞なく通知することが義務付けられているので、書面では3～4日程度、電子メールでは1～2日以内に通知をする必要があるといえます。

違反するとどうなるのか

前払式通信販売をする事業者には、消費者に対して承諾・不承諾をはじめとする一定の事項を通知する義務がある。この通知義務違反をした事業者は、指示・業務停止・業務禁止などの行政処分や罰則という制裁の対象となる。

メールによる通知

かつては通知の方法は書面が主流であったが、近年は電子メールが普及しており、電子メールによる通知も認められている。特定商取引法は「書面」または「電磁的方法」で通知すると定められているからである。電磁的方法の一例が電子メールである。
なお、原則は書面であり、電子メールによる通知は申込みをした消費者の承諾がある場合に認められる。

ネットオークションと通信販売

■ ネットオークションとは

ネットオークションは、電子商取引と言われる商取引の中でも、消費者同士の間で行われることが多い取引です。ネットオークションが消費者同士の間で行われる場合には、対等な当事者間での取引となるため、消費者契約法などの消費者保護に関する法律は適用されず、民法が適用されるのが原則です。

ネットオークションは、自分には不要となった中古品でも気軽に売買することができるため、非常に効率のよい取引といえます。開始時の価格は、出品者側が好きなように決めることができるため、自由度の高い取引ということもできます。

ただ、ネットオークションも取引のひとつですから、売買が禁止されている物を出品したり、許可がないと売買してはいけないものを無許可で出品したりすることはできません。

もっとも、ほとんどのオークションサイトは、オークションの場を提供しているにすぎないという立場をとっています。実際に取引をする場合には、たとえば、代金は前払いにせずに商品との代金引換で受け取るようにするなど、トラブルになりそうなことは避けるようにして、自己責任で行う必要があります。

トラブルを避けるためには、利用者が疑問点や不審点を確認できるようなシステムであるかチェックすることです。また、金銭をめぐる事項に関しては、特に消費税の有無の他、商品の送料や代金引換の場合の手数料などについては、どちらが負担するのかを明確にしておくことがトラブル防止につながります。さらに、商品に欠陥があった場合に返品を受け付けるのかどう

事業者が参加する場合

小売店などの事業者がネットオークションに参加する場合、取引相手が消費者であるときは、消費者契約法や特定商取引法などの消費者保護に関する法律が適用される。ネットオークションも特定商取引法が規制対象とする通信販売にあたるので、事業者が出品者、落札者が消費者であるときは、事業者が特定商取引法の規制を受けることになるからである。

代金の支払方法

オークションサイトの中には、落札者が受取連絡をした後に、代金が出品者に支払われるしくみになっていることがある。このしくみを利用すれば、商品が不着の場合や、商品に欠陥がある場合に、代金の支払いを留保できる。

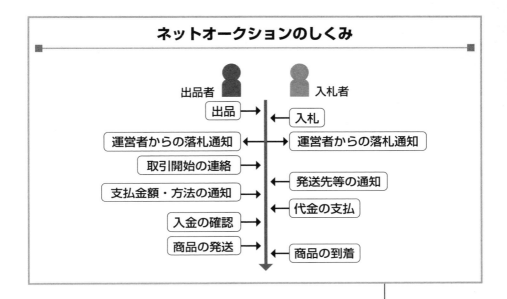

ネットオークションのしくみ

出品者 入札者

出品 → ← 入札

運営者からの落札通知 ← → 運営者からの落札通知

取引開始の連絡 →

← 発送先等の通知

支払金額・方法の通知 →

← 代金の支払

入金の確認 →

商品の発送 → ← 商品の到着

かという点についても、取引前に確認できるようにしましょう。

■ 個人が商品を出品する場合の注意点

　消費者である個人が出品者となる場合は、特定商取引法の規制を受けないのが原則です。しかし、出品数や落札額が非常に多くなると「事業者」に該当するとみなされ、特定商取引法の規制を受ける可能性があります。

　たとえば、消費者庁・経済産業省が公表している「インターネット・オークションにおける『販売業者』に係るガイドライン」では、以下のいずれかにあてはまる場合に「事業者」に該当する可能性が高いことを示しています。

① 過去１か月に200点以上または一時点において100点以上の商品を新規出品している場合

② 落札額の合計が過去１か月に100万円以上である場合

③ 落札額の合計が過去１年間に1,000万円以上である場合

**特定の
カテゴリー・商品**

本文記載の①〜③はすべてのカテゴリー・商品に共通する基準であり、特定のカテゴリー・商品について別の基準が示されている。
たとえば、CD・DVD・パソコン用ソフトについては、同一の商品を一時点において３点以上出品している場合に「事業者」に該当すると考えられることが示されている。

電話勧誘販売

突然電話がかかってきて売り込みが行われる

■ 電話勧誘販売とは

電話勧誘販売とは、業者が消費者の自宅や職場へ突然電話を
かけて商品などを売り込み、それにより消費者が電話・FAX・
メールといった通信手段で申し込む販売方法のことです。職場
に電話をかけて、20 〜 30代の若い人に資格取得講座などを売
り込むケースや、自宅に電話をかけて、浄水器やハウスクリー
ニングなどの売り込みをするケースなどがあります。

電話勧誘は事業者にとっては、簡単で低コストな営業手段で
す。しかし、電話勧誘が持つ特性上、消費者が十分納得しない
まま、契約を締結させられてしまうトラブルが後を絶ちません。
電話勧誘の特性とは、不意に商品を見ることもなく契約させる
ことができる、密室の会話と同じく他者の介入を受けない、忙
しいとわかっていながら会話を終わらせなかったり何度も繰り
返し電話をかけたりすると断りにくい状況が作り出せる、と
いったことです。

電話勧誘販売の勧誘とは、事業者が消費者の契約意思を決め
る過程に影響を与える程度の進め方をいいます。「今回特別に
このお値段で提供します。今がチャンスですよ」と安さを強調
したり、「これを使えばお肌が見違えてきます」というように、
役に立つ商品であると強調したりすることなどが勧誘にあたり
ます。実際には、事業者が消費者に電話をかけたのに契約締結
の意思形成に影響を与えないということは想定しがたいといえ
ます。

**電話勧誘販売と
クーリング・オフ**

業者が消費者に電話を
かけてきて商品を販売
する場合以外に、業者
が消費者に電話をかけ
させて商品を販売した
場合も、電話勧誘販売
となる。電話勧誘販売
は、特定商取引法に
よる規制を受け、消費者
が契約書面を受け取っ
た日から起算して8日
以内であればクーリン
グ・オフが認められる。
もし、契約書の契約日
やクーリング・オフ期
間の記載に不備があれ
ば、購入から期間が
経っていても、無条件
で解約できる。

電話勧誘販売のしくみ

消費者　　　　　　　　　　　　　　　　　事業者

①電話をかける、またはかけさせる

②勧誘行為を行う

③契約の締結

④トラブルが発生した
　場合にはクーリング・オフ

■ 法規制はどうなっているのか

電話勧誘販売については、以下の３つの要件を満たす販売方法に対して特定商取引法が適用されます。

① 販売業者や代理業者が、消費者に電話をかける、またはDMやFAXで販売目的を隠して電話をするよう促したり、「抽選で商品を安価で購入する権利が当たった」などと騙ったりして消費者に電話をかけさせる。

② ①による電話で消費者に契約の勧誘を行う。

③ 消費者から郵便等で契約の申込みを受け、商品・特定権利の販売や役務の提供を行う。

■ 電話勧誘販売の対象

商品の販売や役務の提供については、どのような消費や役務であっても、原則として電話勧誘販売の対象となり特定商取引法が適用されます。

一方、権利の販売については、特定権利（94ページ）だけが電話勧誘販売の対象になり特定商取引法が適用されます。具体的には、スポーツジムの会員権や演劇鑑賞権、社債や株式などが特定権利にあたります。

郵便等

ここでの「郵便等」には、郵便または信書便、電話機、ファクシミリ装置その他の通信機器または情報処理に用いられる機器を利用する方法、電報、預貯金口座への払込みのいずれかであれば該当する。「電話機」も含むので、②の電話での勧誘の際に契約の申込みをした場合も電話勧誘販売に該当する。

電話勧誘販売の対象

かつては指定された商品やサービス（役務）に限られていたが、現在では、原則としてすべての商品やサービスに対象が拡大されている。

電話勧誘販売の規制

いやがる相手に勧誘してはいけない

不実のことを告げる行為

たとえば、根拠なく「この水は慢性疾患に効きます」と言ったりすること。不実かどうかを判断するために、事業者に対して合理的な根拠を示す資料の提出を求めることができる。資料を提出しない場合には、不実であったとみなされる。

故意に事実を告げない行為

たとえば、高価なフィルターを購入しなければ使用できないにもかかわらず、意図的にその事実には触れず、「お買い得な浄水器です」などと言って契約させる行為。

強迫行為

たとえば、「契約しなければ電話を切らない」「クーリング・オフは受け付けない」などと顧客を脅すような行為。

過量販売規制の追加

高齢者が電話勧誘販売で大量の商品の購入させられる事例が多発したので、平成28年の特定商取引法改正で、電話勧誘販売についても訪問販売と同様の過量販売規制（116ページ）を追加した。

■ どのような規制があるのか

　電話勧誘販売には、①氏名等の明示義務、②勧誘継続、再勧誘の禁止、③指定事項を記載した書面の交付義務、④前払式電話勧誘販売における承諾等の通知義務、⑤不実のことを告げる行為、故意に事実を告げない行為、威迫行為の禁止といった規制が設けられています。

■ 氏名等の明示義務とは

　販売業者または役務提供事業者は、電話勧誘販売をするとき、勧誘に先立って、①事業者の氏名または名称、②勧誘を行う者の氏名、③商品・特定権利・役務の種類、④電話が勧誘を目的とするものであること、について伝えなければなりません。

　つまり、相手が電話に出たら最初に会社名と担当者の氏名を名乗り、「○○という商品をご紹介させていただこうと思い、お電話いたしました」などと、勧誘を目的とする電話であることを告げなければならないのです。関係のない世間話を延々としてから勧誘する行為や、アンケート調査を装って会話に引き込んだところで勧誘するなどの行為は違法です。

■ 勧誘継続・再勧誘の禁止とは

　電話勧誘販売において、相手が契約を締結しないという意思を示した場合、事業者は、その契約について勧誘を続けたり、再度勧誘の電話をしてはいけません。

　契約を締結しない意思表示とは、「いりません」「興味があり

書面の記載事項と書面に記載してはいけない事項

申込書面または契約書面の記載事項

① 商品・特定権利・役務の種類、代金・対価やその支払時期・方法
② 商品引渡し、権利移転、サービス提供開始の時期
③ クーリング・オフについて
④ 事業者の連絡先および代表者の氏名
⑤ 担当者の氏名
⑥ 契約の申込または契約の締結をした年月日
⑦ 商品の名前や型式、権利やサービスの内容
⑧ 商品の数量
⑨ 契約不適合責任および契約の解除に関する事項
⑩ 特約がある場合には特約について

書面に記載してはいけない事項

① 販売業者が契約不適合責任を負わないこと
② 購入者や役務の提供を受ける者から契約の解除ができないこと
③ 販売業者や役務提供事業者の帰責事由で契約が解除された場合における販売業者や役務提供事業者の義務に関し、民法の規定より購入者や役務の提供を受ける者に不利な内容
④ その他法令に違反する特約

ません」「契約しません」といった言葉です。また、「もう電話しないでください」「迷惑です」という言葉や黙示で事業者とのやりとり自体を拒絶することも、契約を締結しない意思表示とみなされます。

■ 書面には何を記載するのか

電話勧誘販売を行う事業者は、契約の申込時または締結時に、法律および主務省令に指定された事項が記載された書面を、遅滞なく消費者に交付しなければなりません。「遅滞なく」とは、おおむね3〜4日以内のことを意味します。書面の交付には、契約内容を明確にし、消費者が契約の意思決定を適切に行えるようにするねらいがあります。

指定されているおもな記載事項は、①商品・特定権利・役務

主務省令

「特定商取引に関する法律施行規則」のことである。

の種類、代金・対価やその支払時期・方法、②商品引渡し、権利移転、役務提供開始の時期、③クーリング・オフについて、④事業者の連絡先および代表者の氏名、⑤担当者の氏名、⑥契約申込みの年月日または契約締結の年月日、⑦商品の名前・型式または権利や役務の内容、⑧商品の数量、⑨契約不適合責任および契約の解除に関する事項、⑩その他に特約を定めた場合にはその内容です。書面には、その内容を十分に読むべきことを赤枠の中に赤字で記載し、8ポイント以上の大きさの文字・数字を用いなければなりません。

ただし、電話勧誘販売では、①販売業者が契約不適合責任を負わないこと、②購入者等（購入者や役務の提供を受ける者）から契約の解除ができないこと、③販売業者や役務提供事業者の帰責事由で契約が解除された場合における販売業者や役務提供事業者の義務に関し、民法の規定より購入者等に不利な内容、④その他法令に違反する特約の記載が禁止されています。

■ 電話勧誘販売における禁止行為とは

特定商取引法では、電話勧誘販売における禁止行為を定めています（特定商取引法21条）。禁止行為は、以下の3つです。

① 不実の事項を告げる行為

② 故意に重要な事実を告げない行為

③ 威迫によって契約させるまたは解約をさせない行為

①または②に違反する行為があって、それにより事実を誤認して申込みやそれを承諾する意思表示をしてしまった場合は、その意思表示を取り消すことができますし、消費者契約法4条に基づいて取り消す（消費者取消権）ことも可能です。

■ 前払式電話勧誘販売の場合の注意点

電話勧誘販売で前払式の取引をする場合、契約の成立が不明確になりやすく、購入者等は履行がなされるかどうか不安な状

電磁的方法による書面の交付

令和3年6月16日に公布された特定商取引法改正（令和3年成立の特定商取引法改正）により、申込書面や契約書面の交付に代えて、事業者は、消費者の承諾を得て、これらの書面に記載すべき事項を電磁的方法（電子メールなど）により提供することが可能になった。ただし、本改正は、公布の日から起算して2年を超えない範囲内において、政令で定める日から施行される（令和4年10月現在は未施行）。

消費者取消権

44ページ参照。なお、③の場合は民法の強迫に基づいて取消が可能である。

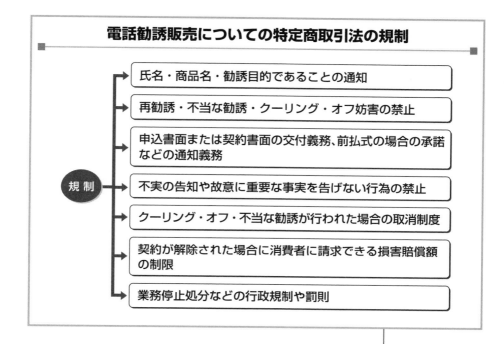

電話勧誘販売についての特定商取引法の規制

規 制
- 氏名・商品名・勧誘目的であることの通知
- 再勧誘・不当な勧誘・クーリング・オフ妨害の禁止
- 申込書面または契約書面の交付義務、前払式の場合の承諾などの通知義務
- 不実の告知や故意に重要な事実を告げない行為の禁止
- クーリング・オフ・不当な勧誘が行われた場合の取消制度
- 契約が解除された場合に消費者に請求できる損害賠償額の制限
- 業務停止処分などの行政規制や罰則

況になります。そこで、特定商取引法では、前払式の電話勧誘販売を行う場合、事業者に承諾等の通知義務を課しています。

　承諾等の通知が必要になるのは、契約の履行に先立って代金や対価の一部または全部を受領する場合です。ただし、代金や対価の受領後に遅滞なく契約の履行がなされる場合は除きます。

　承諾等の通知には、承諾をするかしないかをまず記載して、承諾する場合には商品の引渡時期（または権利の移転時期や役務の提供時期）を記載します。承諾をしない場合は返金の意思と返金方法を記載します。また、承諾の有無にかかわらず、事業者名と連絡先、受領済み金額、受領日、申込みを受けた商品名と数量（または権利や役務の内容）を記載します。この通知の書面も、申込時または契約時の書面と同様に、8ポイント以上の大きさの文字・数字で記載しなければなりません。

契約履行
商品の引渡し、権利の移転、役務の提供を実際に行うこと。

受領済み金額
複数回受領している場合は合計金額も記載。

電話勧誘販売とクーリング・オフ

....

不意打ちで冷静に判断できなかった場合には解除する

■ 電話勧誘販売でもクーリング・オフができる

電話勧誘販売は、ある日突然電話がかかってきて（もしくはかけるように要請されて）勧誘を受けるという「不意打ち性」があり、消費者が意に反して契約を結んでしまいがちな販売形態であるため、クーリング・オフ制度で消費者の保護をはかっています。クーリング・オフの制度自体は訪問販売と同様です。

電話勧誘販売におけるクーリング・オフは、①電話勧誘販売であること、②権利の購入契約の場合には特定権利（94ページ）であること、③法定の書面の交付を受けた日から起算して8日以内であること、④クーリング・オフの例外や適用除外事項に該当しないこと、の要件を満たした場合に行うことができます。

■ クーリング・オフの対象外のもの

電話勧誘販売で購入した商品などが、以下のいずれかに該当する場合、クーリング・オフは適用されません。

① 乗用自動車の電話勧誘販売

乗用自動車については、通常、その販売条件についての交渉が、事業者と購入者との間で相当の期間にわたって行われ、クーリング・オフの対象から除外されています。

② 政令指定消耗品を使用・消費してしまった場合

化粧品や殺虫剤など、使用・消費によって価値が失われてしまうとされている政令指定消耗品（112ページ）は、一部でも使用・消費するとクーリング・オフをすることができません。

どこから起算するのか

クーリング・オフの権利を行使できる期間は、申込書面もしくは契約書面を受け取ってから8日間と定められている（特定商取引法24条1項）。書面を受け取った日を1日目と数えるので、月曜日に受け取った場合には、翌週の月曜日までがクーリング・オフの行使が可能な期間である。ただし、書面に記載されている商品の内容、数量、価格などに不備があった場合や、「クーリング・オフができる」という旨が書面に記載されていなかった場合、正しい書面が交付されるまでクーリング・オフ期間は起算されない。

電話勧誘販売でクーリング・オフが認められるための要件

要件

- ①電話勧誘販売であること
- ②権利の購入契約の場合には特定権利であること
- ③法定の書面の交付を受けてから8日以内であること
- ④例外や適用除外事項に該当しないこと

③ **代金または対価が3000円に満たない場合**

　購入した商品などの代金・対価が3000円未満の場合にはクーリング・オフをすることができません。

■ クーリング・オフをするとどうなるのか

　クーリング・オフが成立すると、申込みや契約はなされなかったことになり、以下のような効果が生じます。

① 　購入者は、損害賠償や違約金を請求されない。

② 　商品の引渡しや権利の移転があった後にクーリング・オフがなされた場合、その引き取りまたは返還の費用は事業者の負担となる。

③ 　購入者は、すでに施設を利用したり役務の提供を受けたりしていたとしても、その使用料金などの対価を請求されない。

④ 　事業者は、その契約に関連して受け取っている金銭があれば、これを返還しなければならない。

⑤ 　契約の履行に伴って土地や工作物の現状が変更されている場合、購入者は無償での原状回復を請求できる。

　クーリング・オフの効果について消費者に不利になるような特約を定めても無効となります。

クーリング・オフを妨害する行為があった場合

電話勧誘販売で購入した商品のクーリング・オフを行おうとした際、業者から「この商品はクーリング・オフできません」といった返答を受けるなどクーリング・オフをする権利を妨害していた場合には、クーリング・オフにより契約解除できる期間が延長される。

訪問販売・通信販売・電話勧誘販売と適用除外

すべての取引に特定商取引法が適用されるわけではない

■ 特定商取引法が適用されないケースもある

訪問販売・通信販売・電話勧誘販売であっても、特定商取引法の適用が除外される（たとえば、特定商取引法が定めるクーリング・オフの制度の適用がなくなる）場合があります。適用除外となるケースは、特定商取引法26条で規定されています。大まかにいうと、消費者として保護する必要のない取引や、信用上問題がない取引、他の法律で保護が図られている取引は対象外になると考えてください。おもな適用除外のケースについて、以下で見ていきましょう。

・購入者が営業として行う取引

たとえば、訪問販売であっても申込者や購入者が「営業のために」もしくは「営業として」締結する取引には、特定商取引法は適用されません。特定商取引法は、事業者を規制して消費者を保護することを目的としている法律です。そのため、申込者や購入者が営業を行う者であれば、取引に充分慣れているといえますので、保護の必要はないと考えているのです。

また、営業に関する商取引の迅速性・安定性が妨げられることがないようにする、という意図もあります。

・海外との取引

海外にいる者に対する販売やサービス（役務）の提供といった取引について、特定商取引法は適用されません。

・国や地方公共団体が行う取引

一般の事業者ではなく、国や都道府県、市区町村が行う販売やサービスの提供といった取引は特定商取引法の対象外です。

特定商取引法の適用が除外されるおもな事項

除外の種類	例
おもな適用 除外事由	①事業者間取引の場合 ②海外にいる人に対する契約 ③国、地方公共団体が行う販売または役務の提供 ④労働組合などが組合員に対して行う販売または役務の提供 ⑤事業者が従業員に対して行う販売または役務の提供 ⑥株式会社以外が発行する新聞紙の販売 ⑦他の法令で消費者の利益を保護することができる等と認められるもの
適用除外事由 ⑦の具体例	・弁護士が行う弁護士法に基づく役務の提供 ・宅地建物取引業法に基づいて宅地建物取引業者が行う商品（宅地建物）の販売または役務の提供

・組織内部の取引

事業者がその従業者に対して行う販売やサービスの提供や、労働組合などの団体がその構成員に対して行う販売やサービスの提供は特定商取引法の対象外です。

・他の法律で保護が図られている取引

弁護士が行う役務の提供、金融商品取引、宅地建物取引、旅行業者の行う旅行役務の提供といった取引については、それぞれの取引の安全を図るための法律が別に存在するので、特定商取引法の対象外とされています。

■ 訪問販売の規制が適用されない場合

訪問販売の場合でも、その住居で契約を結ぶことを請求した消費者との間の契約には、特定商取引法が適用されません。

また、販売業者やサービスの提供事業者が定期的に住居を巡回訪問し、勧誘を行わずに結ばれる契約についても、特定商取引法の訪問販売の規制が適用されないものとされています。

適用除外となる新聞販売

株式会社以外の事業者によって行われる新聞の販売は適用除外の扱いとされている（特定商取引法26条1項6号）。したがって株式会社以外の者の訪問により新聞を購入したとしても、特定商取引法の「訪問販売」にはあたらない。

■ 電話勧誘販売の規制が適用されない場合

　電話勧誘販売では、以下の①または②に該当する場合は、電話勧誘販売の規制が適用されなくなります（適用除外）。具体的には、申込書面や契約書面の交付義務が生じません。また、事実でないことを告げたり、故意に事実を告げなかったりした場合の行政処分・罰則の規定や、クーリング・オフ、損害賠償額の制限に関する規定も適用されなくなります。

① 消費者が「契約をしたいので電話をかけてきてほしい」と事業者に請求した場合の電話勧誘販売

　ただし、消費者が電話を請求した場合であっても、勧誘の目的を隠している事業者に電話の請求をさせられた、と認められる場合には、適用除外になりません。

　たとえば、ビラでアンケートなどを装って「ハガキに必要事項をご記入の上お送りください」などと記載し、送られてきたハガキに書かれた番号へ勧誘の電話をするような場合です。

　適用除外の対象は、「契約の申込みや締結のため」の電話を請求した場合ですから、その意思が明確でない場合は適用除外になりません。「商品を購入したいのですが…」などと契約の意思が消費者から明確に示された場合のみ適用除外の対象です。

② これまで1年間に2回以上取引がある事業者と消費者との間での、電話勧誘による慣例的な取引

　電話勧誘取引であっても、事業者と消費者の取引が継続的取引といえるような場合は、適用除外となります。

■ 割賦販売法が優先的に適用される場合

　電話勧誘販売や訪問販売では、代金をその場で支払うケースよりもローンを組んで分割払いで購入するというケースの方が多いでしょう。このように分割払いで商品を購入する場合、特定商取引法だけでなく割賦販売法の適用対象ともなるため、適用される規定が調整されています。

クーリング・オフが認められないケース

- ・飲食店の飲食など提供が契約締結後すぐに行われるサービス
- ・自動車の契約など交渉が長期間行われる取引
- ・葬儀や生鮮食品など契約後速やかに提供しないと著しく利益が害されるサービス
- ・健康食品、化粧品など政令指定消耗品の取引で消費者が使用・消費した場合
- ・3000円（税込）未満の現金取引
- ・購入者が請求して購入者の自宅で行った取引や御用聞き、継続取引

クーリング・オフできない

たとえば、特定商取引法では訪問販売や電話勧誘販売が解除された際に、事業者が購入者に請求できる損害賠償の金額は一定限度に制限されていますが、その訪問販売や電話勧誘販売が割賦販売法の割賦販売に該当する場合には、特定商取引法の規定は適用されません。割賦販売法で同様の規定が置かれているため、購入者が不当に害される危険がないためです。

また、事業者の書面の交付義務については、特定商取引法と割賦販売法が重複して適用されることになります。

■ 政令指定消耗品にクーリング・オフが適用されない場合

訪問販売と電話勧誘販売において、使用や一部の消費によって価額が著しく減少するおそれがある商品として政令で定められている健康食品や化粧品など（政令指定消耗品）は、使用または消費するとクーリング・オフ制度が適用されなくなります（113、149ページ）。たとえば、健康食品の封を開けて中身を少しでも食べてしまった場合には、クーリング・オフができなくなるので気をつけなければなりません。

> **承諾等の通知義務の不適用**
> 前払式電話勧誘販売では、事業者に承諾（あるいは不承諾）についての通知義務が課されているが、割賦販売や包括・個別クレジット契約で電話勧誘販売に該当するものについては、この通知義務は課されない（特定商取引法26条9項）。

連鎖販売取引

マルチ商法自体は違法でないが規制に従う必要がある

販売紹介商法

たとえば、「友人を紹介するとお金になる」と言われて商品を買わされたといったケースを「販売紹介商法」という。「商品の販売をすると利益が得られる」と言って勧誘してくるが、業者の目当ては登録料や手数料などである。
このような商法は一種の連鎖販売取引にあたり、契約書の交付を受けてから20日以内であれば、クーリング・オフが認められる。クーリング・オフはハガキや電子メールなどでも行えるが、慎重を期する場合は、内容証明郵便を利用するとよい。

ネズミ講

先に組織に参加した者が後順位者から金銭を受け取り、後順位者がさらに次の人を勧誘することによって自分が出した以上の金銭を受け取ることができるという誘い文句で金銭をだましとる商法。ネズミ講は、「無限連鎖講の防止に関する法律」によって禁じられた犯罪行為である。

■ 連鎖販売取引とは

連鎖販売取引とは、消費者を販売員として勧誘し、さらにその人に次の販売員を勧誘させる形で、組織を連鎖的に拡大して行う商品やサービス（役務）の取引です。「マルチ商法」と呼ばれることが多いですが、最近では「ネットワークビジネス」と呼ばれることも増えています。

たとえば、会員になると販売員として化粧品の販売が可能になる組織があるとします。販売員は商品の仕入代金の支払いが必要ですが、他人を勧誘して会員（販売員）にすると、仕入代金の一部が返還されるしくみがとられています。そのため、販売員は勧誘を熱心に行うので、組織は拡大していきます。

しかし、実際には連鎖販売取引によって利益が得られるのは、販売組織の上層部にいる限られた人たちのみです。組織が大きくなるのに比例して会員を増やしていくことは難しくなるのが実情です。そこで、会員となる消費者を保護するために、連鎖販売取引は特定商取引法で規制されているのです。

■ ネズミ講との違い

ネズミ講とは、金銭を支払って加入した人が、他に２人以上の加入者を紹介・あっせんし、その結果、出費した額を超える金銭を後で受け取るというものです。ネズミ講は「無限連鎖講の防止に関する法律」に違反する行為です。

連鎖販売取引もネズミ講と似たシステムで、組織の販売員になり、自分の下位に販売員を増やすことで利益を得ます。連鎖

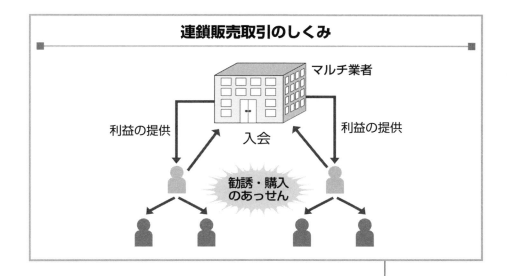

連鎖販売取引のしくみ

マルチ業者

利益の提供　　入会　　利益の提供

勧誘・購入
のあっせん

販売取引とネズミ講は、組織の形態としては基本的に同じです
が、連鎖販売取引は商品や役務の販売組織であり、販売という
実体があります。

　そのため、ネズミ講が全面的に違法（禁止）であるのに対し、
連鎖販売取引は販売方法自体は違法ではないが、特定商取引法
で規制を加えるという対応がとられています。

■ 規制対象となる取引とは

　以下の要件をすべて満たす販売形態が連鎖販売取引です。

① 物品の販売もしくは有償での役務の提供

　前述したネズミ講と区別するために重要となる要件です。

　「物品」には、商品などの動産が含まれる他、「施設を利用し
又は役務の提供を受ける権利」も含まれますが、土地・建物と
いった不動産は含まれないとされています。

　「販売」には、おもに対価の支払いによって所有権が相手に
移転することが含まれ、レンタルやリースは含まれないとされ
ています。

役務の提供は、有償によるものが規制対象となります。

② **再販売、受託販売もしくは販売のあっせん、役務の提供もしくはそのあっせんをする者の誘引**

再販売とは、販売目的で購入し、後にそれを別の相手に販売することです。たとえば、化粧品の消費目的だけではなく、別の誰かに対する販売目的でも購入した場合は、再販売目的での購入ということになります。

受託販売とは、商品の所有者から委託を受けてその商品を販売することです。特定商取引法では、物品の再販売、受託販売もしくは販売のあっせんに関する誘引（勧誘）を行うことを規制対象としています。

さらに、役務の提供もしくはそのあっせんに関する誘引を行うことも、同じように規制対象となります。

③ **特定利益が得られると誘引**

特定利益とは、組織に入り商品の購入や役務の利用をさせたり、あっせんしたりすることで得られる利益です。連鎖販売取引では特定利益が得られることを売り文句として、消費者を組織に勧誘します。たとえば、「会員を増やして化粧品を購入させることができれば、代金の10％が手に入る」というケースでは、この10％の報酬が特定利益にあたります。

その他、よくある例としては、会員を増やすことで得られる利益や、自分の獲得した会員や自分より下位にいる組織の会員の売上げに応じて得られる利益なども特定利益とみなされています。　このような利益になるお金には入会金以外にも、取引料、保証金、加盟料などのさまざまな名前が使われますが、似たような性質を持っていれば、これらを得ることはすべて特定利益と扱われます。

④ **特定負担を伴う取引**

特定負担とは、商品の購入や役務の対価の支払い、または取引料（組織への参加や取引条件の変更の際に支払われる金品）

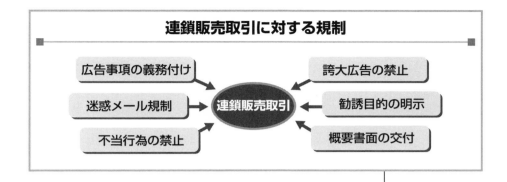

連鎖販売取引に対する規制

広告事項の義務付け → 連鎖販売取引 ← 誇大広告の禁止

迷惑メール規制 → 連鎖販売取引 ← 勧誘目的の明示

不当行為の禁止 → ← 概要書面の交付

の提供を意味します。たとえば、組織の入会時に必要な入会金や保証金、組織の中で地位の変化に伴って支払うお金や、自分が商品を販売するために必要な購入代金や経費といった出費など、その名前はさまざまです。

　特定負担については、かつては2万円より低い金額であれば、連鎖販売取引にはあてはまらないとされていましたが、現在では金額の条件は撤廃されているので、いくらからでも規制対象となり、クーリング・オフも可能になっています。

■ 連鎖販売取引の当事者とは

　連鎖販売取引には、統括者、勧誘者、一般連鎖販売業者、無店舗個人といった人物が関係していきます。

　統括者とは、「一連の連鎖販売業を実質的に統括する者」を指します。たとえば、販売業務の指導や契約約款を作成した人であり、事実上の経営トップが統括者となります。

　勧誘者とは、説明会で勧誘を行うなど、「統括者が連鎖販売取引について勧誘を行わせる者」を指します。

　一般連鎖販売業者とは、「統括者または勧誘者以外の連鎖販売業を行う者」のことです。一般連鎖販売業者のうち、店舗やそれに類似する設備以外の場所で取引を行う個人のことを無店舗個人といい、特定商取引法上の保護の対象になります。

代理店商法

「売れば必ずもうかる商品を独占的に売る権利がある代理店になりませんか」と勧誘し、代理店の登録料、研修費用、物品や機材の購入代金として数十万円からときには数百万円を支払わせる手口。商品は粗悪であるか、通常売っている物であることが多い。ほとんど収入が得られず、苦情を言っても取りあってくれないことが多い。商品を売ることで一定の報酬が手に入るという代理店商法は連鎖販売取引に該当する可能性がある。

連鎖販売取引の規制

連鎖販売取引にはさまざまな規制が設けられている

■ 連鎖販売取引の書面交付義務とは

連鎖販売取引において義務付けられている書面には概要書面と契約書面があります。なお、令和3年成立の特定商取引法改正で、交付の相手方の同意を条件に、書面ではなく電磁的方法（電子メールの送信など）で行うことが可能になりました（令和4年6月施行）。

① 概要書面について

連鎖販売業を行う者が、会員となろうとする消費者（連鎖販売取引に伴う特定負担をしようとする無店舗個人に限ります）との間で、特定負担について契約しようとするときは、契約締結前に、主務省令に定められた連鎖販売業の概要を説明する事項を記載した書面を交付しなければなりません。

② 契約書面について

契約書面は、連鎖販売契約（連鎖販売業に関する連鎖販売取引についての契約）の締結後、遅滞なく（通常2〜3日以内）交付しなければなりません。その記載方法は、概要書面と同様、赤枠赤字の注意記載（書面をよく読むべきことの記載）、文字サイズ8ポイント以上といった規制があります。

■ 契約書面には何を記載するのか

連鎖販売契約を締結した場合、連鎖販売業を行う者が会員となった消費者（無店舗個人に限ります）に対して交付する契約書面には、おもに以下の事項を記載する必要があります。

なお、概要書面と契約書面は別個に交付する必要があり、片

クーリング・オフに関する事項

契約書面におけるクーリング・オフに関する事項は、赤枠の中に赤字で記載して、読んだ消費者にわかりやすくしておく必要がある。

概要書面と契約書面

概要書面
→契約締結前に消費者に説明するための書類
（例）商品の種類・性能・品質は、重要事項の記載で足りる

契約書面
→契約を締結したときに消費者に交付する書類であるため、
概要書面よりも詳しい記載がなされている
（例）商品の種類・性能・品質は、重要事項に限らず、具体的
かつ詳細に記載することが求められる

方だけを交付するという取扱いは特定商取引法違反です。

① 統括者や連鎖販売取引を行う者の名前・住所・電話番号

連鎖販売取引を行う者が統括者でない場合、その者の氏名
（名称）、住所、電話番号もあわせて記載します。

② 商品や役務の種類など

たとえば、販売するのが商品の場合は、商品の種類、性能、
品質に関する事項を記載します。

③ 販売条件に関する事項

商品の再販売、受託販売もしくは販売のあっせんや、役務の
提供もしくはそのあっせんに関する条件を記載します。

④ 特定利益の内容など

特定利益の内容を記載します。反対に、特定負担の内容は概
要書面に記載しますが、特定負担以外の義務の内容は契約書面
に記載します。

特定利益・
特定負担
154ページ参照。

⑤ 契約解除に関する記載

連鎖販売契約に関する重要な事項は概要書面に記載します。
しかし、クーリング・オフや中途解約などの契約解除に関する

事項は、契約書面にもあわせて記載します。特にクーリング・オフについては、契約書面の交付日を1日目として20日間がクーリング・オフの対象期間であることを記載します。

⑥ **抗弁権の接続に関する事項**

割賦販売法に基づく抗弁権の接続（215ページ）について記載します。

⑦ **法令に規定される禁止行為**

特定商取引法では、後述する不実告知や故意の事実不告知を禁止していますが、これらの禁止行為に違反していないことを記載します。

■ 不実告知・故意の事実不告知とは

連鎖販売取引では、消費者を勧誘する際に、または契約締結後に消費者が契約解除をするのを妨げるために、重要事項に関して事実と異なる内容を告げること（不実告知）や、消費者の判断に影響を及ぼす重要事項に関して故意に事実を告げないこと（故意の事実不告知）が頻繁に起こっています。特定商取引法では、統括者や勧誘者などによる不実告知や故意の事実不告知を禁止しています。

不実告知とはウソを言うこと、故意の事実不告知とは不利な事実をあえて告げないことです。販売物の品質や性能に関してウソを言うことや、入会して儲かった会員の例だけを説明し、損した会員の例をあえて話さないことも禁止されます。

さらに、販売する商品の種類・品質・性能に関する事項だけでなく、特定負担、特定利益、契約解除の条件なども重要事項にあたるため、これらに関する不実告知や故意の事実不告知が禁止されます。たとえば、クーリング・オフの行使を妨げるために、「この取引はクーリング・オフができない」とウソのことを伝える行為が禁止されます。

誇大広告は禁止されている

誇大広告を行うことも禁止されている。簡単に儲かる、誰でも儲かるといったような著しく事実に相違する表記や断定的な表記は、不実告知や故意の事実不告知として規制されているので、広告上でもこれらの表記が誇大広告として禁止されるのは当然のことといえる。

連鎖販売取引について広告を出す場合の表示事項

① 商品や役務などの種類

② 特定負担に関する事項

③ 特定利益について広告を行う場合には、その計算方法

④ 統括者等（統括者、勧誘者、一般連鎖販売業者）の氏名（名称）、住所、電話番号

⑤ 法人がインターネットを利用して広告を行う場合には、当該統括者等の代表者または連鎖販売業に関する業務の責任者の氏名

⑥ 商品名

⑦ 電子メール広告をするときは、統括者等の電子メールアドレス

■ その他禁止されている勧誘行為

消費者への勧誘時などに以下の行為をすることも禁止されています。

① 威迫行為

勧誘の際や契約解除を妨げるために消費者を威迫して（おどして）困惑させることが禁止されます。

② 勧誘目的を伝えずに行う勧誘

連鎖販売取引の勧誘であることを告げずに店舗などに消費者を誘い込むことが禁止されます。

■ 広告する場合の注意点

連鎖販売取引の広告をする場合は、上図の事項を記載することが必要です。連鎖販売取引も通信販売と同様にオプトイン規制であるため、事前に承諾していない人への広告メールの送信は認められません（オプトイン規制）。

強迫（脅迫）と威迫

強迫（脅迫）は相手を恐怖に陥れること、威迫はそれより軽度なもの、つまり相手を不安・困惑させることを意味する。威迫は強迫を含む概念であるため、威迫行為の禁止の方が事業者への取締りの範囲が広くなる。

オプトイン規制

事業者が消費者に対して広告等のメールを送信するにあたって、受信する消費者が事前にメールの送信に同意もしくは依頼した場合以外は、メールの送信を禁止する規制。

連鎖販売取引とクーリング・オフ

連鎖販売取引のクーリング・オフ期間は20日間

■ クーリング・オフは書面交付から20日以内にすればよい

連鎖販売取引にもクーリング・オフ制度が導入されています。連鎖販売取引のクーリング・オフ期間は20日間であり、訪問販売や電話勧誘販売の8日間と比べて長めに設定されています。具体的には、連鎖販売取引のクーリング・オフ期間は、消費者（無店舗個人に限ります）が契約書面を受け取った日（起算日）から起算して20日間です。契約書面が交付されていても、記載事項に不備がある場合には、不備のない書面が交付されるまでは20日間のカウントが始まりません。

■ 起算日の例外とは

連鎖販売取引では、契約書面の交付後しばらくしてから商品が送られてくることがあります。その場合、大量の商品を見て不安になり、クーリング・オフをしたいと思っても、契約書面の交付から20日間が経過していることが考えられます。

そこで、契約書面の交付よりも商品の引渡しが後になる場合には、例外として、最初の商品引渡日をクーリング・オフ期間の起算日とすることが定められています。

クーリング・オフ妨害があった場合は、妨害の解消後、再交付書面を受け取った日から起算して20日間クーリング・オフが認められます。

■ クーリング・オフの効果

クーリング・オフをするには、期間内に契約解除（または申

個別クレジットの　クーリング・オフ

事業者と個人の連鎖販売契約（特定連鎖販売個人契約）で個別クレジットにより支払いを行う契約を結んだ場合、支払いについての個別クレジット契約についてもクーリング・オフができる。

クーリング・オフ　妨害

不実の告知や威迫により「クーリング・オフができない」と思わせること。

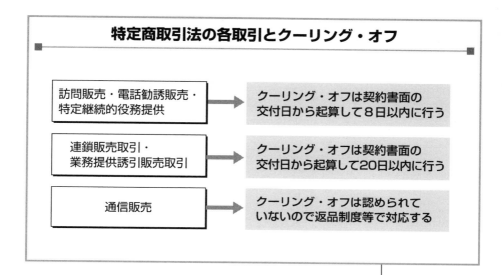

特定商取引法の各取引とクーリング・オフ

訪問販売・電話勧誘販売・特定継続的役務提供	→	クーリング・オフは契約書面の交付日から起算して8日以内に行う
連鎖販売取引・業務提供誘引販売取引	→	クーリング・オフは契約書面の交付日から起算して20日以内に行う
通信販売	→	クーリング・オフは認められていないので返品制度等で対応する

込取消し）の意思を書面により明示します。クーリング・オフは書面を発信した時点から効力を生じます（発信主義）。発信した日付や内容を証明するために、通常は内容証明郵便を利用します。

　なお、令和3年成立の特定商取引法改正で、クーリング・オフの通知について、書面ではなく電磁的方法（電子メールの送信など）で行うことが可能となりました（令和4年6月施行）。

　クーリング・オフが成立すると、事業者から損害賠償や違約金を請求されることなく契約が解除されたものとみなされます。また、契約が解除されることに伴って、事業者と消費者の両方に原状回復義務（すべての状態を元に戻す義務）が生じます。したがって、消費者が引渡しを受けた商品は、事業者に引き渡さなければなりませんが、その場合であっても消費者は引取費用を負担する必要はありません。契約書面などに損害賠償や違約金、引取費用などを消費者が負担する特約のように、法律が定める以上に消費者にとって負担となるような特約があっても、それらは無効となります。

契約者を保護する制度

高額の損害賠償の予定は無効である

■ 連鎖販売契約の中途解約とは

連鎖販売契約（連鎖販売取引に関する契約）を結んで組織に加入して会員になった消費者（無店舗個人に限ります）は、契約書面の受領日から起算して20日を経過してクーリング・オフができないとしても、いつでも自由に連鎖販売契約を中途解約する権利が認められています。この場合、事業者の消費者に対する損害賠償額に制限が設けられているため、損害賠償額の予定や違約金の定めに関する不当な特約は無効となります。

■ 商品販売契約の解除とは

連鎖販売契約を中途解約して退会した人は、入会後1年以内の消費者（無店舗個人に限ります）であること、引渡しから90日を経過していない商品であることなどの条件を満たせば、連鎖販売取引に関する商品の販売契約を解除することもできます。

商品販売契約に高額な損害賠償の予定や違約金の特約があると、消費者の負担が大きく解除できないおそれがあるため、損害賠償額に制限が設けられています。具体的には、契約時に損害賠償額の予定や違約金の特約があっても、消費者に対して、以下の①または②の額に法定利率による遅延損害金を加えた金額を超える支払請求はできません。

① 商品が返還された場合または引渡し前である場合は、商品の販売価格の10%に相当する額

② 商品が返還されない場合は、商品の販売価格に相当する額
これにより、退会したが大量の商品の代金支払いが負担と

解除と解約

解除とは、一方当事者の意思表示によって契約の当初にさかのぼって契約を消滅させること。解約とは、一方当事者の意思表示により、ある時点から将来に向かって契約関係を消滅させることを意味する。継続的に続く契約の場合、さかのぼって最初から契約がなかったことにされてしまうと、継続してきた関係から派生して生じたその他の法律関係も無効となってしまい不都合が生じることがあるため、解除ではなく解約を認めるのが原則である。

遅延損害金

約束の期限までに債務の履行をしなかった場合に課せられるペナルティのこと。

連鎖販売取引で契約をとりやめる方法

契約を
とりやめる
方法

- 契約書面の交付日から起算して20日以内であればクーリング・オフが可能

- クーリング・オフ期間経過後であっても中途解約権を行使して、会員をやめることができる

- 不実告知や故意の事実不告知などが原因で連鎖販売契約に加入した場合には取消権を行使できる

- 民法の詐欺や消費者契約法の消費者取消権の行使が認められるケースもある

なっている人や、大量の商品を抱えているために退会をためらっている人も保護されます。なお、この特定商取引法の規定は、連鎖販売業についての商品や役務を割賦販売により販売・提供する場合には適用されません。

■ 連鎖販売契約の取消しができる場合

統括者や勧誘者などによる故意の事実不告知または不実告知により消費者（無店舗個人に限ります）が事実を誤認し、それによって連鎖販売契約をしたと認められる場合には、その契約を取り消すことができます。取消権の行使期間は、事実誤認に気づいた時から1年間または契約締結時から5年間です。

ただし、取り消される事実があることを知らず、かつ、知らないことに過失がなく取引関係に加わった第三者に対しては、連鎖販売契約の取消を主張できません。

割賦販売により販売・提供する場合

割賦販売法が適用される。

適格消費者団体による差止

その他の契約者保護のための制度として事業者の行為についての差止請求がある。
商品の内容などについて事業者が不当な行為を行う可能性がある場合には、適格消費者団体は行為の停止などの必要な措置をとることができる（特定商取引法58条の21）。

特定継続的役務提供

エステなど７業種が該当する

■ 特定継続的役務とは

特定継続的役務とは、役務（サービス）の提供を受ける者の身体の美化や、知識・技能の向上などの目的を実現させることをもって誘引されるが、その目的の実現が確実でないという特徴を持つ有償の役務のことです。特定商取引法の規制対象となるのは、以下の①～⑦の役務の提供に限られています。

なお、①～⑦の役務を直接提供すること以外にも、その提供を受ける権利を販売する場合も、同様に特定商取引法の適用を受けます。

① エステティックサロン

美顔・脱毛・痩身などを目的とした施術を行う役務です。

② 美容医療

美顔・脱毛・痩身などを目的とした治療（医学的処置、手術など）行う役務です。

③ 語学教室

英語・フランス語・中国語などさまざまな語学の指導をする役務です。生徒を教室に集めて行う指導だけでなく、インターネットや電話を通じた指導も規制対象です。外国語（日本語以外）だけでなく、日本語の指導も語学指導に含まれ、規制対象になります。

なお、入学試験対策のための語学指導は、下記の学習塾や家庭教師に該当するものとして、特定商取引法の適用を受けます。

④ 学習塾など

教室など事業者が用意した場所で、入学試験対策（幼稚園・

エステの無料体験と契約解除

エステは衣類などを脱いだ状態で受けるので、その最中にしつこく勧誘されると、断って帰ることもできない。こうした無料体験を誘い文句にする勧誘にはクーリング・オフの適用が認められている。たとえクーリング・オフの期間を超過してしまっていたとしても、民法の強迫を理由に契約を取り消したり、退去妨害（退去したいという意思を表示したのに業者が退去をさせないこと）を理由に契約を解約することができる。契約を解約すればもちろん支払いをする必要もない。

特定継続的役務提供の種類

種　　類	役務が提供される期間（指定期間）	支払った金額（指定金額）
エステティックサロン	1か月を超える期間	総額5万円を超えるもの
美容医療		
語学教室	2か月を超える期間	
家庭教師		
学習塾		
パソコン教室		
結婚相手紹介サービス		

小学校の入試対策、いわゆる「お受験対策」を除く）や補習を目的として、学校（幼稚園・大学を除く）の児童生徒や学生を対象に勉強を教える役務です。資格取得を目的とする場合や就職セミナーは含まれません。「学習塾」については、高校生と浪人生の両方を対象とした役務提供は対象となりますが、浪人生のみを対象とした役務提供は対象外となります。

⑤　家庭教師など

　入学試験対策（幼稚園・小学校の入試対策、いわゆる「お受験対策」を除く）や学校教育（大学・幼稚園を除く）の補習のために勉強を教える役務で、「学習塾など」とは違い、事業者が用意した場所以外で行われるものです。インターネットや電話での指導も含まれます。

⑥　パソコン教室

　パソコンの操作に関する知識や技術を指導する役務です。パソコンの操作が求められる業務が増えており、それに伴いパソコン教室も増えているので、規制対象になっています。

⑦　結婚相手紹介サービス

　結婚を希望する人に異性を紹介する役務です。

> **学習塾をめぐる問題**
>
> 学習塾の指導契約をしたものの、受講者側が途中で解約したいと考え解約を申し出たところ、「解約は認められない」「書籍などの解約はできない」といった形でトラブルになることがある。

■ 指定期間・指定金額を超える取引に適用される

　特定商取引法が適用される特定継続的役務提供については、一定の提供期間（指定期間）を超え、かつ、一定の金額（指定金額）を超えるものに限定されています。

①　指定期間

　指定期間は、エステティックサロンと美容医療は1か月を超える提供期間、それ以外は2か月を超える提供期間です。通常は役務開始日から提供期間を計算します。開始日が定められていない場合は契約締結日から計算します。提供期間の算出について、チケット制の場合はチケットの有効期限までが提供期間となります。提供期間を更新した場合や、前契約と更新後の契約が一体であるとみなされる場合は、前後の期間を合算して提供時間を算出します。

②　指定金額

　指定金額は、すべての役務で5万円を超えるものです。この金額は総額であるため、施設費や入会金も含めて考えます。

■ 関連商品とは

　特定継続的役務提供の関連商品とは、役務を受ける消費者が購入する必要がある商品として政令で定めるものをいいます。たとえば、エステティックサロンであれば、石けんや化粧品、下着、健康食品、美顔器などが関連商品に含まれます。

　関連商品は、消費者が望んでいないのに強引に買わされたり、解約の際に返品をめぐってトラブルになったりすることが多いため、関連商品の売買契約として規制が設けられています。具体的には、概要書面や契約書面に関連商品を記載しなければならず、関連商品のクーリング・オフや中途解約も認められます。

■ 特定商取引法が適用されない特定継続的役務提供

　特定商取引法の規制対象である特定継続的役務提供であって

関連商品の確認

関連商品は次ページ図のように限定されており、特定継続的役務提供に付随して購入した商品のすべてが関連商品になるわけではない。消費者としては、購入前に購入物がクーリング・オフや中途解約の対象になるかについて事業者に確認する必要がある。

特定継続的役務の種類と関連商品

特定継続的役務	関連商品
エステティックサロン	●健康食品、栄養補助剤など　●化粧品、石けん、浴用剤 ●下着　●美顔器、脱毛器など
美容医療	●健康食品、栄養補助剤など　●化粧品 ●マウスピース、歯牙の漂白剤 ●美容目的の医薬品や医薬部外品
語学教室 家庭教師 学習塾	●書籍　●カセット・テープ、CD-ROM、DVD　など ●ファクシミリ装置、テレビ電話装置
パソコン教室	●電子計算機、ワードプロセッサー(これらの部品及び附属品) ●書籍　●カセット・テープ、CD-ROM、DVD　など
結婚相手紹介サービス	●真珠、貴石、半貴石　●指輪その他の装身具

も、その規制の適用が除外されるケースがあります。具体的には、特定継続的役務に該当する役務を提供する契約であっても、以下のいずれかに該当する場合には、特定商取引法の規制が適用されません。事業者として規制する必要性がない取引や、他の法律で保護されているものが、規制の対象から外れるということになります。

・購入者が営業として行う取引(事業者間取引)

・海外在住者との取引

・国や地方公共団体が特定継続的役務の提供を行う場合

・労働組合などが組合員に対して特定継続的役務の提供を行う場合

・事業者が従業員に対して特定継続的役務の提供を行う場合

特定継続的役務提供の規制①

広告や勧誘には特定商取引法の適用がある

■ たとえばどんなケースなのか

広告に「半年通えばあなたも必ずやせて美しくなる」という宣伝文句があって、説明を聞いてみると「絶対成果がでますよ」「今すぐ始めなければ手遅れですよ」などと誘引されて契約し、エステティックサロンに通い始めたとします。

しかし、当然効果には個人差があるため、思うような効果が得られないこともあるでしょう。そこで、途中でやめたいと思った場合に解約ができるのかが問題になります。

また、そもそも広告内容が誇大表示であって、「必ずやせる」と思い込んだことや、強引な勧誘が契約をした原因だったとすると、事業者の責任も問題になります。

■ 広告規制とは

**誇大広告等の
禁止の根拠条文**

特定継続的役務提供における誇大広告等の禁止については、特定商取引法43条で規定されている。

特定継続的役務提供は、その特性から広告でいかに魅力的に宣伝するかが売上げに大きく関わるため、事業者はテレビCMやインターネット広告など多数の広告を展開し、消費者の関心を集めようとします。

広告で問題となるのは、役務の内容や金額、事業者の氏名などについてウソを含む広告です。これは「著しく事実に相違する表示」として禁止されます。この他にも、「実際のものよりも著しく優良であり、若しくは有利であると人を誤認させるような表示」も禁止されます。これらを誇大広告等の禁止といいます。

たとえば、著名な人物（有名人）を広告塔として使用する場合、その有名人が実際には役務の提供を受けていないのに「俳

特定継続的役務提供についての誇大広告の禁止

役務の内容・目的、著名な人物の関与、販売価格、支払の時期や方法、役務の提供期間、事業者名やその連絡先、負担金

誇大広告等の禁止

著しく事実に相違する表示（偽りの広告）をしてはならない
実際のものよりも著しく優良であり、または有利であると、消費者を誤認させるような表示（優良誤認・有利誤認の広告）をしてはならない

優の○○さんが愛用」「歌手の○○さんが絶賛」などとする表示は禁止されます。また、信用を高めるために、勝手に「○○省の推薦を受けている」「○○省も効果を認めている」などと公的機関の名称を用いることも禁止されます。

　もしこれらの広告内容について疑念を持たれた場合には、主務大臣が事業者に対して、その広告内容に対する合理的な証拠資料を提出するよう求めることができます。

　証拠が提出できないときは、誇大広告等にあたるとみなして、その広告を規制することができます。具体的には、主務大臣による指示、業務停止、業務禁止の対象となる他、罰則が科されることもあります。

■ 書面交付義務とは

　特定継続的役務提供の場合、書面を交わして事業者と消費者が情報や意思を正しく伝え合うことは非常に重要です。このため、書面の交付については、概要書面と契約書面という形で2段階に分けて交付することが義務付けられています。

　概要書面と契約書面の記載内容は後述しますが、書面の記載内容は契約の重要事項ですから、確実に消費者が読んでくれるよう工夫することが求められます。たとえば、文字の大きさは

> **主務大臣**
> その行政事務を担当する大臣のこと。

> **書面の交付義務の根拠条文**
> 特定継続的役務提供における書面の交付義務については特定商取引法42条で規定されている。

令和3年成立の特定商
取引法改正で、交付の
相手方の同意を条件
に、書面ではなく電磁
的方法（電子メールの
送信など）で行うこと
が可能となる（令和4
年10月現在は未施行）。

8ポイント以上でなければならず、書面の内容を十分に読むべきであることを赤枠の中に赤字で記載しなければなりません。契約書面においては、特にクーリング・オフに関する事項を赤枠の中に赤字で記載することが必要です。

■ 概要書面の交付

消費者が契約をするかしないかを決定する前に、書面によって十分な情報を示さなければなりません。広告やチラシを渡すだけでは足りず、具体的な契約内容を示したものでなければなりません。ここで交付される書面を概要書面といいます。

概要書面には、事業者の氏名（名称）、役務の内容・提供期間、クーリング・オフに関する事項、中途解約に関する事項、前受金の保全などについて記載します（次ページ図）。

■ 契約書面の交付

契約を締結した場合には、遅滞なく契約書面を交付しなければなりません。ここで交付される書面を契約書面といいます。

契約書面の記載事項は、概要書面の記載事項と共通する部分が多いものの、提供する役務（サービス）の内容をより具体的に詳しく記載し、さらに契約締結年月日、契約締結担当者の氏名なども記載します。契約書面の記載事項は以下のとおりです。

① 役務の内容、関連商品（購入する必要のある商品）がある場合にはその商品名

② 役務の対価など、役務を受ける者が支払う金銭の額

③ 金銭の支払時期と支払方法

④ 役務の提供期間

⑤ クーリング・オフに関する事項

⑥ 中途解約に関する事項

⑦ 事業者の氏名（名称）、住所、電話番号、法人の場合は代表者の氏名

概要書面の記載事項

① 事業者の氏名（名称）、住所、電話番号、法人であれば代表者の氏名
② 役務の内容
③ 購入が必要な商品（関連商品）がある場合にはその商品名、種類、数量
④ 役務の対価（権利の販売価格）、その他支払うべき金銭（概算金額）
⑤ ④の金銭の支払時期、方法
⑥ 役務の提供期間
⑦ クーリング・オフに関する事項
⑧ 中途解約に関する事項
⑨ 割賦販売法に基づく抗弁権の接続に関する事項
⑩ 前受金の保全措置の有無、措置を講じている場合にはその内容
⑪ 特約がある場合にはその内容

⑧　契約締結担当者の氏名
⑨　契約締結年月日
⑩　関連商品（購入する必要のある商品）がある場合には、その種類や数量
⑪　割賦販売法の抗弁権の接続に関する事項
⑫　前受金保全措置の有無、措置を講じている場合にはその内容
⑬　関連商品（購入する必要のある商品）がある場合にはその商品を販売する者の連絡先
⑭　特約がある場合にはその内容

　なお、概要書面や契約書面を交付しなかった、虚偽記載をした、記載に不備があったなどの違反行為に対しては、主務大臣による指示、業務停止、業務禁止の対象となる他、罰則が科されることもあります。

割賦販売法に基づく抗弁権の接続

販売会社に対して主張できることはクレジット会社に対しても主張できるということ。

前受金の保全

英会話学校の授業料やエステの利用料などを前払いしたにもかかわらず、途中で事業者が倒産してサービス利用も返金も受けられないという事態を避けるため、前受金の一部を供託するなどの措置をとること。現行法では前受金の保全は義務付けられておらず、保全措置の有無について概要書面などに掲載するよう義務付けるのみとなっている。

特定継続的役務提供の規制②

・・・

クーリング・オフが行われると、消費者は支払義務がなくなる

■ 勧誘などの規制とは

　広告だけでなく勧誘などにも特定商取引法の規制があります。

　具体的には、契約締結について勧誘を行う際、一定の事項につき故意に事実を告げないこと（故意の事実不告知）が禁止されます。また、契約締結について勧誘を行う際、または契約締結後に消費者が契約解除をするのを妨げるために、一定の事項につき事実と異なる内容を告げること（不実告知）も禁止されます。「一定事項」とは、①役務の種類、内容、効果など、②関連商品の有無、③関連商品の種類など、④役務提供期間、⑤支払うべき費用や支払方法、⑥中途解約などの契約解除に関する事項などです。そして、不実告知や故意の事実不告知については、主務大臣は事業者に合理的な根拠を示す資料の提出を求めることができ、提出がない場合には、不実告知や故意の事実不告知があったとみなされます。

　その他、契約締結について勧誘を行う際、または契約締結後に消費者が契約解除をするのを妨げるために、消費者を威迫して困惑させる行為も禁止されます。

■ クーリング・オフの要件と効果

　クーリング・オフの要件は、①特定継続的役務提供の契約であること、②契約書面の受領日を含めて８日以内であること、③書面によって契約解除の意思を表示することです。これらの要件を満たせば、消費者は無条件で契約解除ができます。

　また、関連商品を購入した場合は、主契約だけのクーリング・

不実告知や故意の事実不告知

都合の悪い情報は伝えたくないが、消費者に伝えなければならないことを故意に隠すことや、事実と異なる内容を言うことは禁止されている。

強引なセールスは禁止行為になる場合もある

トラブルが多いのは、威圧とまではいえない強引なセールスだが、場合によっては困惑行為とみなされ、禁止行為になる場合もある。

関連商品のクーリング・オフ

契約書面を受け取った日から起算して8日以内ならクーリング・オフできる

↓また

消費者が購入した関連商品についても原則としてクーリング・オフできる

↓ただし

①健康食品、②化粧品・石けん・浴用剤、③美容医療の関連商品を
使用した場合はクーリング・オフできない

※関連商品の種類については167ページ図参照

オフでは消費者を救済できないことが多いため、主契約のクーリング・オフがなされた場合で、契約書面の受領日を含めて8日以内などの要件を満たせば、主契約と共に関連商品のクーリング・オフが認められます。主契約と同時に関連商品のクーリング・オフをすることも可能です。ただし、使用して返品不可能な場合など、クーリング・オフができない場合もあります。

クーリング・オフが成立すると、消費者は支払義務がなくなり、受領した商品の返還義務が生じますが、引取費用は事業者負担です。事業者は、損害賠償や違約金などの請求ができず、受領した金銭を速やかに消費者に返還する義務を負います。

なお、クーリング・オフの通知については、書面ではなく電磁的方法（電子メールの送信など）で行うことも可能です。

■ 不実告知や故意の事実の不告知による契約の取消し

事業者による不実告知や故意の事実不告知があり、その結果、消費者が誤認して契約をした場合、事実誤認に気づいた時から1年間または契約締結時から5年間、その契約の取消しができます。ただし、取消しの事情につき善意無過失で取引関係に加わった第三者に対しては、契約の取消しの主張ができません。

**クーリング・オフ
の効果**

書面や電子メールなどを発したときから契約関係が解消されることになる。なお、電磁的方法（電子メールの送信など）によるクーリング・オフは、令和3年成立の特定商取引法改正で可能になった（令和4年6月施行）。

**詐欺や強迫が
行われた場合**

詐欺や強迫が行われた場合には、民法96条に基づいて契約を取り消すことができる。ただし、詐欺による取消は、善意無過失（事情を知らず、かつ知らないことに過失がないこと）の第三者には主張できない。

特定継続的役務提供契約の中途解約権

••

クーリング・オフ期間が経過しても契約解除ができる

■ たとえばどんなケースなのか

　たとえば、エステ契約（施術契約）を結んだものの、途中で止めようと思った場合、契約を解除することになります。

　しかし、エステ業者側が「契約から1か月経過しているため、クーリング・オフは適用されません。また、契約書には中途解約不可の記載があるため、中途解約に応じることもできません」と主張し、中途解約を拒否することがあります。契約後1か月ということは、クーリング・オフ期間（8日間）を過ぎてしまっているため、クーリング・オフを行使することはできません。

　特定商取引法ではエステのような継続的サービス（特定継続的役務提供）に対し、中途解約権というものを認めています。この権利を行使すれば、特定継続的役務提供契約を将来に向かって解除することができます。事業者が作成した契約書内に「中途解約不可」などの記載があったとしても、そのような約定に効力は認められません。

　ただし、中途解約に際して事業者から損害賠償請求を受けた場合は、一定限度額の支払が必要です（177ページ）。

■ 中途解約とは

　特定商取引法では、中途解約のことを「クーリング・オフ期間経過後、将来に向かって解除できる制度」としています。中途解約の規定で消費者に不利な変更は認められません。エステサービスなどの契約書に中途解約は認められないという記載が

中途解約の将来効

中途解約は、過去にはさかのぼらず、将来に向かって行うことができる。このことを将来効という。つまり、すでに行われたサービスの提供などは解除されないため、事業者に対して過去の分について代金の返還などを求めることはできない。

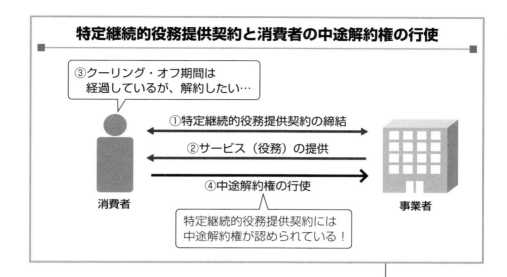

特定継続的役務提供契約と消費者の中途解約権の行使

③クーリング・オフ期間は
経過しているが、解約したい…

①特定継続的役務提供契約の締結

②サービス（役務）の提供

④中途解約権の行使

消費者

事業者

特定継続的役務提供契約には
中途解約権が認められている！

あったとしても、その記載は無効です。事業者によっては、中途解約における損害賠償の額を契約書に規定していることがありますが、その場合も法律の規定が優先します。

■ 中途解約権を行使するには

中途解約権を行使するために、消費者側に求められる特別な条件はありません。消費者が事業者に対し、中途解約の意思を示すだけで十分です。さらに、中途解約のための特別な理由も必要ありません。つまり「単に気が変わった」という理由だけでも中途解約権を行使できることになります。この場合は事業者よりも消費者の方に問題があるため、特定商取引法においても事業者が消費者に対して、一定限度の損害賠償請求をすることを認めているのです（177ページ）。

事業者は消費者の中途解約権の行使を拒否できません。契約書内に「中途解約不可」と記載していても、その記載は無効です。注意しなければならないのは、口頭での中途解約権の行使は、後々のトラブルにつながりかねないということです。

事業者側が「中途解約の話など全く聞いていません」と主張してくると、裁判沙汰になってしまいます。そのような事態を避けるためにも、中途解約の通知は必ず書面で行いましょう。

■ 中途解約をするとどうなる

中途解約の意思表示を事業者に対して行うと、契約が将来に向かって効力を失います。消費者の支払義務はなくなり、事業者もサービスを提供し続ける必要はありません。

たとえば、半年間30万円のエステコースに関する契約について中途解約を実行すると、将来支払うべきだった金額が返還されます。ただし、すでに受けたサービスに対する対価は戻ってきません。

また、解約した時点で1か月分のサービスを受けてしまっていたとすると、1か月あたりの支払額は30万円÷6＝5万円なので、最初の1か月分に相当する5万円に関しては戻ってきません。一方、残りの25万円（契約残額）は全額返還されます。

そして、特定継続的役務提供契約が中途解約された場合、役務の提供を受けるにあたって消費者が購入した関連商品の売買契約も、あわせて中途解約することができます。

■ 事業者から消費者への損害賠償請求額

消費者から中途解約権の行使を受けた事業者は、その消費者に対して損害賠償請求ができます。もちろん、サービスの対価すべての請求はできません。特定商取引法では、サービスごとに請求できる損害賠償金の上限が定められています。

エステサービスの場合は「2万円または契約残額の10%」が損害賠償の限度額です。語学教室の場合は「5万円または契約残額の20%」、家庭教師の場合は「5万円または1か月分の授業料」、パソコン教室の場合は「5万円または契約残額の20%」が損害賠償金の限度額とされています。

契約残額

契約に関する役務の対価の総額から、すでに提供された役務の対価に相当する額を差し引いた額。

請求限度額と消費者への返還

中途解約時点で事業者がすでに受け取っている金額が限度額を超えている場合には、超えている分については消費者に返還されることになる。

中途解約した場合に支払う損害賠償金の限度額

特定継続的役務	サービス提供前の解約	サービス提供後の解約
エステティックサロン	2万円	2万円と契約残額の1割を比較して低い方の金額
美容医療	2万円	5万円と契約残額の2割を比較して低い方の金額
語学教室	1万5000円	5万円と契約残額の2割を比較して低い方の金額
家庭教師	2万円	5万円と1か月分の月謝相当額を比較して低い方の金額
学習塾	1万1000円	2万円と1か月分の月謝相当額を比較して低い方の金額
パソコン教室	1万5000円	5万円と契約残額の2割を比較して低い方の金額
結婚相手紹介サービス	3万円	2万円と契約残額の2割を比較して低い方の金額

■ 精算の際の注意点

　中途解約を行う場合に重要なのは、事業者が交付する概要書面や契約書面（交付書面）に記載された精算方法の確認です。契約の前後に交付書面が作成されているはずなので、必ず確認します。そして、交付書面に記載された清算方法に基づき、それぞれのケースにおいて、事業者による消費者への損害賠償請求が認められるかどうかを判断することになります。

　その上で、交付書面に記載された精算方法が明確で妥当なものといえるかどうかを検討します。事業者によっては、サービスの内容や対価から見て不合理な内容を定めている場合、精算方法を無効にできる場合がありますので、消費者としては必ずチェックするようにしましょう。

業務提供誘引販売取引

■ 業務提供誘引販売取引とは

業務提供誘引販売取引とは、商品や役務（サービス）を利用することによって利益を受けられることを誘い文句として、一定の金額を消費者に負担させ、その商品の販売、役務の提供やこれらのあっせんを行う取引のことです。具体的には、以下の3つの要件をすべて満たす取引のことを指します。

① 商品の販売または有償で行う役務の提供（それらのあっせんを含む）の事業であって

② 業務提供利益が得られると消費者を誘引し

③ その消費者と特定負担を伴う取引をするもの

業務提供誘引販売取引の代表例といわれるのが「内職商法」「モニター商法」です。業務提供誘引販売取引でトラブルの要因となるのが、「内職によって利益が得られると信じたから道具を購入したのに、実際はたいして儲からない」「約束した商品のモニター料の支払いがない」というものです。

■ 特定負担とは

特定負担とは、業務提供誘引販売取引をするために消費者が抱える金銭的負担のことです。具体的には、①商品の購入の対価の支払い、②役務の対価の支払い、③取引料の提供のことを意味します。たとえば、内職をすることで利益を上げられることを誘い文句にし、消費者にパソコンやパソコンソフトを購入させた場合には、そのパソコンやパソコンソフトの代金が①の特定負担となります。また、③の特定負担は、加盟料や保証金

内職商法

内職の仕事で収入を得られることを誘い文句とし、内職に必要な道具を購入させるもの。

モニター商法

商品のモニターとしてその商品を使用した感想を提供すると収入を得られることを誘い文句とし、使用する商品を購入させるもの。

何が問題なのか

事業者は内職やモニターといった自宅でできる仕事を紹介してくるが、本当の目的はそれに関連した商品を売りつけることである。「毎月得られる収入によって初期費用はすぐに回収できます」というのが事業者の勧誘文句だが、実際は収入がほとんどなく、初期費用を回収できないトラブルが多発している。

特定負担

対価の支払いや取引料の提供といった購入者が負う負担のこと。

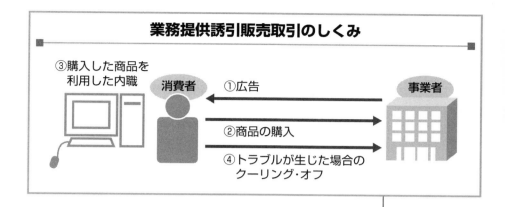

業務提供誘引販売取引のしくみ

③購入した商品を利用した内職

消費者 ①広告 事業者

②商品の購入

④トラブルが生じた場合のクーリング・オフ

の支払いなどのように、①②に該当しない消費者の金銭的負担が該当します。

　以上から、業務提供誘引販売取引は、単なる商品の販売契約や役務の提供契約ではなく、購入者が利益を得られることを誘い文句にするものでなければなりません。たとえば、内職の仕事やモニターなどが最初からなく、パソコンの売買契約のみが行われているという場合、それは単なる商品の販売契約であって、業務提供誘引販売取引ではありません。しかし、業務提供誘引販売取引においては、その多くの契約で、消費者に利益を得させることではなく、消費者から商品や役務提供の対価を得ることが、事業者のおもな目的となっているため、消費者と多くのトラブルが発生するのです。

■ クーリング・オフが利用できる

　業務提供誘引販売取引で商品を購入して業務に従事してみたが、当初思っていたようには在宅ワークがはかどらなかった場合、解約したいと考える人は多いでしょう。この場合、クーリング・オフ制度の利用ができます。業務提供誘引販売取引のクーリング・オフの行使期間は、連鎖販売取引と同じく契約書面を受領した日から起算して20日間と長めに設定されています。

クーリング・オフ期間が20日間である訳

業務提供誘引販売取引の場合、実際に報酬が得られるかどうかが判明するまで一定の期間が必要になるのが通常であるため、訪問販売と比べて、クーリング・オフの期間が長めに設定されている。

業務提供誘引販売取引の規制

不当な勧誘や不明確な契約を規制する

■ 広告表示規制・誇大広告等の禁止

特定商取引法では、業務提供誘引販売取引に関して事業者が広告を行う場合、一定の事項を表示する必要があると定めています。おもな表示事項は、商品や役務の種類、特定負担に関する事項、業務の提供条件、業務提供誘引販売取引を行う者の氏名（名称）、住所、電話番号です。

業務提供誘引販売取引でも誇大広告等が禁止されています。具体的には、著しく事実に相違する表示や、実際のものより著しく優良であり、もしくは有利であると人を誤認させるような表示が禁止されています。

■ 勧誘などに関する規制

事業者が消費者を勧誘する際に、もしくは消費者による契約解除を妨げるために、①②の行為をすることの他、勧誘の際に③の行為をすることが禁止されています。

① 故意の事実不告知・不実告知

商品の品質・性能、特定負担、その他の契約に関する重要事項を故意に告げないことや、事実と違うことを告げることが禁止されています。

② 威迫行為

消費者を威迫して困惑させる行為が禁止されています。

③ 勧誘の目的を告げない誘引

キャッチセールスなどと同様に、勧誘目的であることを知らせずに、店舗などに消費者を誘い込み、業務提供誘引販売取引

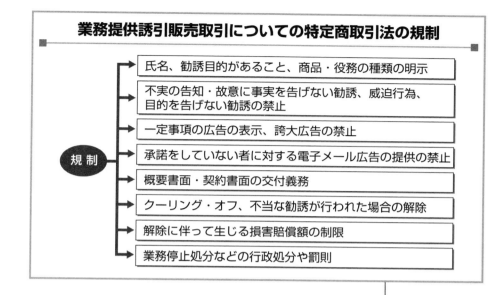

業務提供誘引販売取引についての特定商取引法の規制

規制
- 氏名、勧誘目的があること、商品・役務の種類の明示
- 不実の告知・故意に事実を告げない勧誘、威迫行為、目的を告げない勧誘の禁止
- 一定事項の広告の表示、誇大広告の禁止
- 承諾をしていない者に対する電子メール広告の提供の禁止
- 概要書面・契約書面の交付義務
- クーリング・オフ、不当な勧誘が行われた場合の解除
- 解除に伴って生じる損害賠償額の制限
- 業務停止処分などの行政処分や罰則

の勧誘を行う行為が禁止されています。

■ 電子メール広告の提供の規制

　事業者が業務提供誘引販売取引のための電子メール広告を送信するには、事前に送信先である相手方の承諾を得なければなりません。その承諾がない限り、事業者が電子メールにて広告を送信することは原則として禁止されています(オプトイン規制)。

　この規制は、業務提供誘引販売事業者（業務提供誘引販売業を行う者）だけでなく、事業者から委託をうけて広告を送信する受託事業者も対象となります。消費者から広告メールの送信の承諾を得た事業者は、最後に電子メール広告の送信をした日から3年間、その承諾の記録を保存しなければなりません。委託をうけて広告を送信する受託事業者も対象となります。消費者から広告メールの送信の承諾を得た事業者は、最後に電子メール広告の送信をした日から3年間、その承諾の記録を保存しなければなりません。

■ 書面交付義務とは

　書面交付義務とは、契約締結前や契約締結後に契約内容が記された書面を消費者（無店舗の個人に限ります）に交付する義務です。契約締結前（勧誘時など）に交付する書面を概要書面といい、契約締結後に交付する書面を契約書面といいます。

　令和3年成立の特定商取引法改正で、交付の相手方の同意を条件に、書面ではなく電磁的方法（電子メールの送信など）で行うことが可能となります（令和4年10月現在は未施行）。

　業務提供誘引販売取引では、次の条件に該当する場合、事業者が概要書面を交付することを義務付けています。書面交付の際、次ページ図の事項を明記しなければなりません。

① 　無店舗個人と契約を締結する場合
② 　特定負担のある契約を締結する場合

■ 契約書面の注意点

　契約書面も消費者（無店舗個人に限ります）との間で業務提供誘引販売取引の契約を締結後、事業者が遅滞なく交付する必要があります。契約書面には次の事項を記載します。

・商品の種類・性能・品質、役務の提供を受ける権利や役務の種類、これらの内容に関する事項
・商品や提供される役務を利用する業務の提供・あっせんについての条件に関する事項
・特定負担に関する事項
・業務提供誘引販売契約の解除に関する事項（クーリング・オフに関する事項を含む）
・事業者の氏名（名称）、住所、電話番号、法人の場合は代表者の氏名
・契約締結担当者の氏名
・契約年月日
・商品名、商品の商標・製造者名

無店舗個人

業務提供誘引販売における無店舗個人とは、業務提供誘引販売事業者による業務提供誘引販売業に関して提供され、またはあっせんされる業務を店舗や事業所によらないで行う個人のことを指す。

---

① 業務提供誘引販売業（業務提供誘引販売取引に関する事業）を行う者の氏名（名称）や住所、電話番号、法人である場合は代表者の氏名

② 商品の種類・性能・品質に関する重要な事項や、権利・役務の種類などに関する重要な事項

③ 商品名

④ 商品や提供される役務を利用する業務の提供・斡旋についての条件に関する重要な事項

⑤ 特定負担の内容

⑥ 業務提供誘引販売契約の解除や取消しに関する事項

⑦ 割賦販売法に基づく方法で商品の販売や役務の提供を行う際の抗弁権の接続に関する事項

・特定負担以外の義務の内容
・割賦販売法に基づく抗弁権の接続に関する事項

■ 取消権・損害賠償額の制限

　事業者が契約に関する重要事項について故意の事実不告知・不実告知を行い、これにより消費者が誤認して契約を締結した場合、消費者は、事実誤認に気づいた時から1年間または契約締結時から5年間、その契約の取消しができます。ただし、事業者の不正行為について善意無過失の第三者がいる場合には、その人に対して取消しを主張することはできません。

　また、消費者の債務不履行（特定負担の支払いがないなど）を理由に事業者が契約を解除した場合、事業者が消費者に対して請求できる損害賠償額についての上限額が定められています。

善意無過失

事情について知らず、かつ知らないことについて過失がないこと。平成29年の民法改正に伴い、第三者保護要件が「善意」から「善意無過失」に変更された。

損害賠償額の上限はどのくらいか

たとえば、解除により商品が返還された場合、通常の使用料に法定利率による遅延損害金を加えた額が上限となる。また、商品が返還されない場合、販売価格に遅延損害金を加えた額が上限となる。

訪問購入

特定商取引法で新たに規制対象となった取引類型

■ 訪問購入も特定商取引法の規制対象に含まれている

近年急増している悪質商法のひとつとして押し買いがあります。押し売り（訪問販売）とは対照的に、押し買いとは、自宅を訪れた購入業者に貴金属やアクセサリーなどを強引に買い取られてしまう悪質商法のことです。言葉巧みに勧誘されることもあれば、詐欺・脅迫まがいの勧誘が行われることもあります。

以前から押し買いを効果的に規制できないことが問題視されていたことから、押し買いを規制する内容を盛り込んだ特定商取引法の改正が平成24年8月に公布され、平成25年2月に施行されています。特定商取引法では、押し買いのことを訪問購入と名付けています。

この特定商取引法の改正により、以前は規制対象外だった訪問購入について、おもに次のような規制が設けられています。

・事業者名や勧誘目的等の明示義務

・不招請勧誘の禁止

・クーリング・オフ制度の導入

・契約書面の交付義務

これらの規制に違反した事業者は、業務改善指示、業務停止命令、業務禁止命令の対象となったり、罰則が科されたりする場合があります。

■ 訪問購入とその対象物品

特定商取引法で規制される訪問購入とは、物品の購入業者が営業所等以外の場所において行う物品の購入のことをいいます。

訪問購入の規定

特定商取引法58条の4から58条の17にわたって規定されている。

押し買いの被害

販売員が自宅に押しかけて商品を売りつけてくる、「押し売り」は以前から問題になっていた。PIO−NET（国民生活センターと全国の消費生活センターをネットワークで結び消費生活に関する苦情相談情報の収集を行っているシステム）に寄せられた貴金属等の訪問買取りに関する年度別相談件数によると、平成22年頃から押し買いの被害が急増していたが、特定商取引法の平成24年改正後は、平成28年をピークに減少傾向にある。特定商取引法は、一般にトラブルが発生しやすい取引を特定商取引として規制対象にしているが、平成24年改正前は押し買いについては規制対象に含まれていなかった。

訪問購入と特定商取引法の規制

特定商取引法の訪問購入にあたるため、クーリング・オフなどの規制が適用される

消費者宅などで行われる
購入業者による宝石などの買取契約

消費者 ← → 購入業者

たとえば、貴金属の購入業者が消費者の自宅に訪問し、消費者が所有する貴金属を買い取る行為が訪問購入に該当します。

原則として、訪問購入で取引されるすべての物品が規制対象となります。例外として、自動車（2輪のものを除く）、家具、家電（携行の容易なものを除く）、書籍、DVD、ゲームソフト、有価証券などが訪問購入の規制対象外とされています。

■ 訪問購入の適用除外

訪問購入に該当する取引のすべてが特定商取引法の規制対象になるわけではありません。たとえば、消費者が営業のために売買する契約を締結する場合は「事業者間の取引」となるため、訪問購入に関するすべての規制が適用されません。

また、次の取引の場合は、訪問時の事業者名の明示義務など、一部の規制を除いた訪問購入に関する規制が適用されません。

・売主（消費者）が自宅での契約締結等を請求した取引

・御用聞き取引（購入業者が定期的に住居を巡回して売買する取引）

・常連取引（訪問日の前1年間に、店舗のある購入業者であれば1回以上、店舗のない購入業者であれば2回以上取引実績がある消費者と売買する取引）

適用除外

①事業者間取引に加えて、②海外在住者に対する契約、③国や地方公共団体が行う訪問購入、④労働組合などが組合員などに対して行う訪問購入、⑤事業者が従業員に対して行った訪問購入については、訪問購入に関する特定商取引法のルールがすべて適用されない。

訪問購入の勧誘時のルール

勧誘前に氏名や訪問の目的を明示する

■ 禁止される不招請勧誘とは

特定商取引法では、訪問購入において営業所等以外の場所で不招請勧誘を行うことを禁止しています。

消費者から購入業者に対し、「自宅にある着物の買い取りをお願いしたい」など、訪問購入に関する売買契約を締結するよう消費者から要請されて勧誘するのが招請勧誘、消費者から要請（アポイント）がないのに勧誘するのが不招請勧誘です。では、アポイントさえとれば「不招請勧誘」にあたらないのでしょうか。たとえば、事業者が電話やメールなどで「不要な家電を売りませんか」と消費者を勧誘し、これに応じた消費者から依頼を受けて訪問した場合は、不招請勧誘にあたりません。しかし、家電の買い取り依頼を受けて訪問した業者が貴金属の買い取りを勧誘した場合、訪問自体は消費者が依頼していますが、貴金属の買い取りは消費者から依頼を受けていないため、不招請勧誘にあたります。

なお、消費者が不招請勧誘を受けて売買契約を締結した場合も、クーリング・オフ制度を利用することが可能です。

■ 商品の査定を依頼すると不招請勧誘ではなくなるのか

悪質な訪問購入の手口とされているのが、「無料査定」を悪用した勧誘です。購入業者が「査定を無料でした以上、買い取りを求めてきたのと同じだ」などと迫るわけです。

しかし、査定の勧誘と買い取りの勧誘は別物です。消費者が「査定だけしてほしい」と要請したのであれば、それに乗じて業者が買い取りの勧誘をすれば「不招請勧誘」として特定商取引法

飛び込み勧誘
アポイントなしで自宅を訪問し、「貴金属を売りませんか」などと迫る飛込み勧誘は、特定商取引法に違反する行為になる。

購入業者が守らなければならないルール

訪問購入の勧誘時のルール

- 氏名や勧誘目的などを明示しなければならない
- 勧誘を要請していない消費者への勧誘（不招請勧誘）の禁止
- 消費者側の勧誘を受ける意思の有無を確認しなければならない
- 訪問購入を拒否した消費者に対する再勧誘の禁止
- 購入価格や支払時期などの事項についての不実告知・故意の事実不告知や消費者を威迫して困惑させる行為の禁止

の規制を受けることになります。ただし、消費者が「査定の金額次第では買い取りを依頼したい」などと言って購入業者を招いた場合は、不招請勧誘にあたらないと判断される可能性があります。

■ 訪問時には氏名や目的を明示する

特定商取引法では、購入業者に対して、さまざまな規制を設けています。まず、購入業者は消費者宅を訪問し、勧誘を始める前に、次の項目を消費者に明示することが義務付けられています。

① 購入業者の氏名（名称）
② 売買契約の締結について勧誘をするために訪問したこと
③ 購入しようとする物品の種類

この義務は、消費者が自宅にある物品の買い取りを求めて購入業者を招請した場合（招請勧誘）も適用されます。さらに、勧誘を始める前には、消費者に対し「勧誘を受ける意思があることを確認すること」が義務付けられています。

■ 訪問購入に関する禁止行為

この他、訪問購入においては、消費者保護のために、次のような禁止行為が定められています。

明示義務違反と行政処分
氏名・目的の明示義務に違反すると指示や業務の停止など、行政処分の対象になる。

① 再勧誘の禁止

消費者が訪問購入に関する売買契約を締結しない意思を示した場合、再度当該売買契約の締結について勧誘を行うことが禁じられています。

② 不実告知・故意の事実不告知の禁止

訪問購入の勧誘を行う際、物品の種類・購入価格、クーリング・オフに関する事項、物品の引渡しの拒絶に関する事項などについて、不実のことを告げる行為（不実告知）や、故意に事実を告げない行為（故意の事実不告知）が禁じられています。

さらに、不実告知については、契約解除を妨げるために行うことも禁じられています。

③ 威迫行為の禁止

売買契約を締結させ、もしくは契約解除を妨げるために、消費者を威迫して困惑させる行為をすることが禁じられています。

■ 書面に記載すべき事項

購入業者は、売買契約の申込みを受けた場合は直ちに、売買契約を締結した場合は遅滞なく、その内容を記載した書面を消費者に交付しなければなりません。消費者に交付する書面には、次ページ図に挙げた項目を記載します。

■ 引渡拒絶権に関する通知が必要

訪問購入でもクーリング・オフ制度があります（191ページ）。ただ、消費者が購入業者に物品を引き渡してしまうと、第三者に売却されてしまい、クーリング・オフを行使しても物品を取り戻せない事態に陥る可能性が高くなります。

そこで、クーリング・オフ期間中は物品の引渡しの拒絶ができる（引渡拒絶権）という制度が設けられています。しかし、消費者が物品拒絶権を知らずに物品を引き渡すこともあるため、特定商取引法では、購入業者が消費者から直接物品の引渡しを

書面によらない交付方法も可能になる

令和3年成立の特定商取引法改正で、交付の相手方の同意を条件に、書面ではなく電磁的方法（電子メールの送信など）で行うことが可能になる（令和4年10月現在は未施行）。

申込時または契約締結時に交付する書面の記載事項

- ・物品の種類、物品の購入価格
- ・物品の代金の支払時期および支払方法
- ・物品の引渡時期および引渡しの方法
- ・クーリング・オフに関する事項
- ・クーリング・オフ期間中の物品の引渡しの拒絶に関する事項
- ・購入業者の氏名（名称）、住所、電話番号、法人の場合には代表者の氏名
- ・売買契約の申込みまたは締結を担当した者の氏名
- ・売買契約の申込みまたは締結の年月日
- ・物品名、物品の特徴
- ・物品やその附属品に商標、製造者名、販売者名の記載または型式がある場合には、その商標、製造者名、販売者名、型式
- ・契約の解除に関する定めがあるときは、その内容
- ・特約があるときは、その内容

受けるときに、引渡拒絶権について消費者に告知することを義務付けています。

■ 契約締結時に代金の支払いと同時に物品の引渡しを受けた場合

　営業所等以外の場所で訪問購入に関する売買契約を締結した場合、または営業所等以外の場所で訪問購入に関する売買契約の申込みを受け、営業所等で売買契約をした場合で、代金の支払いと物品の引渡しが行われた場合、購入業者は、次の項目を記載した書面を消費者に交付しなければなりません。

- ・物品の種類・購入価格
- ・クーリング・オフ制度に関する事項
- ・その他主務省令で定める事項

その他の記載事項

その他主務省令で定める事項とは以下のとおり（特定商取引法施行規則48条）。
業者の連絡先、担当者氏名、契約年月日、物品名、物品の特徴、商標・型式、解除に関する事項、特約、全部の支払い・引渡しを行っていないときは、支払時期・引渡時期と方法。

訪問購入とクーリング・オフ

・・
期間内なら契約締結していてもクーリング・オフが認められる

■ 訪問購入にもクーリング・オフ制度がある

訪問購入が特定商取引法の取引類型として追加された際、消費者が行使できるクーリング・オフ制度も盛り込まれました。訪問購入におけるクーリング・オフとは、訪問購入の売主が売買契約の申込みもしくは契約締結後でも、無条件に申込みの撤回もしくは契約の解除を行うことができるという制度です。

訪問購入におけるクーリング・オフの期間は、原則として消費者が法令に規定された内容を記載した契約書面（契約書を受け取る前に申込書を受領していれば申込書面）を受領した日から起算して8日以内です。

消費者は、購入業者に対し、売買契約の申込みの撤回または売買契約の解除を書面で通知することによって、クーリング・オフを行うことができます。クーリング・オフは書面を発送した時点で効力が生じる（発信主義）ことから、クーリング・オフ期間内に書面を発送すれば、購入業者に到着するのが期間経過後であってもクーリング・オフが認められます。なお、令和3年成立の特定商取引法改正で、クーリング・オフの通知について、書面ではなく電磁的方法（電子メールの送信など）で行うことも可能となりました（令和4年6月施行）。

クーリング・オフが成立すると、売買契約（または契約の申込み）は最初からなかったものとみなされます。したがって、契約によって交わされた代金や物品は、それぞれの手元に速やかに戻されなければなりません。このとき、クーリング・オフをしたことによる損害賠償請求権などは発生しません。

取消と撤回

取消とは、一応有効である行為について、はじめに遡って効力を失わせること。つまり、取り消すことのできる行為であっても、取り消されるまでは有効な行為として扱われる。撤回とは、契約の効力がまだ完全に生じていない段階で、すでに行った行為を解消すること。契約の申込みをしたが相手方がまだ返事をしていない段階で契約をとりやめる場合には申込みを撤回することになる。

発信主義

発信をした時点で意思表示の効力が生じるとする考え方のこと。

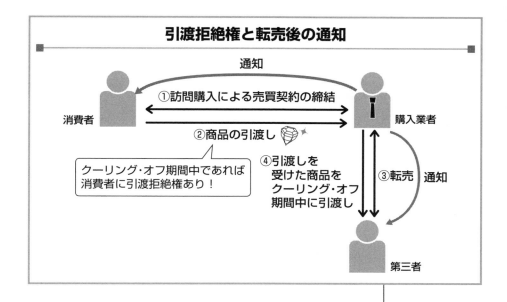

引渡拒絶権と転売後の通知

通知

①訪問購入による売買契約の締結

消費者　購入業者

②商品の引渡し

クーリング・オフ期間中であれば
消費者に引渡拒絶権あり！

④引渡しを
受けた商品を
クーリング・オフ
期間中に引渡し

③転売　通知

第三者

■ クーリング・オフ妨害の禁止

　クーリング・オフの行使は、消費者の権利です。したがって、購入業者がクーリング・オフに関して消費者に不利な内容の特約を定めていたとしても、その特約は無効となります。たとえば、申込書面や契約書面に「売主（消費者）がクーリング・オフ期間中に申込みの撤回や解除を申し出た場合は、買取金額の10倍の違約金を申し受けます」といった特約があったとしても、その特約は無効です。消費者は、違約金を支払うことなくクーリング・オフをすることができます。

■ 引渡拒絶権とは

　クーリング・オフを行使すれば、売買契約はなかったことになり、購入業者への購入代金の返還と共に、消費者への物品の返還が行われることになります。しかし、すでに物品が第三者に引き渡されていると、消費者に対してスムーズに物品が返還されない可能性があります。そこで、特定商取引法では、訪問

購入におけるクーリング・オフ期間中は、消費者は、購入業者に対する物品の引渡しを拒絶できるとしています（引渡拒絶権）。

■ 購入業者が第三者に商品を引き渡した場合の消費者への通知

　訪問購入によって消費者から物品を受け取った購入業者が、クーリング・オフ期間中に第三者に対して物品を引き渡した場合には、売主である消費者に対して、次のような事項を通知しなければなりません。この通知によって、消費者は転売先を知ることができます。なお、通知の方法は問いません。

・第三者の氏名（法人の場合は名称と代表者氏名）、住所、電話番号
・物品を第三者に引き渡した年月日
・物品の種類
・物品の名称、商標、製造者名、販売者名または型式など
・物品の特徴
・その他第三者への物品の引渡しの状況を知るために売主にとって参考となるべき事項

■ 購入業者が第三者に商品を引き渡した場合の第三者への通知

　訪問購入によって消費者から物品を受け取った購入業者が、クーリング・オフ期間中に第三者にその物品を引き渡す場合には、そのことを売主だけでなく、その第三者にも通知することが義務付けられています。その際、次ページ図で示した内容を記載した書面をもって通知しなければなりません（令和4年10月現在、電磁的方法による通知を認める規定はありません）。

　この通知は、消費者がクーリング・オフを行使した際に、第三者が民法上の即時取得を主張して、消費者への物品の返還を拒むというリスクを防止することを目的としています。引渡しの際に上記の通知をしておけば、買主である第三者はクーリング・オフの可能性を引渡し時に知ることになるので、善意無過

即時取得

権利のない売主から動産を購入して引渡しを受けた場合、売主に権利がないことについて買主が善意無過失であれば、買主は直ちにその動産を取得できる制度。

第三者への通知に記載する事項

① 引き渡した物品は訪問購入によって引渡しを受けた物品であること

② クーリング・オフ期間中は、売主（消費者）がクーリング・オフを行使する可能性があること

③ 違反行為（書面不交付やクーリング・オフ妨害など）があった場合には、期間経過後も売主がクーリング・オフを行使できること

④ 売主に対して申込書面・契約書面を交付した年月日

⑤ 購入業者の氏名（法人の場合は名称、代表者の氏名）、住所、電話番号

⑥ 物品を第三者に引き渡す年月日

⑦ 物品の種類

⑧ 物品の名称

⑨ 物品の特徴

⑩ 物品やその附属品に商標、製造者名、販売者名の記載または型式がある場合には、その商標、製造者名、販売者名、型式

失ではなくなり、即時取得を主張できなくなるというわけです。

■ 不当な違約金などの規制

特定商取引法では、クーリング・オフ期間の経過後、消費者（売主）による債務不履行（物品の引渡しの遅延など）を理由に、購入業者（買主）が売買契約を解除した場合における損害賠償の額（違約金）について上限を設けています。

たとえば、購入業者の代金支払いの後に売買契約が解除された場合、消費者が購入業者に対して支払う損害賠償額の上限は、「代金に相当する額に法定利率による遅延損害金の額を加算した金額」となり、購入業者はこれを超える金額の請求はできません。反対に、購入業者から代金が支払われていない場合は、「契約の締結や履行に通常要する費用の額」が損害賠償額の上限となります。

> **不当な違約金の定めは無効**
>
> 契約書面に「代金支払後に解約する場合、買取代金の3倍の違約金を申し受ける」との記載があっても無効である。

ネガティブオプション

令和３年７月６日以降に勝手に送り付けられた商品は
消費者側が直ちに処分できるようになった

■ ネガティブオプションとは

　ネガティブオプションは「送り付け商法」「押し付け販売」
とも呼ばれる商法のことです。たとえば、ある日突然、家に注
文した覚えのない商品が請求書と一緒に送られてきて、同封の
書面に「○日以内に返品が行われなければ、購入したものとみ
なします」と記載されているような場合です。

　このように、いかにも契約が締結されてしまうかのように装
い、送付相手（消費者）に「商品を受け取った以上、お金を支
払わなければならない」と勘違いさせる点が、ネガティブオプ
ションの大きな特徴です。売買契約に限らず、契約はお互いの
合意がなければ成立しません。買う気のない人に一方的に商品
を送り付けただけでは、売買契約が成立したとは認められません。

　そのため、一方的に商品を送り付けられたとしても、その商
品の代金を支払う必要はありませんし、クーリング・オフを行
う必要もありません。しかし、たとえば、代金引換で送り付け
られて、誤ってお金を支払ってしまうと、そのお金を取り戻す
ことが困難になる可能性があります。特にネガティブオプショ
ンでは、代金引換で送り付け、受け取った方は「家族の誰かが
商品を購入したのだろう」と勘違いして支払ってしまうケース
も目立っています。

■ ネガティブオプションと規制

　特定商取引法では、以下の２つの条件のすべてにあてはまる
行為を、ネガティブオプションとして規制しています。そして、

送り付け商法と商品の処分

消費者 ← 一方的な商品の送り付け ← 事業者

消費者は、一方的に送り付けられた商品を、
直ちに処分することができる。
（令和3年7月6日以降に一方的に送り付けられた場合）

送り付けられた商品の種類を問わず、ネガティブオプションの規制対象となります。

① 販売業者が、売買契約の申込みも売買契約の締結もしていない消費者に対して、商品の売買契約の申込みを行うこと

② 実際に商品を送付すること

■ 送り付けられた商品の保管義務が廃止された

　一方的に商品が送り付けられてきた場合、「こんな商品を買った覚えはない」と考えて、送り付けてきた販売業者に連絡することなく、商品の受取人が勝手に商品を処分してしまうケースもあるでしょう。しかし、たとえ一方的に送り付けられてきたものだといっても、商品が他人（販売業者）の所有物であることに変わりはありません。

　もっとも、特定商取引法の改正で、令和3年（2021年）7月6日以降に商品が一方的に送り付けられた場合については、送り付けられた消費者は、直ちにその送り付けられた商品を処分することが可能になり、以前は課せられていた保管義務が廃止されました。

以前は保管義務が存在した

令和3年7月5日以前は、消費者に対して、一方的に送り付けられてきた商品の保管義務が課せられていた。具体的には、送り付けられた日から起算して14日間（消費者が商品の引取りを請求した場合は、その請求日から起算して7日間）を保管期間として設定し、未使用のまま保管する義務を課していた。そのため、保管期間内に商品を勝手に処分すると、購入の意思があったとみなされたり、損害賠償を請求されたりする可能性があった。

そして、「販売業者は、売買契約の成立を偽つてその売買契約に係る商品を送付した場合には、その送付した商品の返還を請求することができない。」（特定商取引法59条の２）との規定から、販売業者から商品の返還を請求されても、消費者は、それに応じる義務はありません。

また、一方的に送り付けられた商品の代金を請求され、支払義務があると誤解して、お金を支払ったとしても、消費者は、そのお金の返還を請求できます。これは民法が規定する不当利得（法律上の原因なく自らが利益を受け、そのために他人に損失を及ぼすこと）を根拠とするものです。

■ 特定商取引法の規制が適用されない場合

前述のとおり、消費者は、一方的に送り付けられた商品を自由に処分できることになります。ただし、以下のいずれかに該当する場合は、商品の一方的な送り付けがあったとしても、特定商取引法の規制は適用されないことになります。

① 商品の送付を受けた者が購入意思を示した場合

消費者がだまされたり、勘違いをしたりしたわけではなく、真意で購入を望むのであれば、一方的に送り付けられた商品であっても売買契約が成立します。この場合、消費者は商品の代金支払義務を負います。

② 送付を受けた側が消費者ではなく事業者である場合

特定商取引法は、事業者を規制して消費者を保護することが目的であるため、「商品の送付を受けた者が営業のために又は営業として締結することとなる売買契約の申込み」については、ネガティブオプションに関する特定商取引法の規定が適用されません（特定商取引法59条２項）。

この規定は、一方的に商品を送り付けられた側が事業者（会社などの商人）である場合に、ネガティブオプションに関する特定商取引法の規定が適用されないことを意味すると考えてよ

ネガティブオプションの規制が適用されない場合

規制の対象外となる場合

① 商品の送付を受けた者が購入を承諾した場合
商品を受け取った後に消費者が購入意思を示した（だまされていたり、勘違いをしたりしていないことが必要とされる）場合には、販売業者と消費者との間に売買契約が成立する

② 商品の送付を受けた者が事業者にあたる場合
特定商取引法は、消費者を保護するためのものなので、事業者（会社などの商人）に対して一方的に商品が送り付けられた場合については規制の対象外となる

いでしょう。

■ 会社や事業者が受け取った場合

前述したように、事業者への一方的な商品の送付については、ネガティブオプションに関する特定商取引法の規制が適用されないことになります。

ただし、これは送り付けられた商品を自由に処分できることにならないだけで、当然に商品の売買契約が成立したものとして扱われるわけではありません。しかし、送り付けた側の事業者に無断で処分すると、購入の意思があったとみなされたり、損害賠償を請求されたりする可能性があります。

そこで、受け取った側の事業者としては、トラブル回避の手段として、「契約は存在していない」ことを記載した内容証明郵便を送付し、明確な意思を示すことが考えられます。

特定商取引法に基づく表示

商品名	商品毎にウェブサイト上に表示しています。
代金	商品毎にウェブサイト上に表示しています。
送料	4,000円以上お買上げの場合は無料、その他の場合は全国一律400円をご負担頂きます。
代金支払方法	次のいずれかの方法によりお支払いください。 ① クレジットカード番号を入力する。 ② 弊社指定の銀行口座へ振り込む。 ③ コンビニ決済の番号を取得してコンビニで支払う。 ④ 商品を届ける宅配業者に現金で支払う。
代金支払時期	① クレジットカードによるお支払いは商品発送の翌月以降に引き落とされます。 ② 弊社銀行口座へのお振込は商品発送前に前払いしてください。 ③ コンビニでのお支払いは商品発送前に前払いしてください。 ④ 代金引換発送は商品お受取り時にお支払いください。
商品のお届け時期	代金引換の場合はお申込日から、その他の場合は決済日又は入金日から1週間以内に発送致します。
お申込後のキャンセル	お申込後のキャンセルはお受け致しかねます。
返品について	商品不具合以外を理由とする返品はお受け致しかねます。
事業者名	株式会社スズタロダイエット
所在地	東京都○○区○○1-2-3
電話番号	03-0000-0000
通信販売業務責任者	鈴 木 太 郎

PART 4

割賦販売法

割賦販売法が規制する販売形態

おもに割賦払いをする取引について規制する法律

■ 割賦販売法の規制する取引

　商品やサービスを購入する場合、支払方法についてクレジットカードを利用した決済が広く普及しています。特にインターネットを利用した通信販売では、クレジットカード決済が通常かもしれません。クレジットカード決済を利用する際は、商品の代金を1回払いだけでなく、複数回に分割して支払うこともできます。

　このような、おもに商品やサービスの代金を何回かに分割して支払う方式（割賦払い）について規定しているのが割賦販売法です。

　割賦販売法の規制対象となる取引は、①割賦販売、②ローン提携販売、③包括信用購入あっせん、④個別信用購入あっせん、⑤前払式特定取引の5つです。割賦払いによる取引は、商品の引渡しやサービスの提供を先に受ける（後払い）場合が多いのですが、⑤は前払いです。また、①にも前払いを採用する前払式割賦販売という態様の取引があります。

■ 割賦販売法の規制する販売形態

　割賦販売法の規制対象となる取引の概要は以下のとおりです。

① 割賦販売

　割賦販売とは、商品やサービスなどの代金を分割で支払うことを約束して行う販売形態です。代金が後払いのものと前払いのものがあります。

　割賦販売は購入者と販売業者（またはサービス提供業者）との間の二当事者間の取引です。売主と買主の間で直接割賦払い

割賦販売法の規制

割賦払いは支払方法や割賦金利などの点で複雑な契約であるため、特に消費者の側が不利益を受けないように、割賦販売法で詳細なルールが定められている。

割賦販売

車やブランド品など、高価な物を販売するときは、一括払いよりも分割払いの契約を結んで商品を販売することがよくあるが、このような商品の代金を何回かに分割して支払う販売方式のこと。

割賦販売法の定める割賦販売

割賦販売法の定める割賦販売というためには、一定の要件を満たす必要がある（206ページ）。

割賦販売法の規制する取引

取　引	対　象	支払条件
①割賦販売	指定商品・指定権利・指定役務に限定	2か月以上にわたり、かつ3回以上に分割して支払うもの
②ローン提携販売	指定商品・指定権利・指定役務に限定	2か月以上にわたり、かつ3回以上に分割して支払うもの
③包括信用購入あっせん	商品・役務・権利のすべて	2か月超にわたるものであれば1回払い・2回払いも対象
④個別信用購入あっせん	商品と役務のすべてと指定権利	2か月超にわたるものであれば1回払い・2回払いも対象
⑤前払式特定取引	商品と政令で定める役務	2か月以上にわたり、かつ3回以上に分割して支払うもの

※法定の適用除外事由に該当する取引は割賦販売法の規制対象とならない（8条、35条の3の60）

の契約を結ぶために「自社割賦」と呼ばれることもあります。

② ローン提携販売

　自動車や宝石などの高価な商品を取り扱う店舗に行くと、店員から「当社が紹介する金融機関を利用すれば、有利な条件でローンを組んで購入できますよ」などと勧められることがあります。このような金融機関を介した販売形態をローン提携販売といいます。売主は、買主が金融機関で借り受けた金銭から支払いを受けるので、「代金を受け取れないかもしれない」というリスクを回避できます。ただ、売主が買主の保証人になっていることから、買主のローン返済が滞った場合、売主は、金融機関に対して保証債務を履行しなければなりません。

③ 包括信用購入あっせん

　買主が商品やサービスなどの代金を支払う際に、売主と買主との間に介在して代金支払いの取扱いを代行することを信用購入あっせんといいます。

　よく利用される例として、消費者がクレジットカードを利用

ローン提携販売

消費者が、カード等を利用して商品を購入する際に、商品等の代金を金融機関から借り入れ、2か月以上の期間にわたり、かつ、3回以上に分割して金融機関に返済することを条件に、販売業者が消費者の債務を保証する販売方式（割賦販売法2条2項）。

包括信用購入あっせん

消費者が商品等を購入する際に、事前に契約した事業者が発行するカードなどを消費者が売主に提示することによって、売主が消費者に商品等を引き渡し、事業者が代金支払いの取扱いを代行するしくみ。クレジットカードを利用した売買などがこれにあたる。

して商品を購入し、その代金を信販会社が立て替えるケースがあります。このようにクレジットカードを利用し、限度額の中で包括的に与信（買主に信用を与えて代金の支払時期を商品の引渡時期などより遅らせること）をするタイプを包括信用購入あっせん（包括クレジット）といいます。

そして、信用購入あっせんは、第三者が用意した金銭を売主に支払う点で、前述したローン提携販売と同じですが、ローン提携販売のように売主が保証人になることはありません。信用購入あっせんでは、売主は与信をせず、商品などの売買契約の締結だけを行い、信販会社が買主に対して与信を行います。

④ 個別信用購入あっせん

包括信用購入あっせんと異なり、クレジットカードを利用せず、商品などの売買契約が締結されるたびに（個別に）、信販会社がその買主に対して与信を行うものを個別信用購入あっせん（個別クレジット）といいます。

⑤ 前払式特定取引

経済産業大臣の許可を受けた特定の事業者に対し、会費などの名目で代金を支払うことにより、特定の物品やサービスの提供を受けるという取引を前払式特定取引といいます。

代表的な例として、百貨店やスーパーの友の会などに入会して月々の会費を支払うと、一定期間後に商品券などが提供されるという取引があります。その他にも、冠婚葬祭互助会に入会して月々の会費を支払うと、その一部が積み立てられ、結婚式や葬儀の必要が生じたときに、積立金を利用して割安で式を挙行することができるという取引も前払式特定取引にあたります。

■ 指定制度

割賦払いで商品などを購入すれば、常に割賦販売法が適用されるわけではありません。割賦販売とローン提携販売は、指定商品・指定権利・指定役務（サービス）の取引である場合に限

個別信用購入あっせん

商品を購入する際、購入者が販売業者と提携しているクレジット会社と立替払契約を結ぶ契約形態のこと（割賦販売法35条の3の2）。一般的にはクレジット契約・ショッピングクレジットと呼ばれている。購入者、販売業者、クレジット会社という三者が登場する契約。商品の代金はクレジット会社から販売業者に立て替えられ、購入者はクレジット会社に対して返済をすることになる。通常、代金の支払いが完済するまでは、目的物や権利の所有権をクレジット会社（個別信用購入あっせん業者）が留保する形をとる。

指定制度の見直し

従来はクレジット取引についても指定制度が設けられていたが、クレジットを利用した悪質商法が相次いだため、平成20年の改正により、原則として全面適用されることになった。

割賦販売法の規定する指定商品・指定権利・指定役務

種 類	指定されている対象物
指定商品（抜粋）	真珠・貴石・半貴石、幅13cm以上の織物、履物及び身の回りの品を除く衣服、ネクタイ・マフラー・ハンドバッグ等の装身具、履物、書籍、ビラ・パンフレット・カタログ等の印刷物、ミシン・手編み機械、はさみ・ナイフ・包丁等の利器、浄水器、レンジ、天火、こんろ等の料理用具、化粧品、化粧用ブラシ・化粧用セット、など54項目。
指定権利	①人の皮膚を清潔・美化し、体型を整え、または体重を減らすための施術を受ける権利、②人の皮膚を清潔・美化し、体型を整え、体重を減じ、または歯牙を漂白するための医学的処置・手術及びその他の治療を受ける権利、③保養のための施設またはスポーツ施設を利用する権利、④語学の教授を受ける権利、⑤学校や専修学校の入学試験のための備えや学校教育の補習のために学力の教授を受ける権利、⑥児童・生徒・学生を対象とし、サービスを提供する事業者の事業所で行われる、入学試験への備えや学校教育の補習のための学力の教授を受ける権利、⑦電子計算機・ワードプロセッサーの操作に関する知識・技術の教授を受ける権利、⑧結婚を希望する者を対象とした異性の紹介を受ける権利。
指定役務（抜粋）	人の皮膚を清潔・美化し、体型を整え、または体重を減らすための施術を行うこと、人の皮膚を清潔・美化し、体型を整え、体重を減じ、または歯牙を漂白するための医学的処置・手術及びその他の治療を受けること、入学試験の備えまたは学校教育の補習のための学力の教授、結婚を希望する者を対象とした異性の紹介、など11項目。
前払式特定取引の指定役務	①婚礼・結婚披露のための施設の提供・衣服の貸与その他の便益の提供及びこれに附随する物品の給付、②葬式のための祭壇の貸与その他の便益の提供及びこれに附随する物品の給付。

り、割賦販売法の適用対象となります（上図参照）。

一方、包括信用購入あっせんは、原則としてすべての商品・権利・サービスが適用対象となります。個別信用購入あっせんは、権利は指定権利のみが適用対象となりますが、商品とサービスは原則としてすべての商品・サービスが適用対象となります。前払式特定取引は、すべての商品と指定役務（上図の前払式特定取引の指定役務）に適用対象が限定されます。

指定権利

施設を利用しまたは役務の提供を受ける権利のうち国民の日常生活に係る取引において販売されるものであって政令で定めるものをいう。特定商取引法や割賦販売法などの適用を受ける。

割賦販売法が規制する取引行為

特に個別信用購入あっせんはトラブルが多い

■ トラブルが多発する取引

　割賦販売法で規制される悪質行為として、次ページ図掲載のものがあります。特に消費者（買主）との間でトラブルが多発しているのが個別信用購入あっせんです。

　消費者を勧誘し、契約をする段階にまで話が進んでも、消費者が現金やクレジットカードなどを所持していなければ、契約を結ぶことは難しいのが現実です。そこで、販売業者が持ち出すのが個別信用購入あっせんです。

　個別信用購入あっせんは、手元にお金がなくても後払いで商品やサービスなどの購入ができる点で、消費者に利益のある取引です。しかし、クレジット業者が消費者の返済能力を超える金額の商品・サービスなどの購入を求めることがあり、悪質商法や多重債務問題を招く原因になっています。

　また近年、商品売買の際に電子的な決済が以前よりも多くの人に利用されるようになりました。電子決済は実際の現金をやり取りする場合に比べて、ローン契約の締結に対する心理的なハードルが低く、そうした背景も問題発生の一因となっていると言われています。

　その中でも深刻なトラブルとして、消費者に必要以上の商品の購入を求める過量販売や、複数の機会にわたって少しずつ何度も購入を求め、次々と個別信用購入あっせんによって契約を結び支払いを行わせるものが挙げられます。悪質なことをするつもりはなくても、利益の向上を追求するあまり、いつの間にか悪質商法の加害者になっていることもあります。

割賦販売法が
規制する取引
①割賦販売、②ローン提携販売取引、③包括信用購入あっせん、④個別信用購入あっせん、⑤前払式特定取引。

割賦販売法によって規制される取引行為

取引	規制されるおもな悪質行為
割賦販売	・消費者からの契約解除を不当に妨げる条項を置いている ・一度でも支払いが滞ると、直ちに消費者に対して全額請求できる条項を置いている
ローン提携販売	・消費者からの契約解除を不当に妨げる条項を置いている ・商品などに問題があった場合の支払拒否請求（支払い停止の抗弁）に応じない
包括信用購入あっせん（包括クレジット）	・カード会員の入会審査にあたって信用調査をしない ・法律で定められた上限を超える支払限度額を設定したクレジットカードを交付する ・個人情報やクレジットカード番号の管理をおろそかにする ・個人情報を漏えいさせる
個別信用購入あっせん（個別クレジット）	・次々販売（消費者のもとを何度も訪れて次々と販売すること） ・過量販売（消費者にその消費者が必要とする分量を著しく超える商品などを購入させること） ・個別クレジット契約の締結にあたって信用調査をしない ・消費者からの契約取消やクーリング・オフに応じない ・契約取消しやクーリング・オフした消費者からの返金請求に応じない ・個人情報の管理をおろそかにする ・個人情報を漏えいさせる
前払式特定取引	・契約解除を拒否したり、不当に遅延させたりする ・あらかじめ「契約の解除ができない」という特約を置く

したがって、クレジット業者と提携して販売を行っている販売業者は、悪質商法に関与しているイメージをもたれないように気をつける必要があるでしょう。以前より携帯電話販売会社などにおいては、機器の購入時に「実質0円」とうたいつつ、その後の分割支払いにおいて高い利息が発生することをきちんと説明しないまま契約を結びトラブルとなったケースがあったため、現在では各社のホームページや店頭において消費者に十分な説明を行うようになっています。

反対に、割賦販売やローン提携販売については、悪質商法などのトラブルが比較的少ないようです。

割賦販売

代金の支払方法

割賦販売の代金支払方法には個品・総合・リボルビングがある。
・個品方式
個々の商品やサービスについてそれぞれ割賦払契約や金銭消費貸借契約を締結するもの。
・総合方式
あらかじめ上限金額を決めておき、カード等の限度額の範囲内であれば何度商品やサービスを購入利用してもよいというもの。支払回数は一括払い・分割払いのどちらも可能。
・リボルビング方式
クレジット等の上限金額と月々の支払額を決めて契約をし、その範囲内であれば何度商品やサービスを購入してもよいという支払方式。

リボルビングと分割払いの違い

リボルビングはいわゆるリボ払いと呼ばれる販売方法。分割払いとよく似ているが、分割払いが商品を購入するつど支払代金・回数が決められるのに対し、リボルビング払いでは購入商品の額にかかわらず、1回ごとの支払額があらかじめ定められている。リボルビングの場合、購入額の合計にかかわらず、毎月の支払額が一定であるため、借り過ぎになりやすいという問題がある。

■ 割賦販売法の定める割賦販売

　割賦販売とは、割賦販売業者（割賦販売を業とする販売業者・役務提供事業者）が、商品などの対価を2か月以上の期間にわたり、かつ、3回以上に分割して受領することを条件にして、商品などの販売を行うことです。対象となるのは、政令で指定された商品・権利・役務（指定商品・指定権利・指定役務）の販売に限られます。

　また、支払いの形態が「2か月以上の期間にわたり、かつ、3回以上に分割」したものに限られます。したがって、一括払いや2回払いで支払う場合には、割賦販売法で定める割賦販売に該当しません。なお、購入者が代金の支払いを完済させるまで、商品などの所有権は販売業者に留保されます。

　割賦販売は、購入者と販売業者（またはサービス提供業者）という二当事者間の取引です。このことから「自社割賦」とも呼ばれています。

　支払いの形態に応じて分類すると、個々の取引ごとに申込みを行う個別方式（個品方式）と、割賦販売業者が発行するクレジットカードを利用する包括方式に分類できます。後者の包括方式のうち、分割払いで支払うのが総合方式、リボルビング払いで支払うのがリボルビング方式です。

　なお、包括方式において発行されるクレジットカードは、割賦販売業者もしくは提携する会社の店舗などでのみ使うことができるので、「ハウスカード」と呼ばれることがあります。

　割賦販売は代金後払いの形態が多いですが、指定商品を引き

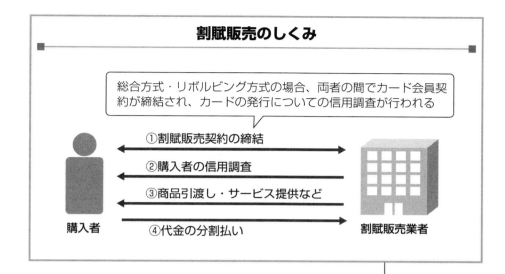

割賦販売のしくみ

総合方式・リボルビング方式の場合、両者の間でカード会員契約が締結され、カードの発行についての信用調査が行われる

①割賦販売契約の締結

②購入者の信用調査

③商品引渡し・サービス提供など

④代金の分割払い

購入者　　　　　　　　　　　　　　　　　　　　　**割賦販売業者**

渡すのに先立ち、購入者から2回以上にわたって代金の全部もしくは一部を受領する前払式割賦販売という割賦販売の形態もあります。前払式割賦販売は代金前払いのため、購入者が損害を被るおそれがあります。そこで、割賦販売業者が前払式割賦販売を行う場合には、経済産業省の許可を得なければなりません（許可制）。

■ 広告の規制と契約書面の交付

　割賦販売業者は自己に都合のよいことだけを広告してはいけません。広告をする際には、前述した支払方式に応じて、支払期間や支払回数、手数料率（利率）などの法定事項を表示しなければなりません。クレジットカードを交付する場合なども、法定事項を記載した書面の交付が必要です。

　割賦販売業者は、割賦販売契約を締結した場合、必要事項を記載した契約書面を交付しなければなりません。個別方式と総合方式の必要事項は、①商品などの割賦販売価格、②1回ごとの支払分（賦払金）の額、③賦払金の支払時期・支払方法、④商品の引渡時期など、⑤契約解除に関する事項、⑥所有権の移

保証金制度・前受金保全措置

前払式割賦販売業の事業を行う場合、営業保証金を本店の最寄りの供託所に供託することが義務付けられている（割賦販売法16条）。また前受金の合計額の2分の1相当額が営業保証金の額を超えるときは営業保証金の額との差額について前受金保全措置をとらなければならない（割賦販売法18条の3）。

転に関する定めがあるときはその内容、⑦その他割賦販売法施行規則で定められている事項です。

リボルビング方式の必要事項は、上記の④〜⑦に加えて、商品などの現金販売価格・弁済金の支払方法です。さらに、リボルビング方式の場合、代金請求の際に、支払時期、支払金の額やその算定根拠を明示した書面を購入者に交付しなければなりません。

■ 契約の際に気をつけること

分割払いの契約では、買主が定められた期日に賦払金を支払わない場合、売主が買主の期限の利益を喪失させ、残金の一括での支払いを要求することが多いようです。この点につき、割賦販売法では、購入者が賦払金の支払いを怠った際、割賦販売業者が期限の利益を喪失させたり、契約を解除するためには、購入者に対し、20日以上の期間を定めて催告しなければなりません（契約の解除等の制限）。賦払金の支払いを怠った際、直ちに全額の支払いを求められたり、契約を解除されたりするのは購入者に酷であるとの配慮から規定です。

また、契約が解除されたり、賦払金の支払いを怠ったりしても、購入者が不当に高額な賠償金を請求されることのないように、購入者の支払う損害賠償額（遅延損害金）などを制限する規定も置かれています（契約の解除等に伴う損害賠償等の額の制限）。

その他、消費者契約法により、割賦販売業者は、購入者に契約解除権を放棄させる特約や、割賦販売業者が負うべき債務不履行責任・不法行為責任・契約不適合責任を免責する一定の特約などをすることが禁じられており、このような特約は無効となります。

■ 消費者が約款を確認できるように説明する

いくら割賦販売法などで契約解除に関する制限が設けられているといっても、その制限に違反しない範囲内であれば特約は

契約不適合（瑕疵担保）責任

令和2年4月施行の民法改正で瑕疵担保責任（目的物に隠れた欠陥がある場合の売主の責任）が廃止され、代わりに契約不適合責任が導入された。契約不適合責任は、目的物が契約の内容（趣旨）に適合しない場合の売主の責任である。

期限の利益

支払期限までは代金を支払わなくてよいという債務者の利益のこと。

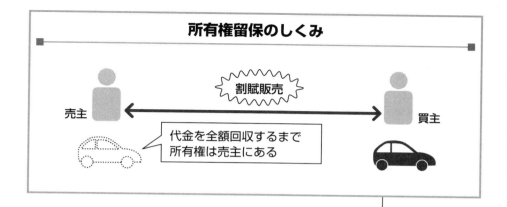

所有権留保のしくみ

割賦販売

売主　←——————————→　買主

代金を全額回収するまで
所有権は売主にある

有効です。

　そこで、契約を締結した以上、特約を理由に契約解除や損害
賠償請求を求められる可能性があることは、購入者側にも知っ
てもらう必要があります。

　無用なトラブルを防止し、購入者に納得した上で契約をして
もらうために約款を確認しやすいものにして、きちんとした説
明をする必要があります。

■ 割賦販売と所有権留保の関係

　たとえば、販売店Aが客Bとの間で自動車を分割払いで販売
するという売買契約を締結するとします。この場合、自動車の
所有権に関して、「客B（買主）による売買代金の全額の支払
いが終わるまで、自動車の所有権は販売店A（売主）に留保さ
れる」という特約がつけられることが多いようです。このよう
な特約を所有権留保といいます。

　所有権留保により、販売店Aは、客Bによる分割払いの支払
いが滞ったときは、売買契約を解除して、所有権に基づいて自
動車の返還を請求することができます。

　所有権留保は、割賦販売の場合において、売買代金を商品そ
のもので担保するようなものだといえます。

ローン提携販売

金融機関から資金を借り入れて購入する取引

■ ローン提携販売とは

消費者（購入者）が、おもにカードを利用して商品を購入する際、商品の代金を金融機関から借り入れ、2か月以上の期間にわたり、かつ3回以上に分割して金融機関に返済することを条件に、ローン提携販売業者（販売業者）が消費者の債務を保証する販売方式をローン提携販売といいます。

ローン提携販売では、購入者が販売業者との間で売買契約を締結する際、買主と金融機関との間でカード契約に基づき金銭消費貸借契約が締結され、買主が金融機関から商品の代金分の金銭を借り入れます。購入者は、借り入れた金銭を販売業者への支払いに充当しますが、この際、購入者の返済債務について販売業者と金融機関の間で保証契約が締結されます。その後、購入者が金融機関に対し、月々のローンを支払いますが、購入者が支払いを延滞した場合は、保証債務を負う販売業者が代わりに支払います。なお、販売業者が専門の保証業者に保証を委託することもあります。

■ 広告の規制と契約書面の交付

割賦販売法は、販売業者に対して、広告表示に関する規制を定め、契約書面の交付義務を課しています。

① 広告の規制

販売業者は、広告をする際、支払期間や支払回数、借入金の利率やその他の手数料の料率などを表示することが必要です。また、カードを交付するときも、購入者に対して、必要事項を

包括式と個別式

ローン提携販売は包括式と個別式に分類されているが、個別式は割賦販売法では「個別信用購入あっせん」に含めている。よって、割賦販売法上のローン提携販売は包括式のみである。

保証契約

本来の債務者が債権者に対する債務の支払いを怠った場合に、その債務者の代わりに債務を履行する義務を負うとする契約。

抗弁権の接続

購入者が商品の欠陥や期日の遅延といった販売業者に対する抗弁をもつ場合には、その抗弁を金融機関などの第三者にも主張して、金融機関からの弁済の請求を拒むことができる。この考え方を抗弁権の接続という。ローン提携販売では抗弁権の接続が認められている。ただし、代金の支払総額が4万円未満の場合には、抗弁権の接続が認められないため、この場合は販売業者に対する抗弁を金融機関に主張することは認められない。

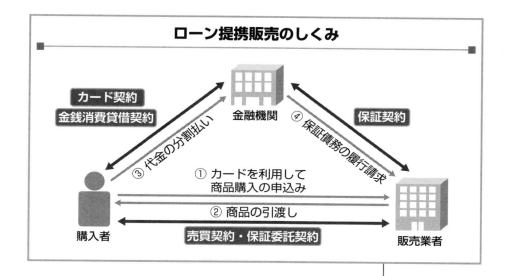

ローン提携販売のしくみ

カード契約
金銭消費貸借契約

金融機関

保証契約

③ 代金の分割払い

④ 保証債務の履行請求

① カードを利用して
商品購入の申込み

② 商品の引渡し

購入者

売買契約・保証委託契約

販売業者

記載した書面の交付が必要です。

② **書面の交付**

　契約締結時に、販売業者は、購入者に対して、支払総額、分割返済金の額、分割返済金の返済時期や返済方法、契約解除に関する事項など、必要事項を記載した書面を遅滞なく交付することが必要です。

■ 契約内容についての規定

　ローン提携販売には、割賦販売と異なり、契約の解除等の制限や契約の解除等に伴う損害賠償等の額の制限は定められていません。ただし、遅延損害金は他の法律による利率の制限を受けることがあります。反対に、割賦販売と同じく、消費者契約法により、販売業者や金融機関は、購入者との契約において、購入者の契約解除権を放棄させる特約をすることや、販売業者や金融機関が負うべき債務不履行責任・不法行為責任・契約不適合責任を免責する一定の特約をすることなどが禁じられており、このような特約は無効となります。

契約の解除等の制限
期限の利益を喪失させる措置などの規制。

遅延損害金の制限
遅延損害金は他の法律による利率の制限を受けることがある。

包括信用購入あっせん

....

クレジットカードを利用した商品などの購入である

■ 包括信用購入あっせんとは

たとえば、購入者がクレジットカードを利用して商品を購入した場合、販売業者は信販会社から立替払いを受け、購入者は信販会社に対して購入代金を2か月超の分割払いなどで返済することになります。

このように、信販会社やカード発行会社などの包括信用購入あっせん業者（包括クレジット業者）の交付するカード等（主としてクレジットカード）を利用して商品・権利・役務を購入し、販売業者が包括信用購入あっせん業者から立替払いを受け、購入者が代金を包括信用購入あっせん業者に支払う契約形態を包括信用購入あっせん（包括クレジット）といいます。

近年の情報技術の発展とスマートフォン普及の背景もあり、以前に増してカード等を利用した決済方法が用いられています。利用者数が増加するにつれて多種多様なデータが蓄積されることにより、さらに便利なサービスが開発・提供される一方、以前にはなかったようなトラブルなどのリスクも増えています。

通常、包括信用購入あっせん業者と販売業者の間には加盟店契約が結ばれていますが、加盟店契約がなくても、上記の取引形態に該当すれば包括信用購入あっせんに該当します。

もっとも、割賦販売法上の規制対象となるのは、購入から支払いまでが2か月を超えるものです。1回払い、2回払いも規制対象に含まれますが、翌月一括払い（マンスリークリア）は、決済手段の性格が強いことから規制対象外とされています。

カード等の機能

カード等にはショッピング機能をもつものとキャッシング機能をもつもの、両方を兼用できるものがある。ショッピング機能には分割払い（2か月を超えて複数回にわたって支払い）、リボルビング（毎月一定額支払い）、マンスリークリア（翌月一括払い）がある。キャッシング機能には銀行系のものと消費者金融系のものがある。

1回払いと割賦販売法

マンスリークリアカードは割賦販売法の規制対象外なので、1回払いが規制対象となるのは「ボーナス払い」などである。

デビットカードと割賦販売法

デビットカード（商品購入後、すぐに、あるいは数日後までに銀行などの預金口座から引き落としが行われるカードのこと）によって商品を購入する場合も割賦販売法の対象外である。消費者に正確に説明できるように知識を整理しておくことが必要。

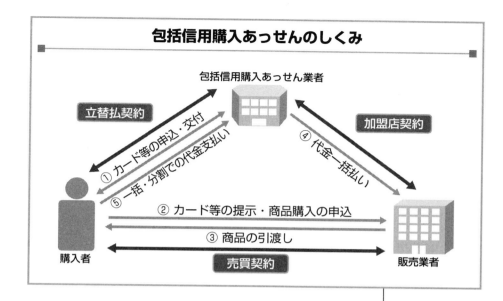

■ 支払可能見込額の調査

　包括信用購入あっせんは、あらかじめ利用者に対して与信枠（いわゆるカードの利用上限額）を付与し、その枠内であれば自由に割賦払契約を締結できるようにするしくみです。その性質上、利用者の割賦契約時の経済的状況を毎回チェックすることはありません。したがって、利用者にカード等を交付する場合や、交付済みのカード等の利用可能限度額を変更する際には、利用者の支払能力や借入れ状況などについて包括信用購入あっせん業者による調査が行われます。そして、消費者の支払能力を超えるカード等の交付は原則として禁止されます。

　簡単に言うと、支払可能見込額（年収と預貯金の合計額からクレジット債務と生活維持費を除いた金額）の90％にあたる金額を超える限度額を定めるカード等の発行が、原則として禁止されます。なお、ここでの「生活維持費」の額は、住宅ローンの返済、家賃の支払いの有無や世帯人数を基にして決められます。

■ 支払可能見込額の調査の利用が不要となる業者の創設

■ 支払可能見込額の調査の利用が不要となる業者の創設

令和２年成立の改正で、包括信用購入あっせん業者が、①登録包括信用購入あっせん業者、②認定包括信用購入あっせん業者、③登録少額包括信用購入あっせん業者に区分されました。従来からの業者は①に該当し、①の業者は②の業者に認定される資格があります。一方、③の業者は、限度額10万円以下のカード等に限り発行することが可能な業者です。そして、②③の業者については、前述した支払可能見込額の調査が不要となり、これに代わる各社の与信審査手法を用いることができます。

■ 交付時の取引条件に関する情報提供

包括信用購入あっせん業者は、利用者にカード等を交付する際、支払回数・支払期間、手数料率、限度額などの取引条件に関する情報を提供することが必要です。なお、包括信用購入あっせん業者が取引条件について広告するときは、これらの取引条件を広告に表示することが必要です。

■ 利用時の利用明細等の情報提供

利用者がカード等を利用して商品等を購入する際、販売業者と包括信用購入あっせん業者は、利用明細等の情報を提供しなければなりません。販売業者は、現金販売価格、商品の引渡時期、契約解除に関する事項、商品の名称・数量などを情報提供します。これに対し、包括信用購入あっせん業者は、支払総額、支払いの時期・方法などを情報提供します。

なお、令和２年成立の改正で、前述した取引条件に関する情報提供と利用明細等の情報提供は、利用者の求めがある場合に書面交付義務を負うことになりました。利用者の求めがなければ、ウェブサイトへの掲載や電子メールの送付などの電磁的方法での情報提供が可能です。さらに、プラスチックカードなどの物体が利用者に交付されず、スマートフォンなどで取引が完

包括信用購入あっせん業者

信販会社やクレジット会社など、包括信用購入あっせんを行う事業者。現在は経済産業省への登録が義務付けられている。

認定・登録の状況

令和４年８月末現在において、登録包括信用購入あっせん業者は251社あり、そのうち認定登録包括信用購入あっせん業者は１社である。また同時点において登録少額包括信用購入あっせん業者は２社である。

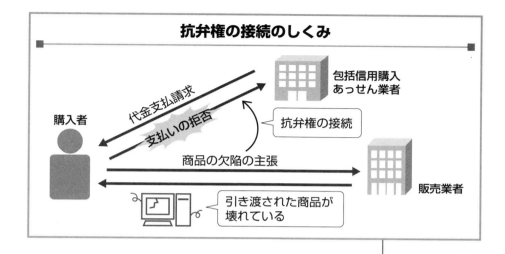

抗弁権の接続のしくみ

購入者
代金支払請求
支払いの拒否
包括信用購入あっせん業者
抗弁権の接続
商品の欠陥の主張
販売業者
引き渡された商品が壊れている

結する場合は、書面交付義務を負わない（電磁的方法での情報提供でよい）ことになりました。

■ 不当条項の制限

　契約の解除等に伴う損害賠償等の額の制限や、期限の利益を失わせる場合などに催告を要する規制（契約の解除等の制限）がある点は、後述する個別信用購入あっせんと同様です。令和2年成立の改正で、催告をする際、利用者の同意があれば、電磁的方法を選択できるようになりました（スマートフォンなどで取引が完結する場合は電磁的方法でよい）。

■ 抗弁権の接続

　ローン提携販売と同じく、購入者（利用者）が販売業者に対して代金支払いを拒絶できる抗弁事由（商品の欠陥など）をもつ場合、その抗弁事由を包括信用購入あっせん業者にも主張ができます（抗弁権の接続）。具体的には、販売業者に対して抗弁事由を主張できるのであれば、それをカード発行会社にも主張して、購入者が代金支払いをストップすることができます。

期限の利益

期限が到来するまでの間、契約などの発生・消滅または債務の履行が猶予されることによって、当事者が受ける利益。

抗弁権の接続が認められないケース

商品等の支払総額が4万円未満の場合には、抗弁権の接続が認められないため、販売業者に対する抗弁を包括信用購入あっせん業者に主張することができない。

個別信用購入あっせん

商品等を購入する際にクレジット会社と契約を結ぶ形態

■ 個別信用購入あっせんとは

　個別信用購入あっせん（個別クレジット）とは、商品等（商品・役務・指定権利）を購入する際、購入者が販売業者と提携している個別信用購入あっせん業者（個別クレジット業者）との間で立替払契約を結ぶものです。「クレジット契約」「ショッピングクレジット」と呼ばれることが多いようです。

　たとえば、車やスマートフォンは生活必需品の一部ではあるものの、購入時には通常多額の現金が必要となります。故障などによってそれらが早急に購入する必要があるのに対し、手元に十分な現金を確保しておきたい場合、個別信用購入あっせんを利用することで、消費者は現金を手元に確保しつつ必要な物品を入手できるというメリットがあります。

　商品等の代金は個別クレジット会社から販売業者に立て替えられ、購入者が2か月を超えてから分割払いまたは1回払いなどの方法で個別クレジット業者に対して返済します。

　通常、代金の支払いが完済するまで、商品や権利の所有権を個別クレジット業者が留保する形になります。自動車などの官公庁に登録される動産の場合は、所有者欄にクレジット業者の名称が表記され、使用者欄に購入した消費者が表記されることにより、その旨が公示されます。そして、包括信用購入あっせんと同様、購入から支払いまでが2か月を超えるもの（翌月一括払い以外のもの）であれば、1回払いも規制対象に含まれます。

　個別信用購入あっせんは、カード等がなくても商品を購入できる点で消費者にとって便利です。ただ、包括信用購入あっせ

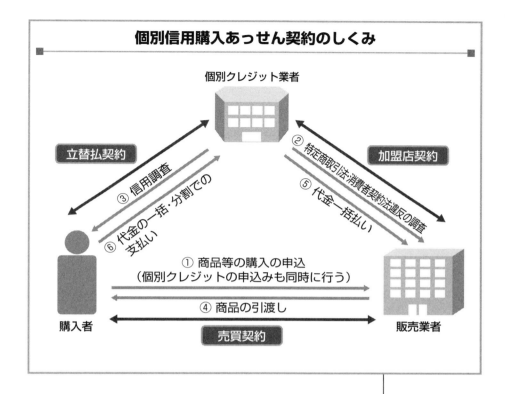

個別信用購入あっせん契約のしくみ

個別クレジット業者

立替払契約

③ 信用調査

⑥ 代金の一括・分割での支払い

② 特定商取引法・消費者契約法違反の調査

加盟店契約

⑤ 代金一括払い

① 商品等の購入の申込
（個別クレジットの申込みも同時に行う）

④ 商品の引渡し

売買契約

購入者

販売業者

んの場合、購入者は利用するカード等を選択できますが、個別信用購入あっせんの場合、個別クレジット業者は販売業者の都合で決まり、購入者の側で利用する個別クレジット業者を選択できないのが一般的です。購入者の資産状況によっては利息の高いクレジット業者が選択されるケースもあります。

　また、個別クレジット業者は、購入者の支払可能見込額を調査する義務を負っており、1年あたりの支払額が支払可能見込額を超える商品等に関する契約の締結が禁止されています。

■ 販売業者に対する調査

　支払いを個別信用購入あっせんにより行う訪問販売やマルチ商法によりトラブルが生じることを防ぐため、販売業者が一定

**個別支払可能
見込額の調査**

個別信用購入あっせん
業者には、相手方とな
る消費者の「個別支払
可能見込額」を調査す
る義務がある。まず、
消費者本人への聞き取
り、指定信用情報機関
の利用などにより収入
や資産の調査を行い、
これらを基に支払可能
見込額を算定する。

**個別信用購入あっ
せん関係受領契約**

個別クレジットによっ
て販売・提供された商
品やサービスの対価
（代金）の受領につい
ての契約のこと。

の取引を行う場合、個別クレジット業者は、消費者契約法や特定商取引法に違反する事実の有無を調査しなければなりません。

「一定の取引」とは、特定商取引法で規制する①訪問販売、②電話勧誘販売、③連鎖販売取引に関して個人との間で結ばれる契約のうち一定のもの（特定連鎖販売個人契約）、④特定継続的役務提供、⑤業務提供誘引販売取引に関して提供される業務について行われる個人との契約（業務提供誘引販売個人契約）です。この①～⑤の取引は、割賦販売法では「特定契約」と定義されています。

調査の結果、申込みや契約の勧誘について販売業者に違法行為が見つかった場合には、個別クレジット業者は、販売業者の相手方（購入者）との間で個別信用購入あっせんに関する契約を結ぶことが禁止されます。

■ 取引条件の明示と契約書面の交付

個別信用購入あっせんを利用して商品等を販売しようとする（もしくは広告する）場合、販売業者は、購入者に対し、現金販売価格、支払総額、支払期間・回数などの取引条件を明示しなければなりません。

その後、個別信用購入あっせんを利用した販売契約などが結ばれた場合、販売業者は、購入者に対し、商品の引渡時期など、支払総額、支払時期・方法、契約解除に関する事項などを明記した書面（契約書面）を交付しなければなりません。

また、販売契約などが前述した特定契約に該当する場合、個別クレジット業者は、購入者に対し、クーリング・オフに関する事項などを記載した書面を交付しなければなりません。この書面の交付を受けた日がクーリング・オフの起算日になります。

なお、令和2年成立の改正で、利用者の同意があれば、書面交付に代えて電磁的方法による情報提供が可能になりました。

支払可能見込額の算定

 支払可能見込額 ➡ 年収から生活維持費（下記金額）とクレジット債務（1年間の支払予定額）を除き、返済履歴や商品の担保価値などを総合的に検討して算定

●生活維持費

1人世帯 ➡ 90万円（住宅ローンや家賃支払いがある場合には116万円）

2人世帯 ➡ 136万円（住宅ローンや家賃支払いがある場合には177万円）

3人世帯 ➡ 169万円（住宅ローンや家賃支払いがある場合には209万円）

4人世帯以上 ➡ 200万円（住宅ローンや家賃支払いがある場合には240万円）

■ 不当条項の制限など

　包括信用購入あっせんと同様の不当条項の規制が設けられています。ただし、期限の利益を失わせる場合などに催告を要する規制（契約の解除等の制限）につき、購入者への催告は書面で行わなければならず、購入者の同意があっても電磁的方法の選択はできません。

　その他、購入者が販売業者に対して抗弁権をもつ場合、その抗弁権を個別クレジット業者にも主張できる抗弁権の接続の制度もあります。

■ 個別信用購入あっせんの取消権

　販売契約などが前述した特定契約に該当する場合で、勧誘の際に重要な事実を故意に告げなかったり（故意の事実不告知）、商品等につき事実でないことを告げたりしていた（不実の告知）ときは、販売契約などを取り消すのと同時に、個別信用購入あっせんに関する契約を取り消すことができます。

　購入者が代金を支払っていても、取消し後は個別クレジット業者に対して返還請求ができます。

個別信用購入あっせんと クーリング・オフ

クーリング・オフ後は支払った代金は返還してもらえる

訪問販売

「営業所、代理店その他の経済産業省令で定める場所以外の場所」で行われる取引（消費者の家での押し売りなど）と、営業所等に同行するよう誘引した者との取引（キャッチセールス）のこと。

連鎖販売取引

商品を販売しながら会員を勧誘するとリベートなどが得られるとして、消費者を販売員にして、会員を増やしながら商品を販売していく商売の方法。マルチ商法とも呼ばれている。

特定継続的役務提供取引

消費者との間で、長期間、継続的にサービスを提供する契約。具体的には、エステティックサロン、語学教室、家庭教師、学習塾、パソコン教室、結婚相手を紹介するサービスなどである。

業務提供誘引販売取引

「提供する仕事をすることで収入が得られる」という誘い文句で消費者を誘引し、仕事に必要だとして、商品などを売って消費者に金銭負担を負わせる取引。

■ 個別クレジット契約のクーリング・オフ

　個別クレジット契約とは、商品等の購入の際に個別クレジット会社（個別信用購入あっせん業者）が販売業者に立替払いをして、購入者が2か月超にわたって分割払いまたは一括払いで代金を支払うという個別信用購入あっせんに関する契約です。

　個別信用購入あっせんは、消費者側にとっては、手元に現金やクレジットカードなどがなくても、商品等を購入できるメリットがあります。その反面として、消費者が支払能力を超える長期間の返済を迫られる、販売業者にだまされて購入するといったトラブルも多発しています。

　また、個別クレジット会社は、販売業者と密接な関係を持っていることが多く、販売業者の悪質な勧誘によって得た利益の配分にあずかっているケースもあります。そこで、消費者被害を防ぐ目的から、割賦販売法で規制が行われています。

　個別クレジット契約のクーリング・オフが認められるのは、割賦販売法が定める「特定契約」（訪問販売、電話勧誘販売、特定連鎖販売個人契約、特定継続的役務提供取引、業務提供誘引販売個人契約）について個別クレジット契約を結んだ場合です。

　たとえば、マルチ商法や内職商法の被害に遭ったときは、代金の支払いを個別クレジット契約で行うことにしていたとしても、その個別クレジット契約のクーリング・オフができます。これに対し、通信販売にはクーリング・オフの制度がないため（返品制度はある）、通信販売は適用対象外です。

個別クレジット契約における購入者保護のためのルール

個別クレジット契約自体の
クーリング・オフができる

訪問販売で必要以上に
購入させられた場合には
個別クレジット契約を解除できる

故意の事実不告知や不実の
告知があった場合の
個別クレジット契約の取消制度

すでに代金を
支払っていても
個別クレジット会社に
返還請求できる

■ 商品等の購入契約のクーリング・オフは法律上は不要である

　消費者側は、個別クレジット契約のクーリング・オフを行うことにより、商品等の売買契約のクーリング・オフも行ったとみなされます。しかし、用心して個別クレジット会社と販売業者の双方に対し、同時にクーリング・オフの通知を出すのが一般的です。個別クレジット会社へのクーリング・オフの通知は書面で行うことが必要です。クーリング・オフができる期間は、特定商取引法で定められている期間と同様です。

■ 消費者側が支払っていた割賦金は返還しなければならない

　消費者側が個別クレジット契約のクーリング・オフをした場合に問題となるのが、商品等の代金の全部もしくは一部を支払っている場合、その返還をどうするかという点です。

　現在の割賦販売法の規定では、個別クレジット会社は、すでに受け取った代金を消費者側に返還しなければなりません。したがって、個別クレジット会社は、消費者側からの代金の返還請求があったときは、これに応じるべきことになります。

クレジット契約と過量販売の解除

訪問販売が過量販売にあたる場合、契約締結時から1年間は販売契約を解除することができる。過量販売の代金支払いについて、個別クレジットで行う契約を結んでいた場合、クレジット契約そのものを解除することもできる。解除権の行使期間は個別クレジット契約締結の時から1年間である。また、購入者が代金をすでに支払っていたとしても、クレジット会社に対して代金の返還を請求することができる。

指定信用情報機関

債務残高や支払履歴などを記録・管理している機関

■ 指定信用情報機関とは

消費者の債務残高や支払履歴などを記録・管理する法人で、経済産業大臣が指定する事業者を指定信用情報機関といいます。指定信用情報機関にクレジット業者（包括クレジット業者や個別クレジット業者）が会員として加入することで、個々の消費者が、それぞれのクレジット業者が負担する債務額やその支払状況を共有できます。

なぜなら、会員であるクレジット業者は、消費者とクレジット契約（包括信用購入あっせんや個別信用購入あっせんに関する契約）を締結した場合、指定信用情報機関への情報提供義務を負うからです。また、契約時にはクレジット業者が消費者から指定信用情報機関より情報照会することへの同意を得る必要があります。なお、会員であるクレジット業者の信用情報の取扱いについては、指定信用情報機関が監督する役目を担っています。

指定信用情報機関の制度が設けられたのは、増え続けていた多重債務問題を防止するためにクレジット規制を強化する必要が生じたためです。

割賦販売法では、クレジット業者に対して、購入者の支払能力を超える契約締結を禁止し、支払可能見込額の調査を義務付け、関連する情報を提供する指定信用情報機関の制度を設けています。クレジット業者から提供を受けて指定信用情報機関に登録される本人識別情報は、氏名、住所、電話番号、生年月日、本人確認書類の記号・番号に及びます。さらに、クレジット契約をした年月日、債務残高、年間見込支払額、支払遅延の有無

クレジット契約
包括クレジット（包括信用購入あっせん）と個別クレジット（個別信用購入あっせん）の双方が含まれる。

支払可能見込額
年収などから生活維持費とクレジット債務などを除いた金額。

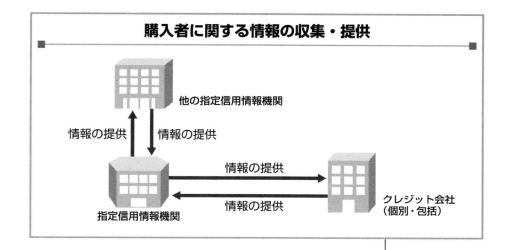

購入者に関する情報の収集・提供

他の指定信用情報機関

情報の提供　　情報の提供

情報の提供

情報の提供

指定信用情報機関　　　　　　　　クレジット会社
　　　　　　　　　　　　　　　　（個別・包括）

などは記録・管理されています。これらの情報を「基礎特定信用情報」といいます（225ページ図）。

なお、令和2年成立の法改正で、勤務先の商号もしくは名称が基礎特定信用情報から除外されています。

■ 指定を受けるための要件

指定信用情報機関は、適正で安定的な業務の運営を行う必要があるため、保有する信用情報の規模や財産的基礎など一定の要件を満たさなければ、経済産業大臣の指定を受けることができません。法人であることは必須ですが、それ以外に、「加入包括クレジット業者の数が50以上」「加入個別クレジット業者の数が30以上」「保有する商品名等の数が400万件以上」などの規模的な要件があります。また、「純資産額が5億円以上」「保有する包括クレジット債務が1兆5000億円以上」「保有する個別クレジット債務が3兆円以上」などの財産的な要件があります。

その他、法人が割賦販売法や個人情報保護法などに違反して罰金刑を受けていない、役員が法令に違反して禁錮以上の刑または罰金刑を受けていないなどの欠格要件があります。

包括クレジット

包括的な契約を結びクレジットカードを発行するもの。

個別クレジット

取引ごとに契約を結び一括または分割返済するもの。

欠格要件

人があることを理由に特定の地位につくことができないことを定めたその理由のこと。役員（取締役、監査役、会計監査人などを指す）に欠格事由がある者が存在すると指定を受けられない。

■ 指定信用情報機関の義務

　指定信用情報機関は厳格で正確な情報を管理する必要があるため、一定の義務が課せられています。指定信用情報機関の行う業務は割賦販売法に定められた業務規定によるものですが、前述したように、おもな業務は基礎特定信用情報の提供を受け、それを記録・管理し、クレジット業者に提供することと、クレジット業者に対する監督です。これらに付随して基礎特定信用情報の正確性を確保する義務や、漏えい・滅失・破棄などを防止する安全管理措置を行う義務があります。

　また、指定信用情報機関としての透明性、中立性、公平性を確保する必要があるので、原則として兼業はできません。指定信用情報機関の行う業務を他の者に委託することもできません。ただし、委託に関しては経済産業大臣の承認を受けた場合に一部を委託することができます。

　他にも、指定信用情報機関の役員や職員には業務に関して知り得た秘密を漏らしてはならないという秘密保持義務が課せられています。秘密保持義務については退職者についても同様の義務が課せられます。

■ 加入クレジット会社の義務など

　加入クレジット会社は、はじめに指定信用情報機関に加入する際（特定信用情報提供契約の締結時）に、それまでに交わした消費者との包括クレジット契約や個別クレジット契約に関する基礎特定信用情報を提供する義務があります（債務が消滅していないものに限ります）。

　消費者と契約を締結する前には、年収から生活維持費、クレジット債務などを減算した上で、返済履歴などさまざまな要素を考慮して、支払可能見込額を算定する義務を負います。これによって、返済不可能に陥る多重債務者が生まれないようにすることを意図しています。

記録の保存

指定信用情報機関は、特定信用情報提供等業務（情報の収集・提供業務）について記録を作成し、3年間保存する義務を負う（割賦販売法35条の3の45）。

指定信用情報機関への情報照会

消費者から申込を受けたクレジット会社は指定信用情報機関へ情報の照会を行う。以前までで照会利用可能時間は8時から22時だったが、令和3年12月より8時から翌1時へと拡大された。その背景にはスマホの普及により電子商取引が活発になったことによる、消費者からの与信申込の増加等が挙げられる。

指定信用情報機関に提供される情報（基礎特定信用情報）

- ● **購入者本人を識別するための情報**
  氏名、住所、生年月日、電話番号、運転免許証等の番号、本人確認書類に記載されている番号
- ● **包括クレジット（クレジットカード）の場合**
  契約年月日、支払いが行われていない債務の残額、1年間に支払うことが見込まれる額、債務や手数料の支払いの遅延の有無、包括信用購入あっせんを特定することができる番号
- ● **個別クレジットの場合**
  契約年月日、支払いが行われていない債務の残額、1年間に支払うことが見込まれる額、債務・手数料の支払いの遅延の有無、個別信用購入あっせんを特定することができる番号

　また、消費者との間でクレジット契約を締結した際は、遅滞なくその契約に関する基礎特定信用情報を指定信用情報機関に対して提供する義務があります。あわせて基礎特定信用情報に変更があった場合には、遅滞なく変更内容を提供しなければなりません。

　加入クレジット会社は、支払可能見込額を算定するため、指定信用情報機関に対して消費者に関する基礎特定信用情報などの提供を依頼する場合、あらかじめその消費者から同意を得る必要があります。方法としては、書面または電磁的記録によるもの（電子メールやウェブサイトなど）となります。また、これらの同意を得た記録についての保存義務も生じます。

　その他、加入クレジット会社の役員や従業員について、支払能力調査以外の目的で、基礎特定信用情報の提供を受けることや、基礎特定信用情報の使用もしくは第三者提供をすることが禁止されています。退職した者についても同様の義務が課せられます。

クレジットカード番号等の管理

クレジットカード番号等の適切管理義務がある

■ 適切管理義務の対象事業者

クレジットカード番号等（カード番号やパスワードなど、以下「カード番号」という）の漏えい防止などのため、割賦販売法ではカード番号の適切管理義務（カードに関する情報を盗らせないなど）を課しています。

対象事業者は、①クレジットカード発行業者（イシュア）、②立替払取次業者（アクワイアラ）、③加盟店（販売業者）、④決済代行業者、⑤コード決済事業者等（コード決済事業者等から委託を受けた事業者を含む）です。

①は、利用者に対しクレジットカードを発行する会社です。具体的には、2か月を超える支払条件のクレジットカード発行会社（包括信用購入あっせん業者）に加えて、マンスリークリアカード発行会社（二月払購入あっせん業者）も含まれます。

②は、イシュアのために、加盟店に対し立替金を交付する事業者です。日本では、アクワイアラがイシュアと同一会社であることが多いようです。

④は、アクワイアラのために、加盟店に対し立替金を交付する事業者です。加盟店にとっては、個々のアクワイアラと契約しなくても、1社の決済代行業者と契約することで、決済手段を増やせるというメリットがあります。

⑤は、利用者から提供を受けたカード番号を用いて、次回以降、当該カード番号を入力することなく、商品の購入などができるサービスを提供する事業者です。たとえば、QRコード決済を提供する事業者が該当します。

カード番号等保有業者に対する指導基準

発行業者（イシュアー）と立替払取次業者（アクワイアラ）は、クレジットカード番号等保有業者（加盟店、加盟店の委託先など）に対して、省令で定める指導基準により指導する義務を負う（割賦販売法35条の16第4項、省令133条）。

管理のために必要な安全管理措置

組織的 安全管理措置	クレジットカード番号等の適切な安全管理措置を行うために、従業者のそれぞれの権限と責任を明確に定めると共に、管理に関する規程類を整備すること。定めた規程に従って運用していない場合は、組織的安全管理措置義務違反となる。
従業者の監督	クレジットカード番号等の適切な安全管理に関する教育や訓練を行い、運用にあたっては適切な管理が行われているかについて必要かつ適切な管理を行うこと。
物理的 安全管理措置	クレジットカード番号等を記録した書類を保管する施設や設備、クレジットカード番号等の処理を行う電子計算機器や端末装置、場所について、不正なアクセスを予防する措置を行うこと。
技術的 安全管理措置	クレジットカード番号等の処理を行う電子計算機器や端末装置が権限を有しない者に操作されないことや、これらの動作の記録帳簿をつける必要がある。

※その他、省令によって2次被害発生の防止措置や、再生防止策の措置などが求められている。

■ 不正利用防止義務等やおもな罰則

　割賦販売法は、加盟店に対し適切管理義務に加え、不正利用の防止措置（偽造カードを使わせないなど）を講じる義務を課しています。また最近では、そもそもカード番号情報等の非保持化（店舗にカードに関する情報を一切残さない）を図る義務も新たに課されることとなりました。実店舗でクレジットカードを使用する際に、ICカードに対応した専用決済端末にカードを差し込み、暗証番号を入力する形態がとられている場合は、カード番号情報等の非保持化対策がなされています。

　また、業務上知り得たカード番号を不正な利益を図る目的で第三者へ提供・盗用した者は、3年以下の懲役または50万円以下の罰金に処するなどの罰則も規定されています。

前払式特定取引

対価を先に支払うことでサービスを受けることができる取引

■ 前払式特定取引とは

　一般的な割賦販売やクレジット契約（包括クレジットや個別クレジットに関する契約）とは異なり、前払式取引では、買主が先に代金を支払い、目的物の引渡し（もしくはサービスの提供）は、原則としてその支払いが終わった後になります。前払式取引の例としては、冠婚葬祭を取り扱う互助会や、百貨店などの友の会といった組織の取引があります。いずれの組織も、特定のサービスや商品を購入することを前提として、会員から一定期間にわたり会費（積立金）と称して対価の支払いを受けます。その後、満期時にボーナスなどと称して商品券を付与したり、一般客よりも割安にサービスを受けられるといった特典をつけたりすることでお得感を持たせ入会を勧誘します。

　割賦販売法が規制する前払式取引である「前払式特定取引」は、①商品売買の取次ぎ（連絡や仲介のこと）や特定役務の提供についての取次ぎを行う取引であること、②目的物の引渡しや特定役務の提供に先だって対価の支払いを受けること、③対価は２か月以上の期間にわたり、かつ３回以上に分割して受領すること、という条件をすべて満たした取引を意味します。

　もっとも、前払式特定取引を業として行う（開業する）場合には、経済産業大臣の許可が必要です（許可制）。さらに、営業保証金の供託や、購入者から前払いを受けた金銭（前受金）の保全措置が義務付けられています。これに対し、取引条件の開示や契約内容に関する規制は定められていません。

前払式通信販売

消費者が商品を受け取る前に代金を支払う通信販売のこと（特定商取引法11条以下）。前払式通信販売という形態を悪用して、「消費者からお金をとっておいて商品を送らない」などのトラブルも発生しがちなため、特定商取引法では、前払式通信販売について規定を設けて、事業者に通知義務などを課して消費者保護を図っている。

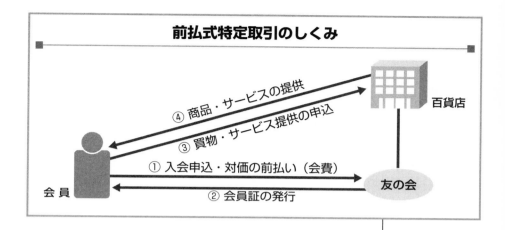

前払式特定取引のしくみ

④ 商品・サービスの提供

③ 買物・サービス提供の申込

百貨店

① 入会申込・対価の前払い（会費）

② 会員証の発行

会員

友の会

■ どんな場合に問題となるのか

　前払式特定取引において起こるトラブルの多くは、解約に関するものです。たとえば、冠婚葬祭の互助会に入会した場合、支払った会費の多くは葬儀や結婚式などの費用として使用することができます。しかし、入会した互助会が悪質な組織である場合には、いざ互助会を辞めようとすると、互助会から解約を断られたり、解約に際して高額の解約金を請求されたりするケースがあります。この場合、契約書には「転居や生活保護が必要なほどの困窮に陥るなどよほどの事情がない限り解約はできない」「解約時には当社の規定する解約料を請求する」などという特約が設けられていることが多いようです。

　互助会としては特約を根拠に解約を拒否したり、高額な解約料を請求したりしてくるわけです。契約書の内容に合意して契約している以上、特約には従わなければならないと泣き寝入りする人もいるかもしれません。

　しかし、消費者契約法や民法などの法律の規定により、解約に関する特約の無効を主張することができる可能性があります。たとえば、消費者契約を根拠にして解約金条項の一部を無効とした裁判例があります（大阪高判平成25年1月25日）。

ファイナンスリースと割賦販売法

　商品の販売事業者（サプライヤー）が、直接的に消費者に商品を販売し、代金を分割で徴収する方式ではなく、まずは商品をリース会社に販売し、その後は消費者（ユーザー）とリース会社との間で締結されるリース契約に基づいて、リース会社が消費者から商品のリース料の支払いを受けるという方式をファイナンスリースといいます。ファイナンスリースの場合、リース会社が販売事業者から購入する商品については、これを消費者が選定することが特徴です。

　ファイナンスリースについては、販売事業者が商品代金をリース会社から受け取っていますが、これは事業者間の契約に基づいたものであるため、割賦販売法が適用されることはありません。

　もっとも、ファイナンスリースにおいて、消費者との間で締結されるリース契約に関する条件のすり合わせや、契約書の作成などの段階まで、リース会社ではなく商品の販売事業者が代わりに行うケースがあります。これを提携リース契約といいます。

　提携リース契約は、クレジット会社が関与する個別信用購入あっせん契約と当事者関係が似ています（リース会社がクレジット会社と似たような立場になります）。それでも、提携リース契約には割賦販売法が原則として適用されません。

　たしかに、商品の販売事業者がリース契約の条件のすり合わせなどを担当した場合、リース会社に対し消費者がリース料を支払っていくことは、代金を分割で支払うのと類似の状態といえます。しかし、リース契約の場合は、商品の所有権がリース会社に残るという点で、消費者に対し商品を販売する契約ではないため（販売すると商品の所有権が消費者に移転するのが原則です）、割賦販売には該当しません。

PART 5

消費者を保護する
その他の法律

消費者安全法

消費者庁の権限や各機関の役割や義務などを規定する

■ どんな法律なのか

　消費者安全法は、消費者が消費生活における被害（消費者事故等）を受けることなく、安全で豊かな消費生活を送ることができる社会の構築を目的として制定された法律です。

　消費者安全法では、消費者安全を確保するため、内閣総理大臣（もしくは内閣総理大臣から委任を受けた消費者庁や都道府県など）に必要な権限を与えると共に、関係行政機関、地方公共団体、国民生活センター、消費生活センターなどの役割や義務などを定めています。

　消費者安全法に基づき、内閣総理大臣の委任を受け、実際に消費者安全法を運用する役割を果たすのが消費者庁です（勧告・命令といった事業者などに対する権限行使は「消費者庁長官」の名で行います）。その他、生命や身体の侵害に関する消費者事故等の原因調査や情報提供については、消費者庁に設置されている消費者安全調査委員会が行います。

■ 消費者事故防止に向けた取組み

　消費者を保護する法律として、消費者安全法以外にも、消費者契約法や特定商取引法などがあります。

　消費者安全法は、このような他の法令が適用されない消費者事故等に関する取引など（すきま事案）に対応することを狙いとしています。たとえば、消費者庁（消費者庁長官）は、消費者への重大被害の発生または拡大防止を図るため、他の法令に基づく措置がない場合は、事業者に対して、必要な措置を講ず

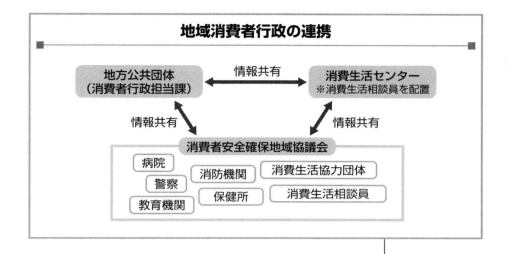

地域消費者行政の連携

地方公共団体
（消費者行政担当課）

情報共有

消費生活センター
※消費生活相談員を配置

情報共有　　　　　　　　情報共有

消費者安全確保地域協議会

病院

警察

消防機関

消費生活協力団体

教育機関

保健所

消費生活相談員

るよう勧告を行い、従わないときは勧告に係る措置を講ずるよう命令ができます。現在、地方公共団体において、①消費者からの苦情に係る相談・あっせんなどを行う者として消費生活センターに消費生活相談員を配置する、②消費生活上特に配慮を要する人（高齢者など）の見守りなどを行う機関として消費者安全確保地域協議会を任意に設置する、③消費者の利益擁護などを行う機関・個人として消費生活協力団体や消費生活相談員を任意に委嘱する、といった取組みが実施されています（上図）。

■ 消費者事故等に関する情報集約

　消費者安全法では、消費者事故等が発生した場合、その情報を内閣総理大臣（実際には委任先である消費者庁）に通知することを、行政機関の長、都道府県知事、市町村長、国民生活センターの長などに義務付けています。

　消費者庁は、各機関から集約された情報を分析し、①結果を関係機関に通知する、②必要に応じて一般に公表する、③消費者への注意喚起を促す、などの措置を行います。

命令に従わない場合

本文記載の場合の他、生命・身体への重大な被害の発生や拡大を防止するため、緊急に対応が必要なときは、対象商品の譲渡禁止命令（41条）や回収命令（42条）を発することができる。消費者安全法40条〜42条の命令に従わない者（違反者）は処罰の対象となり、違反者が所属する法人にも罰金刑が科される（両罰規定）。また、必要な場合には立入検査等が実施される場合もある。

リコール

・・・

製品欠陥が見つかった場合に全消費者を対象に行われる

■ リコールとは何か

　製品の欠陥が原因となって事故が発生することがあります。リコールとは、このような事故が起こった場合（もしくは起こるおそれがある場合）、できる限り新たな事故の発生を阻止するために、企業がすべての消費者に対して行う行動をいいます。具体的には、①消費者への注意喚起、②製品の回収、③製品の無償交換・修理・安全確認・引き取り、④製品の販売中止などの一連の行動すべてを指します。

■ なぜリコールをしなければならないのか

　リコールの実施は、法律や命令（政令や省令など）で義務として定められています。製品が消費者を対象に非常に広範囲に販売されるような場合、欠陥が原因で事故が１件でも起こると、その事故は製品の購入者全員に起こる可能性があります。消費者１人ひとりの安心・安全な社会生活を脅かす事態は最小限にしなければならないのは当然といえるでしょう。第一に考えなければならないのは、消費者の生命・身体・財産の安全です。被害者を１人でも少なくする努力が大切です。

　リコールを実施するのは、製品の安全に責任を持たなければならない者です。具体的には、「最終製品の製造者」が該当します。欠陥が特定の部品にあることがわかっても、リコールの義務を負うのはあくまでも最終製品の製造者です。また、輸入品の場合、輸入業者にも責任が負わされています。

　OEM生産やPB製品は、販売業者や流通業者がリコールを実施

**食品をリコール
する際の届出の
義務化**

令和３年６月１日より、消費者の身体・生命に特に大きな影響を与えるものである食品をリコール（自主回収）する場合、事業者は行政へその旨を届出することが義務化された。

**対応の遅れと
被害の拡大**

「原因がわからないうちは手の打ちようがない」というのは、消費者にとっては責任逃れ以外の何ものでもない。「疑い」が「確信」に変わるまで待っていては、被害が拡大して収拾がつかなくなってしまう危険性もある。

OEM生産

相手先ブランドによる生産。

PB

プライベート・ブランドのこと。

リコールを行う際の判断基準の目安

国が判断基準の指針（経済産業省や内閣府国民生活局の指針）を提示している！

▼

リコールを実施するか否かのおもな判断基準

① 被害の質や重大性が高いか
② 同じような事故が多発しているか
③ 事故原因が製品の欠陥以外のものであることが明白か

する場合があります。この場合は生産委託の契約時に契約書に明記される事項に基づきます。それ以外の販売業者や流通業者にはリコールの責任はありませんが、消費者に最も近い立場にあるのも確かですので、消費者からリコールのおそれのある情報を得た場合は、リコールの実施責任のある業者に知らせることが必要です。現在は、これらの情報を独立行政法人・製品評価技術基盤機構（NITE）にも通知するよう経済産業省が定めています。ただし、生命・身体に関わる事項などの情報は、後述する消費生活用製品安全法に基づき、消費者庁に報告しなければなりません。

■ リコールはどのように行うのか

「製品の安全性に疑いがある場合」は、速やかにリコールに着手するのが原則です。一方、原因が究明されなければ最終的な対応も取りにくいという難しさもあります。そのため、リコールにはいろいろな段階が設けられています。どの行動を取るかも非常に判断の難しいところですが、スタンスとしては想定される最悪のケースを前提とすることです。消費者の立場になって考えれば、リコールは多少過剰と思われる対応になってもやむを得ないといえます。そうした行動自体が、失われかけた消費者からの信頼を回復させることにつながるからです。

死亡、重篤ないし不可逆的な被害の発生

死亡はもちろんのこと、生命の危険も予想される症状、または手指・足の切断、失明等、治療が不可能で取り返しのつかない、被害者に深刻な事態が発生した場合のこと。

リコールとコスト

リコール対応の仕方次第では、会社は存亡の危機に立たされる。このような重大な問題の決断をする場合、経営者（最高責任者）が判断を下すことになる。経営者としては、コストと相談しながら決断をするのは当然のことだが、リコールをするかどうかの判断基準があれば、少しは肩の荷も軽くなる。

消費生活用製品安全法

消費生活用製品の重大事故は消費者に公表される

■ どんな法律なのか

　扇風機や換気扇による発火事故、石油ファンヒーターや石油ストーブによる火災事故や一酸化炭素中毒事故など、消費者が日常的に使用している製品（消費生活用製品）の経年劣化などが原因で、生命や身体に危害が及ぶ事故の被害に遭うことがあります。消費生活用製品安全法は、このような事故を防止することを目的として制定された法律で、具体的には次のような規定が設けられています。

① 特定製品の製造・輸入・販売に関する規制（PSCマークなど）

　消費生活用製品のうち、構造・材質・使用状況などから見て、消費者の生命や身体に対して特に危害を及ぼすおそれが多いものを「特定製品」と定義しています。その上で、特定製品の製造、輸入を行う事業者に対して事業の届出を求めています。届出をした事業者に限り、特定製品にPSCマークを付けることを可能とし、かつ、PSCマークを付した特定製品に限り、これを販売したり、販売目的で陳列できるなどの規制を設けています。

　その他、主務大臣（おもに経済産業大臣）は、立入検査などの必要な措置を講じる他、PSCマークのない特定製品や技術上の基準に適合しない特定製品を販売した場合で、消費者への危害の発生や拡大を防止するために必要があるときは、事業者に商品の回収などの対応を命じることができる（危害防止命令）としています。

② 製品事故情報の報告・公表

　消費生活用製品安全法では、消費者の生命や身体に対する危

ＰＳＣマークと特定製品

特定製品

→

特別特定製品

①乳幼児用ベッド、②携帯用レーザー応用装置(レーザーポインターなど)、③浴槽用温水循環器(ジェット噴流バスなど)、④ライター

ＰＳＣ

PSCマーク

特別特定製品以外の特定製品

①家庭用の圧力なべ・圧力がま、②乗車用ヘルメット、③登山用ロープ、④石油給湯機、⑤石油ふろがま、⑥石油ストーブ

ＰＳＣ

P 「Product(製品)」
S 「Safety(安全)」
C 「Consumer(消費者)」

害が発生した事故や、消費生活用製品が滅失・毀損した事故であって消費者の生命や身体に危害が及ぶおそれのあるものを「製品事故」と定義しています。その中でも、死亡事故、一酸化炭素中毒事故、火災など、特に発生する危害が重大である製品事故を「重大製品事故」と定義しています。そして、消費生活用製品の製造・輸入をする事業者に対しては、重大製品事故の発生を知ったときから10日以内に、当該製品の名称・型式、事故内容、当該製品の製造・輸入・販売の数量などを消費者庁に報告するよう義務付けています。

③　特定保守製品の点検その他の保守に関する情報提供や体制整備

消費生活用製品の中でも、長期間使用することで部品などが劣化し、消費者の生命や身体に危害を及ぼすおそれが高い製品は「特定保守製品」に指定されています。消費生活用製品安全法に基づき、特定保守製品を製造・輸入する事業者は保守体制の整備と情報提供を、販売をする事業者は引渡し時の説明と情報提供を行います。特定保守製品については、所有者に対しても保守情報の収集や保守に努めることが求められています。

製品の名称・型式、事故の内容などの公表

報告を受けるなどして製品重大事故を知った場合において、消費者に対する重大な危害の発生や拡大を防止するために必要があると認められるときは、製品の名称・型式、事故の内容などが公表される。

特定保守製品

令和4年10月現在、石油給湯機と石油ふろがまの2製品が指定されている。ただしビルトイン式電気食器洗器、浴室用電気乾燥機、室内用ガス瞬間湯沸器、室内用ガスふろがま、FF式石油温風暖房機のうち、平成21年4月より以前に販売されているものについては、特定保守製品として扱われる。

製造物責任法

製造物が原因となって発生したトラブルを解決する

■ どんな法律なのか

製造物責任法は、製造物の欠陥により人の生命、身体または財産に被害が生じた場合における、製造業者等の損害賠償責任（製造物責任）の要件などについて規定する法律です。

たとえば、テレビのスイッチ部分に欠陥があったため、スイッチを入れたらテレビが発火し、自宅の一部が焼損した場合、テレビを製造したメーカーに責任追及をするには、どうしたらよいでしょうか。この場合、民法が規定する不法行為に基づく損害賠償責任を追及するのが一般的です。この責任を追及をするには、被害者側（ユーザー）が、加害者側（メーカー）の故意または過失、さらにはスイッチの欠陥と損害との間の因果関係を立証しなければなりません。しかし、これらの立証は容易ではなく、被害者側の負担が重すぎるという問題があります。そこで、製造物の欠陥による被害者を救済するため、製造業者等に対する損害賠償責任を追及しやすくしたのが製造物責任法です。

■ 製品の「欠陥」とは

製造物責任法でいう「欠陥」とは、製造物の特性、通常予見される使用形態、製造物の引渡時期など、製造物に関するさまざまな事情を考慮して、製造物が通常有するべき安全性を欠いていた状態を指します。具体的には、「設計ミスで熱に弱い部品を使用していた」（設計上の欠陥）、「指示とは違う部品を使用して組み立てていた」（製造上の欠陥）だけではなく、「上下

PLセンターによる紛争解決

各種の業界団体が、消費者を保護するために設置している「PLセンター」に相談がもちこまれることがある。PLセンターの業務内容は、大きく分けて、相談業務と審査業務に分けられる。相談業務は、法律・技術に詳しい専門スタッフが相談業務にあたっているので信頼度が高く、相談内容の秘密も守られ、安心して相談ができる。これらの機関は、製造物の欠陥による事故があった場合、製品についての専門的な知識を生かして、消費者と製造業者との間の紛争について相談や示談の仲介をしている。裁判によらない紛争解決機関（ADR）として、大きな役割が期待されている。

製造業者等

製造物責任を負う製造業者等には、製造メーカー（製造業者）だけでなく、加工業者、輸入業者、表示製造業者（製造業者と誤認させる表示をした業者）なども含まれる。

製造物責任法の「欠陥」の意味

設計上の欠陥	（例）テレビ内部の熱源付近に、熱に弱い材質部品をあつらえ、これが溶けて破損、ショートして火災を起こした場合
製造上の欠陥	（例）自動車組立の際に、指示とは違う部品を用いたため、ブレーキに異常が生じて使用不能になるなどの事故が起こった場合
指示・警告上の欠陥	（例）ある洗剤を他の洗剤と併用して使うと、有毒ガスが発生して目やのどを痛めることがあるのに、その指示・警告の表示を怠ったために事故が発生した場合

逆にして置いたら破裂する危険性があるのに、それを注意書きしていなかった」など、取扱上の注意点の表示に不備があること（指示・警告上の欠陥）も欠陥として扱われます。

■ 被害者が立証すること

製造物責任を追及する際に、被害者が立証するのは、製造物に欠陥があった点だけです。前述した事例でいえば、テレビのスイッチが通常の使用において発火するということは、そのテレビが通常有するべき安全性を欠いているといえますので、テレビに「欠陥」があるということができます。

これに対し、製造業者等が製造物責任を免れるためには、製造物に欠陥がなかったこと、または製造物の引渡し時の科学技術に関する知見では欠陥の存在を認識できなかったことなどの免責事由を立証する必要があります。したがって、製造業者等が欠陥の不存在もしくは免責事由を立証できなければ、被害者に対し製造物責任を負うことになります。

取扱上の注意点の表示の不備

製造業者等が「こんな使い方はしないだろう」「こんなことは書かなくてもわかるだろう」と思うようなことでも、製造物の欠陥として認定され、被害者に対し損害賠償責任を負う可能性がある。

製造物責任法による損害賠償請求権の行使可能期間

製造物の欠陥により人の生命・身体が侵害された場合、被害者はその損害及び賠償義務者を知った時から5年間損害賠償請求権を行使できる。また製品を使用しはじめて一定期間が経過してから健康被害等が生じた場合、その被害が発生した時を起点として損害賠償請求権を行使する期間が開始する。

個人情報保護法

個人情報などの取扱いには制限がある

■ 個人情報保護制度の一本化

　従来、個人情報の保護に関する法律として、①民間事業者を対象とする個人情報保護法、②国の行政機関を対象とする行政機関個人情報保護法、③独立行政法人を対象とする独立行政法人個人情報保護法がありました。これに加えて、地方公共団体（都道府県・市区町村）は、それぞれで個人情報保護条例を設けていました。

　個人情報保護制度は、単に個人情報の流出などから個人の権利利益を保護するだけでなく、新産業の創出や経済の活性化などのために個人情報を利活用することも考慮しています。現在では社会全体のデジタル化（デジタル社会）に対応した個人情報保護とデータ流通の両立が要請されますが、団体ごとの個人情報保護制度が異なれば、特にデータ流通で支障が生じます。

　そこで、令和3年に上記の①〜③の法律を「個人情報保護法」に一本化すると共に、地方公共団体を個人情報保護法の適用対象に追加しました。

■ ガイドラインに基づく運用

　個人情報保護法では、個人情報の取扱いなどについて、事業分野ごとに各省庁がガイドラインを策定して監督するのではなく、個人情報保護委員会がすべての事業分野に関する個人情報の取扱いなどを監督するしくみを採用しています。従来は、個人情報護法の適用対象である民間事業者のみがガイドラインの対象でしたが、前述した令和3年成立の改正に伴い、国の行政

個人情報に関連する用語の定義

個 人 情 報

①生存する個人に関する情報で、特定の個人を識別できるもの（他の情報と容易に照合できて特定の個人を識別できるものを含む）

②生存する個人に関する情報で、個人識別符号が含まれるもの
（①②の中で、人種・信条・社会的身分・病歴・前科・犯罪被害歴など、本人に対する不当な差別・偏見などの不利益が生じないようにその取扱いに特に配慮を要するものを「要配慮個人情報」という）

個 人 デ ー タ

個人情報データベース等を構成する個々の個人情報

保 有 個 人 デ ー タ

個人情報取扱業者が、開示、内容の訂正・追加・削除、利用停止、消去、第三者提供の停止を行える権限をもつ個人データ

機関、独立行政法人、地方公共団体もガイドラインの対象に追加されました。これにより、個人情報保護制度に関しては、個人情報保護委員会が統一的に監督をしていくことになります。

■ 個人情報とは

個人情報保護法における個人情報とは、①または②のどちらかに該当するものを指します。なお、死者に関する情報が個人情報に含まれない点では共通しています。なお令和4年の改正により、今までは対象外であった6か月以内に消去される短期保有データも、個人情報として扱われることとなりました。

①　1号個人情報

生存する個人に関する情報で、特定の個人を識別できるもの（他の情報と容易に照合できて特定の個人を識別できるものを含む）が個人情報に該当します。「特定の個人を識別できるもの」には、氏名、生年月日をはじめ、勤務先、役職、財産状況、身体的特徴などのさまざまな情報が含まれます。

> **仮名加工情報の活用促進**
>
> 特定の個人の情報であっても、氏名等の個人を特定できる情報を一部削除したものを仮名加工情報という。仮名加工情報は、保有個人データではあるものの、通常の個人情報とは異なり、個人情報保護法による一定の規制の適用外とされる。これにより事業者は、仮名加工情報を活用しやすくなった。

② 2号個人情報

　生存する個人に関する情報で、個人識別符号が含まれるもの
が個人情報に該当します。「個人識別符号」には、ⓐ顔・指紋・
DNA配列・虹彩などの身体的特徴をデジタル化した生体認識
情報、ⓑ個人ごとに異なるよう定められた番号・文字などの符
号で、特定の個人を識別できるものが含まれます。

特定の個人を識
別できるもの

マイナンバー、運転免
許証番号など。

■ 個人情報取扱事業者とは

　個人情報取扱事業者とは、個人情報データベース等を事業に
利用している者です。「事業」には、営利事業も非営利事業も含
まれ、規模の大きさも問われません。ただし、国の機関、独立
行政法人、地方公共団体は個人情報取扱事業者に含まれません。

　なお、1件でも個人情報を保有する民間事業者は、個人情報
データベース等を事業に利用している限り、個人情報取扱事業
者に該当します。

■ どんな規制があるのか

　個人情報保護法では、個人情報、個人データ、個人情報デー
タベース等の取扱いについて、個人情報取扱事業者に対し、お
もに次のような制限を課しています。

① 利用目的の特定

　個人情報を取り扱う際、その利用目的をできる限り特定しな
ければなりません。利用目的を変更する場合は、変更前の利用
目的と関連性を有すると合理的に認められる範囲内でなければ
変更することができません。

② 利用目的による制限

　あらかじめ本人の同意を得ることなく、①において特定した
目的の達成に必要な範囲を超えて個人情報を取り扱うことはで
きません。

③ 不適正な利用の禁止

第三者提供に関する義務

	提供する側	提供を受ける側
提供前	・原則、あらかじめ本人の同意を得ずに、第三者に提供してはならない。 ・オプトアウトをする場合は、あらかじめ本人に「第三者提供をすること」「提供される個人データの項目」「提供方法」「求めに応じて第三者提供を停止すること」「本人の求めを受け付ける方法」を通知または本人が容易に知り得る状態に置き、個人情報保護委員会に届出を行う。	・「提供する側の氏名・名称」「提供する側が個人データを取得した経緯」などについて確認。
提供後	・「提供年月日」「第三者の氏名・名称」等の一定の事項を記録し、一定の期間（原則は3年）その記録を保存しなければならない。	・「受領年月日」「確認した事項」等を記録し、一定の期間（原則は3年）その記録を保存しなければならない。

違法・不当な行為を助長したり、誘発したりするおそれがある方法で個人情報を利用してはいけません。

④ 適正な取得など

偽りその他不正の手段による個人情報の取得は許されません。

また、要配慮個人情報は、原則として、あらかじめ本人の同意を得ずに取得することも許されません。

⑤ 正確性の確保

利用目的の達成に必要な範囲内で、個人データを正確かつ最新の内容に保つと共に、不要な個人データは消去するよう努めなければなりません。

⑥ 漏えいの報告など

取り扱う個人データの漏えい、滅失、毀損その他の個人データの安全の確保に係る事態であって個人の権利利益を害するおそれが大きいものが生じたときは、原則として、その事態が生じたことを個人情報保護委員会に報告すると共に、本人に対し

て通知をしなければなりません。

⑦　第三者提供の制限

　原則として、あらかじめ本人の同意を得ずに個人データを第三者に提供することはできません。例外として、オプトアウトの手続を行っていることを個人情報保護委員会に届け出ることで、第三者提供が可能となる場合があります。しかし、ⓐ要配慮個人情報、ⓑ不正取得された個人データ、ⓒ他の事業者からオプトアウト規定により提供された個人データは、オプトアウト規定による第三者提供ができません。

■ 個人データの安全管理措置義務

　個人情報保護法では、個人情報取扱事業者に対し、取り扱う個人データの漏えい、滅失または毀損の防止その他の個人データの安全管理のために必要かつ適切な措置を講じることを義務付けています。

　また、個人情報保護法についてのガイドラインの「通則編」では、①組織的安全管理措置（個人データの取扱い状況を確認するための手段を整備すべきこと）②人的安全管理措置（従業者に対する個人情報の取扱いに関する指導・監督や必要な教育を内容とするもの）、③物理的安全管理措置（個人情報データベース等を取り扱うコンピュータの情報システムを管理する区域などを適切に管理し、取り扱う機器や書類などの盗難・紛失といった事態を防ぐ措置）、④技術的安全管理措置（情報にアクセスできる従業者を制限し、正当なアクセス権を有する従業者を識別するしくみ）といった措置が定められています。

■ 窓口対応について

　個人情報保護法では、個人情報取扱事業者が有する保有個人データについて、当該事業者の氏名や利用目的などの事項を本人の知り得る状態に置くことや、本人からの開示、内容の訂

オプトアウトとは

その個人情報の本人自身が第三者へ情報を提供されることへの反対の意思を積極的に表さない限り、情報提供に同意しているとみなす制度のこと。

外国事業者と個人情報保護法

令和４年の改正により、国内にある外国事業者に対しても、報告徴収や行政による立入検査ができるようになった。外国事業者が法に規定されている義務を怠ったり、立入検査を拒否した場合、罰則が科せられる。

開示請求のデジタル化

従来、個人情報の開示請求に対しては、書面により交付することが原則とされていたが、令和４年の改正により、電磁的記録（デジタル）による提供もできるようになった。書面では表せない動画等の開示請求も可能となったのである。

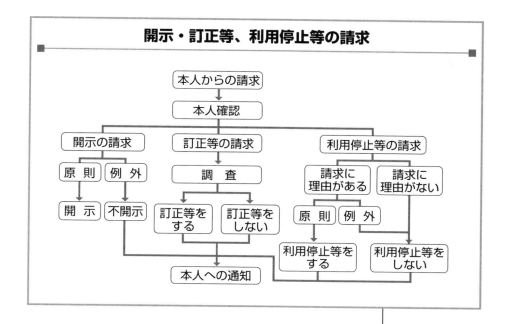

開示・訂正等、利用停止等の請求

```
本人からの請求
    ↓
 本人確認

開示の請求         訂正等の請求        利用停止等の請求

原則  例外          調　査        請求に        請求に
                              理由がある    理由がない
開　示  不開示    訂正等を  訂正等を
                 する    しない    原則  例外

                              利用停止等を    利用停止等を
                              する        しない
         本人への通知
```

正・追加・削除、利用停止、消去、第三者への提供の停止の各請求（開示等の請求）に応じる義務が定められています。さらに、個人情報などの取扱いに関する苦情に適切かつ迅速に対応するため、必要な体制を整える努力義務も個人情報取扱事業者に課しています。

　窓口での応対では、「請求しているのが本人（または正当な代理人）であるかどうか」「請求の内容、理由は何か」などを正確につかみ、請求の正当性を確認することが重要になります。

　訂正等の請求を受けた場合は、利用目的の範囲内で調査をし、その結果によって訂正等を行うことになります。訂正等を行った際には、本人に対してその内容を通知しなければなりません。

　利用停止等の請求については、違反や不正があった場合に限り応じればよいことになっています。利用停止等の手続きを行った場合、開示・訂正等と同様、できるだけ早く通知を行わなければなりません。

**保有個人データの
開示等の請求が本人
からなされた場合**

苦情もあわせて出されるケースが多いので、企業の担当者は、窓口体制を整備するにあたり、そのあたりも考慮しておく必要がある。

景品表示法

消費者のために過大な景品類の提供と不当表示を規制する

なせ景表法ができたのか

景表法ができる前の規制は、特定の業界における不当な景品類の提供によってもたらされる弊害が著しいとして、おもに商品の購入を条件に景品類を提供する行為を規制するものだった。過大な景品類の提供は、独占禁止法の「不公正な取引方法」の一類型である不当誘引行為として規制されていた。こうした過大な景品類の提供と不当な表示によって消費者を購買行動に誘う行為は、独占禁止法による規制では不十分だという声が各界から一挙に大きくなり、1962年に景表法が誕生した。

にせ牛缶事件

高度経済成長時代に入り、広告活動が急拡大していた1960年に、景品表示法の制定のきっかけともなる当時一大センセーションを巻き起こした虚偽表示事件が起きた。牛の絵が描かれた缶詰に、牛の肉ではなく馬や鯨の肉（当時は、牛肉より低級とみなされ安価であった）が使われていたもので、当時の国民に大きなショックを与えた。

■ なぜ制定されたのか

景品表示法（景表法）は、販売促進のための景品類の行き過ぎと、消費者に誤認される不当表示を規制するために、1962年に制定された法律です。

その後も、複数の事業者が食品表示等に関する大規模な偽装を行うなどの事例が相次いだこともあり、景品表示法は、特に行政の監視指導体制の強化や、不当な表示等を防止するために事業者が取り組むべき表示管理体制の徹底をめざして、法改正を通じて見直しが随時行われています。

■ どんな行為を規制しているのか

景品表示法は、その目的を、「取引に関連する不当な景品類及び表示による顧客の誘引を防止」するため、「一般消費者による自主的かつ合理的な選択を阻害するおそれのある行為の制限および禁止」をすることにより、「一般消費者の利益を保護すること」としています。

つまり、一般消費者の自主的・合理的な商品・サービスの選択を邪魔するような「過大な景品類の提供」と「不当な表示」を行う企業活動を制限・禁止するものです。後述しますが、「過大な景品類の提供」については、必要があれば、景品類の価額の最高額・総額、種類・提供の方法など景品類の提供に関する事項を制限し、または景品類の提供を禁止することができる、としています。一方、「不当な表示」については、商品・サービスの品質などの内容について、一般消費者に対し、実際

景表法のイメージ

独占禁止法

過大な景品類の提供と不当表示についての規制

独占禁止法の規制だけでは不十分

↓

景品表示法で補完

↓

「過大な景品類の提供」と「不当な表示」を制限・禁止して消費者の利益を守るのが景品表示法！

のものよりも著しく優良であると表示すること、または事実に反して競争事業者のものよりも著しく優良であると表示することを「優良誤認表示」として禁止しています。また、価格などの取引条件に関して、実際のものよりも著しく有利であると一般消費者に誤認される表示、または競争事業者のものよりも著しく有利であると一般消費者に誤認される表示については「有利誤認表示」として禁止しています。

■ 運用状況はどうなっているのか

景表法の目的は、一般消費者の利益を保護することにあります。そのため、以前は景品表示法の管轄が公正取引委員会でしたが、消費者の視点から政策全般を監視する「消費者庁」が平成21年9月に発足したことに伴い、消費者庁（表示対策課）に景品表示法の管轄が移されました。また、県域レベルの事案に対応するような場合には、各都道府県が窓口となる場合もあります。消費者庁は、景品表示法違反の疑いのある事件について、調査を行い、違反する事実があれば、「措置命令」を行っています。措置命令は、過大な景品類の提供や不当表示を行った事業者に対して、その行為を差し止めるなど必要な措置を命ずることができるというもので、消費者庁のホームページなどで事業者の名前、違反の内容などが公表されることになります。

アフィリエイトと景品表示法

ネット上で表示する広告の文章や画像等の作成を事業者が広く一般に募集し、その作成者の広告を経由して商品が購入されたことに対して成功報酬を払う、通称アフィリエイトが近年盛んに行われるようになった。このシステムにより、事業者は比較的低コストで商品を広告できるようになった一方、景品表示法の規制についてほとんど知識のない者による違法な広告が頻発していることが問題視されており、現在消費者庁による対策が進められている。

景品類

物品・金銭の提供は「取引に付随」すれば景品となる

**「取引に付随して」
にあたるかあたら
ないか**

「景品類等指定告示」
の運用基準4で具体的
に示されている。「取
引に付随」する提供に
あたるのは次の4つの
場合である。
・取引を条件として他
の経済上の利益を提供
する場合
・取引を条件としない
場合でも、取引の相手
をおもな対象として、
経済上の利益の提供が
行われるとき
・取引の勧誘に際し、
相手に金品・招待券な
どを供与する場合
・懸賞により提供する
場合や相手に景品類の
提供だと認識される仕
方で提供する場合

オープン懸賞

事業者が、企業・商品
の知名度・イメージを
高めるために、新聞・
テレビ・ウェブサイトな
どの広告で、商品（サー
ビス）の購入を条件と
しないで、一般消費者
に懸賞による金品の提
供を申し出るもの。事
業者が、顧客を誘引す
るために行うものだ
が、「取引に付随」する
ものではないことか
ら、景表法における規
制を受けることがない
ので、一般的にオープ
ン懸賞と言われている。
2008年に規制が撤廃
され、現在では具体的
な上限額の定めはない。

■ 景品類とは

　一般的に景品とは、粗品・おまけ・賞品などをいうと考えら
れています。景品表示法では、「景品類」を「顧客を誘引する
ための手段として、その方法が直接的であるか間接的であるか
を問わず、くじの方法によるかどうかを問わず、事業者が自己
の供給する商品または役務の取引（不動産に関する取引を含
む）に付随して相手方に提供する物品、金銭その他の経済上の
利益であって、内閣総理大臣が指定するもの」としています。

■ 規制内容にはどんなものがあるのか

　景表法における景品規制は、まず、すべての業種に適用され
る、①懸賞制限、②総付景品制限、という2つの種類の制限方
法によって規定されています。さらに、特定の業種に対しては、
個別の告示によって景品制限が規定されています。

① 懸賞制限

　景表法では、懸賞によって提供できる景品類の最高額と総額
を制限しています。「懸賞」とは、くじなど偶然性を利用して、
または特定の行為の優劣・正誤によって、景品類の提供の相手
もしくは提供する景品類の額を定めることです。抽選券やジャ
ンケン、パズル・クイズの正誤、作品などのコンテストの結果
の優劣などによって景品類の提供を定める場合が該当します。

　「一般懸賞」（俗に「クローズド懸賞」ともいいます）の場合、
懸賞によって提供できる景品類の最高額は、10万円を限度とし
て、「取引価額」の20倍の金額を超えてはならないとされてい

景品規制

全業種

新聞業	不動産業
雑誌業	医療関係

これらの特定業種には別途
それぞれに適用される規制がある
（特定業種における景品制限）

■**懸賞制限**
（懸賞により提供できる景品類の
　最高額と総額を制限）

■**総付景品制限**
（懸賞によらない景品類の提供に
　ついて景品類の最高額を規制）

ます。たとえば、800円の場合は、16000円までの景品がつけられることになります。また、商店街や業界などが共同で行う「共同懸賞」の場合は、「取引価額」にかかわらず30万円まで、とされています。なお、景品類の総額が、一般懸賞の場合は「懸賞にかかる売上げ予定総額」の2％まで、共同懸賞の場合は3％までとされています。

② 総付景品制限

　景表法によって、懸賞によらない景品類の提供についても、規制されています。「総付景品」（俗に「ベタ付け景品」ともいいます）とは、懸賞の方法によらないで提供される景品類をいいます。提供できる懸賞の最高額については、「取引価額」が1000円未満の場合は、景品類の最高額は一律200円、1000円以上の場合は、取引価額の10分の2までです。

■ 特定業種における景品制限について

　懸賞制限・総付景品制限は、すべての業種に適用されるものです。ただし、新聞業・雑誌業・不動産業・医療関係（医療用医薬品業・医療機器業・衛生検査所業）の4つの特定の業種については、別途それぞれに適用される制限が設けられています。

取引価額

・購入者に対して、購入額に応じて景品類を提供する場合はその購入金額
・購入金額を問わない場合は、原則100円。ただし、最低価格が明らかに、100円を下回るとき、または100円を上回るときは、その価格
・購入を条件としない場合は、原則100円。ただし、最低価格が明らかに100円を上回るときはその価格

**総付景品に
該当する場合**

・商品・サービスの購入者全員に提供する場合
・小売店が来店者全員に提供する場合
・申込みまたは入店の先着順に提供する場合

景表法の不当表示

優良誤認表示・有利誤認表示・その他の不当表示がある

■ 不当表示とは

商品・サービスの品質や価格に関する情報は、消費者が商品・サービスを選ぶ際の重要な判断材料であり、消費者に正しく伝わる必要があります。

景表法による不当表示の規制は、不当な顧客の誘引を防ぎ、消費者が適正に商品の選択ができるようにすることを目的としています。そのため、「不当表示」にあたるかどうかの判断は、当該表示が消費者にどのような印象・認識をもたらすかによることになります。通常、消費者は、何らかの表示がされていれば、実際の商品も表示のとおりだと考えます。表示と実際のものが違っていても、消費者は、実際の商品が表示どおりの商品であると誤認することになるでしょう。景表法が禁止している不当表示とは、このように商品・サービスの内容や取引条件について、消費者に誤認を与える表示のことをいいます。

景表法は、事業者が供給する商品・サービスについて、消費者に対して、不当に顧客を誘引し、消費者の自主的・合理的な選択を阻害するおそれがあると認められるこれらの表示（不当表示）を行うことを禁止しています。

■ どんな表示が対象なのか

景表法でいう「表示」とは、顧客を誘引するための手段として、事業者が販売する商品や提供するサービスについて行う広告その他の表示のことです（次ページ図）。具体的には以下のものが表示にあたります（公正競争規約施行規則）。

不当表示が規制される理由

商品（サービス）に関する情報は、パッケージ・パンフレット・チラシ・説明書などによる表示や新聞・雑誌・テレビ・ラジオ・インターネットなどで行われる広告によって、消費者にもたらされる。そして、そこに表示された、商品の品質・内容、及び価格・支払条件・数量などの取引条件から商品を選択する。しかし、ここで行われる「表示」が、実際の内容より著しく優れたものであると示されている場合や、事実と違って他社の商品より優れていると示されている場合、消費者は商品の適正な選択を妨げられ、不当に不利益を被ることになるため、不当表示として規制される。

不当表示規制の要件

表 示

包装による広告、パンフレット、ポスター、新聞紙・雑誌など、指定されているもの

顧客を誘引するための手段として

企業側の意図ではなく、客観的に判断する

事業者

経済活動を行っている者すべてが含まれる

自己の供給商品・サービスに関する取引について行われる表示

対象は自社の供給する商品・サービスに限られ、他社の商品・サービスの広告は含まれない

・商品、容器または包装による広告その他の表示及びこれらに添付した物による広告その他の表示

・見本、チラシ、パンフレット、説明書面その他これらに類似する物による広告その他の表示

・ポスター、看板（プラカード及び建物または電車、自動車等に記載されたものを含む）、ネオン・サイン、アドバルーン、その他これらに類似する物による広告及び陳列物または実演による広告

・新聞紙、雑誌その他の出版物、放送（有線電気通信設備または拡声機による放送を含む）、映写、演劇または電光による広告

・情報処理の用に供する機器による広告その他の表示（インターネット、パソコン通信等によるものを含む）

■ 不当表示にはどんなパターンがあるのか

不当表示の類型には、次の3つがあります。これらが不当に顧客を誘引し、一般消費者による自主的・合理的な選択を阻害するおそれがあると認められる表示として禁止しています。

① **優良誤認表示**

商品・サービスの品質、規格その他の内容についての不当表示

② **有利誤認表示**

商品・サービスの価格その他の取引条件についての不当表示

③ **指定表示**

商品・サービスの取引に関する事項について消費者に誤認されるおそれがあると認められる内閣総理大臣が指定する表示

■ 優良誤認表示について

優良誤認表示は、さらに次の2つに分類されます。

・内容について、一般消費者に対し、実際のものよりも著しく優良であると示す表示

・事実に相違して、同種（類似）の商品・サービスを供給している競争事業者のものよりも著しく優良であると示す表示

商品（サービス）の品質を、実際のものより優れていると広告したり、競争事業者が販売する商品よりも特別に優れているわけではないのに、あたかも優れているかのように虚偽の広告を行うことは、優良誤認表示に該当することになります。

なお、優良誤認表示の判断にあたって、裏付けとなる証拠を提出できない場合には、その表示は不当表示とみなすこととされています（不実証広告規制）。

■ 有利誤認表示について

有利誤認表示は、さらに次の2つに分類されます。消費者庁の資料にある具体例も挙げながら見ていきましょう。

① **価格やその他の取引条件について、実際のものよりも著しく優良であると消費者に誤認される表示**

・住宅ローンについて、「○月○日までに申し込めば優遇金利」と表示したが、実際には、優遇金利は借入時期によって適用が決まるものであった。

不実証広告規制とは

消費者庁長官は、商品の内容（効果・効能など）について、優良誤認表示に該当するか否かを判断する必要がある場合には、期間を定めて、事業者に対して、表示の裏付けとなる合理的な根拠を示す資料の提出を求めることができる。その提出期限は、原則として、資料提出を求める文書が送達された日から15日後と厳しいものとなっている。事業者が求められた資料を提出できない場合には、当該表示は不当表示とみなされる。つまり、表示（広告内容）の裏付けとなる合理的な根拠を示すことのできなかった広告を「不実証広告」として規制しようというものである。

不当表示の規制

① 優良誤認表示	→	品質、規格、その他の内容についての不当表示
② 有利誤認表示	→	価格や取引条件について消費者を誤認させるような表示
③ 指定表示	→	一般消費者に誤認されるおそれがあるとして内閣総理大臣が指定する不当表示6つの指定表示がある

・みやげ物の菓子について、中身の保護としては許容される限度を超えて過大な包装を行っていた。

② **価格やその他の取引条件が、競争事業者のものよりも著しく有利であると消費者に誤認される表示**

・他社の売価を調査せずに「地域最安値」と表示したが、実は近隣の店よりも割高な価格だった。

・「無金利ローンで買い物ができるのは当社だけ」と表示したが、実は他社でも同じサービスを行っていた。

■ その他誤認されるおそれのある表示（指定表示）

　複雑化し、高度化した現代の経済社会においては、前述した優良誤認表示・有利誤認表示だけでは、消費者の適正な商品選択を妨げる表示に対して十分な対応ができないとして、「指定表示」を設けたものです。現在は、次の6つが指定されています。

① 無果汁の清涼飲料水等についての表示

② 商品の原産国に関する不当な表示

③ 消費者信用の融資費用に関する不当な表示

④ おとり広告に関する表示

⑤ 不動産のおとり広告に関する表示

⑥ 有料老人ホームに関する不当な表示

内閣総理大臣が指定する不当表示

優良誤認表示・有利誤認表示だけでは、消費者の適正な商品選択を妨げる表示に十分な対応ができないため、「指定表示」が設けられている。現在は、次の6つが指定されている。①無果汁の清涼飲料水等についての表示、②商品の原産国に関する不当な表示、③消費者信用の融資費用に関する不当な表示、④おとり広告に関する表示、⑤不動産のおとり広告に関する表示、⑥有料老人ホームに関する不当な表示

金融サービス提供法

金融商品の販売前に重要事項を説明する必要がある

令和3年11月1日より「金融商品販売法」は「金融サービス提供法」へと名称変更された。従来、銀行・証券・保険の各分野を管轄する法によって金融サービスの仲介業が細分化され制定されていた。しかし金融サービス提供法では、これらを一纏めにした「金融サービス仲介業」が新たに創設された。「金融サービス仲介業」の登録をすることで、銀行・証券・保険等の多種多様な金融サービスをワンストップで提供することが可能となった。

金融商品取引法
との違い

金融サービス提供法は投資家の保護のために民事上の損害賠償責任などを定めた法律であるのに対して、金融商品取引法は金融商品取引業者を規制することを主眼とした法律であるので、両者の位置付けは異なっている。

規制対象となる
金融商品

今後も新しい種類の金融商品が出現する可能性があるので、金融サービス提供法の規制対象となる新しい金融商品は、政令で定めることができる。

■ 規制対象となる金融商品

　金融サービス提供法は、金融商品取引法と同様に、顧客（投資家）の保護を目的とした法律で、正式名称は「金融サービスの提供に関する法律」といいます。

　金融サービス提供法は、金融商品の販売や勧誘による被害から顧客を保護するため、重要事項の説明や勧誘方針の公表などを、金融商品販売業者に義務付けています。同法では、預金、保険、有価証券、抵当証券、商品ファンド、不動産ファンド、金融先物取引、オプション取引、暗号資産（仮想通貨）など、ほぼすべての金融商品を規制対象としています。

■ 重要事項の説明義務

　金融サービス提供法では、金融商品販売業者が、金融商品の販売前に、顧客に対して重要事項の説明を行うことを義務付けています。ただし、顧客が重要事項の説明は不要であるとの意思を表明したときは説明不要ですが、この例外として、金融関連の市場デリバティブ取引を扱う際には、顧客が重要事項の説明は不要であるとの意思を表明しても、金融商品販売業者は重要事項を説明しなければならないことになっています。

　そして、顧客に説明すべきおもな重要事項として、市場リスク、信用リスク、権利行使期間の制限があります。

　市場リスクとは、金利や有価証券市場における相場などの変動によって損失が生じるおそれがあることです。信用リスクは、金融商品販売業者の業務や財産状況の変化を原因として元本割

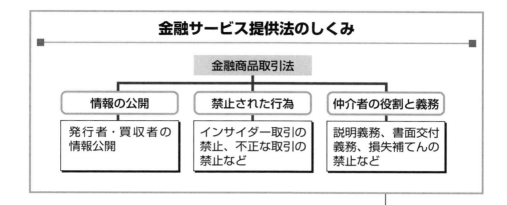

金融サービス提供法のしくみ

金融商品取引法

情報の公開	禁止された行為	仲介者の役割と義務
発行者・買収者の情報公開	インサイダー取引の禁止、不正な取引の禁止など	説明義務、書面交付義務、損失補てんの禁止など

れが生じるリスクのことをいいます。

　権利行使期間の制限とは、文字どおり権利を行使できる期間が限られていることをいいます。

■ 説明義務に違反した場合はどうなる

　重要事項の説明を行わなかった場合には、金融商品販売業者は、これによって顧客に生じた損害を賠償する責任を負います。

　顧客の損害額は元本欠損額であると推定されます。元本欠損額とは、顧客が金融商品を購入する際に支払った金額よりも、受け取った金額が少ない場合における両者の差額をいいます。たとえば、重要事項の説明がない状態で顧客が200万円の有価証券を購入したが、その有価証券を売却した金額と配当金額を合わせても150万円にしかならなかったとすると、元本欠損額は50万円になり、これが顧客の損害額であると推定されます。

　通常、民法の不法行為を理由として損害賠償請求をする場合には、損害額や相手方の故意・過失などを立証する必要があります。しかし、金融サービス提供法の規定によって、顧客は、金融商品販売業者から販売前に重要事項の説明を受けなかったことと、元本欠損額を立証すれば、金融商品販売業者の故意・過失などを立証しなくても、損害賠償請求ができるようになります。

【監修者紹介】

森　公任（もり　こうにん）

昭和26年新潟県出身。中央大学法学部卒業。1980年弁護士登録（東京弁護士会）。1982年森法律事務所設立。おもな著作（監修書）に、『不動産契約基本法律用語辞典』『契約実務 基本法律用語辞典』『会社法務の法律知識と実務ポイント』『株主総会のしくみと手続き』『公正証書のしくみと実践書式集』『職場のトラブルをめぐる法律問題と実践解決書式』『著作権の法律問題とトラブル解決法』『インターネットの法律とトラブル対策』など（小社刊）がある。

森元　みのり（もりもと　みのり）

弁護士。2003年東京大学法学部卒業。2006年弁護士登録（東京弁護士会）。同年森法律事務所 入所。おもな著作（監修書）に、『不動産契約基本法律用語辞典』『契約実務 基本法律用語辞典』『会社法務の法律知識と実務ポイント』『株主総会のしくみと手続き』『公正証書のしくみと実践書式集』『職場のトラブルをめぐる法律問題と実践解決書式』『著作権の法律問題とトラブル解決法』『インターネットの法律とトラブル対策』など（小社刊）がある。

森法律事務所
家事事件、不動産事件等が中心業務。
〒104-0033　東京都中央区新川2－15－3　森第二ビル
電話 03-3553-5916　　http：//www.mori-law-office.com

図解で早わかり
三訂版
消費者契約法・特定商取引法・割賦販売法のしくみ

2022年12月30日　第1刷発行

監修者	森公任　森元みのり
発行者	前田俊秀
発行所	株式会社三修社
	〒150-0001　東京都渋谷区神宮前2-2-22
	TEL　03-3405-4511　FAX　03-3405-4522
	振替　00190-9-72758
	https://www.sanshusha.co.jp
	編集担当　北村英治
印刷所	萩原印刷株式会社
製本所	牧製本印刷株式会社

©2022 K. Mori & M. Morimoto Printed in Japan
ISBN978-4-384-04906-0 C2032